# 高校体育教师专业成长理论与实践策略

方 萍 著

中国纺织出版社有限公司

图书在版编目(CIP)数据

高校体育教师专业成长理论与实践策略/ 方萍著
. --北京：中国纺织出版社有限公司，2024.4
ISBN 978-7-5229-1695-8

Ⅰ. ①高… Ⅱ. ①方… Ⅲ. ①高等学校-体育教师-师资培养-研究 Ⅳ. ①G807.4

中国国家版本馆 CIP 数据核字(2024)第078106号

责任编辑：张 宏　　责任校对：王惠莹　　责任印制：储志伟

中国纺织出版社有限公司出版发行
地址：北京市朝阳区百子湾东里 A407 号楼　邮政编码：100124
销售电话：010—67004422　传真：010—87155801
http://www.c-textilep.com
中国纺织出版社天猫旗舰店
官方微博 http://weibo.com/2119887771
北京虎彩文化传播有限公司印刷　各地新华书店经销
2024 年 4 月第 1 版第 1 次印刷
开本：710×1000　1/16　印张：15.75
字数：253 千字　定价：98.00 元

# 前 言

“百年大计，教育为本；教育大计，教师为本。”教育质量的高低看教师，教师教学能力的高低主要依靠其专业素质。提高教师专业素质的关键在于教师专业化发展。为了适应教育改革及发展，加强我国的教师队伍建设，如何实现教师的专业化发展已经成为其中重点研究的问题。与西方发达国家相比，我国高校教师专业化在世界范围内仍处于较低水平阶段，与我国实现从教育大国到教育强国的系统性跃升和质变的要求尚有一定差距，教育强国建设任重道远。

《中共中央 国务院关于全面深化新时代教师队伍建设改革的意见》提出，到2035年，教师综合素质、专业化水平和创新能力大幅提升，培养造就数以百万计的骨干教师、数以十万计的卓越教师、数以万计的教育家型教师。教师管理体制机制科学高效，实现教师队伍治理体系和治理能力现代化。教师主动适应信息化、人工智能等新技术变革，积极有效开展教育教学。尊师重教蔚然成风，广大教师在岗位上有幸福感、事业上有成就感、社会上有荣誉感，教师成为让人羡慕的职业。

在高校大力开展体育教师的专业化发展工作，是高校体育教育教学改革的必然要求，是提高体育教师职业社会地位的需要，是高校体育教师自身专业发展的需要，也是体育教师教育发展的必然趋势。随着高校体育改革工作的深入推进，体育教师作为高校体育教育的实施者，实现课程标准的决策者，学习过程的指导者，学习活动的设计者、组织者，体育与健康课程内容资源的开发者，体育教育研究者等，多种角色特征融于一身，必须要明确自身的教育教学定位，提升自我专业发展意识，努力提升综合素质和专业化水平，才能不断推进高校体育教育深度发展。与此同时，高校体育教师专业化发展是一个长期变化的过程，是教师个体内在因素与外部环境因素交互作用的结果，贯穿于体育教师的整个职前、入职和在职教育阶段；教师的专业化水平的改变不是即时的，它需要考虑更多因素的综合变化，需要相关领域的研究者用更多的耐心和时间，结合中国特色去研究和发现问题。

本书是广西教育科学“十四五”规划2023年度课题《地方普通高校公共体育教师专业成长内生机制培育研究》(2023C829)等基金项目的阶段性研究成果。

笔者通过对我国高校体育教师专业发展相关理论与实践问题进行研究分析,提出推动高校体育教师专业发展的路径和策略。全书共分为六章。第一章就体育教师专业发展与标准进行了概述,从分析教师专业发展的内涵到对体育教师专业发展进行审视,明确体育教师专业发展的内涵与外延;第二章分析了我国高校体育教师专业发展现状,包括发展问题、发展的需求以及发展的影响因素等;第三章对高校体育教师的专业成长力的内涵和主要特征、培育路径以及当前我国高校体育教师专业化的研究情况进行了介绍,对高校体育教师内生式成长机制和不同阶段的成长路径进行了研究探索;第四章对高校体育教师专业发展阶段进行了详细分析,并依据不同发展阶段的特征和主要发展任务提出了相应发展阶段的主要发展方式;第五章从明晰高校体育教师专业发展方向、培养高校体育教师主体意识、优化高校体育教师专业发展环境等方面探索了高校体育教师专业发展的有效路径;第六章提出了高校体育教师专业发展的实践策略。

本书对高校体育教师专业发展的各个方面进行了较为全面的研究论述,旨在为广大高校体育教师在职业生涯中更好地进行专业发展提供理论依据和参考,同时也为相关决策部门制定相关政策提供理论参考。

在本书的撰写过程中,笔者参阅了大量国内外相关著作及报刊文献资料,采纳和吸收了一些国内外相关研究成果,在此特向有关专家、学者和相关著作及资料的原作者表达最诚挚的谢意!因笔者水平有限,书中难免有错漏不足之处,敬请各位同行与读者批评指正。

方萍

2023年4月

# 目录

# 第一章

# 体育教师专业发展与标准

## 第一节　体育教师专业发展概述分析

### 一、教师专业发展相关理论概述

#### (一)教师专业发展的内涵

对于“教师专业发展”这一概念的理解，由于研究角度、侧重点或研究领域不同，所秉承的理论基础和论说立场各不相同，国内外学者的观点有一定的差异。譬如：佩里(Perry)认为，教师专业发展是指在教师职业生涯中，教师个人的教学技能不断地提高、知识结构不断地完善与深化、教育观念和创新意识不断地更新与强化，是教师个人在本专业领域的不断成长、进步与成熟；尹文思(Evans)认为，教师发展最基本的是态度上和功能上的发展；叶澜认为，教师专业发展是教师个体的、内在的专业性提高，是教师个体的内在专业结构不断更新、丰富和完善的专业成长过程；教育部师范司组织编写的《教师专业化的理论与实践》认为，教师专业发展是教师个体不断发展和不断更新知识，提高专业能力的过程，是教师职前培养与职后进修一体化的必然要求；任其平认为，教师专业发展是指教师以自身专业素质的提高与完善为基础的专业成长、专业成熟过程，也是一个不具备教师专业人员的知识、技能和情感等方面素质转向教师专业人员具有的素质的过程。显然，“教师专业发展”是从社会学角度把教师作为一种专业技术职业来看待的，教师专业发展的过程就是教师专业化水平不断提升的过程，即教师为社会提供的服务逐渐被认可，教师专业标准、专业地位不断提升，成为专门职业的发展过程。

总的来说，教师专业发展是教师通过接受专业训练和自身主动学习不断提升自己的专业知识、专业技能、专业能力、专业道德、专业素养等，逐渐从非专业人员成长为专业人员的过程；教师专业发展是教师职业专业化的基础和源泉，是教师专业化的根本。教师专业发展是一种包括教师职前教育、教师入职教育与教师在职教育的持续历程。职前教育是未来教师为从事教育专业的准备阶段，一般在教师教育机构完成，着重于学术知识的吸收准备与专业的形成。入职阶段是未来教师从事教育专业前的进修和实习导入活动。在职阶段是教师从事教育专业期间进修成长的活动，旨在更新教师的专业知识、技能。教师通过持续的学习与探究，不断发展专业内涵，逐渐迈向专业圆熟的境界。

随着教育学科的发展和对教师教育研究的不断深入，研究者对教师专业发展的理解呈现多样化，对于教师专业发展的理解有了更广泛的链接领域，许多研究中出现诸多与教师专业发展存在相关度比较高的概念，如教师专业化、教师发展、教师职业成熟、教师专业成长或专业成熟等。这些研究表明，人们对于教师专业发展含义的理解还在继续探索中，同时也说明，教师专业发展是一个具有丰富内涵的概念。国内外学者关于教师专业发展及其相关问题的研究，反映出研究者所秉持的不同认知取向和理论视角，教师专业发展研究的许多问题还有待进一步探索。

### （二）教师专业发展的相关理论基础

#### 1.终身教育理论

终身教育理论，最早由法国成人教育家保罗·朗格朗（Paul Lengrand）于1965年在联合国教科文组织召开的“第三届促进成人教育国际委员会”会议上首次提出，并得到国际相关组织的提倡。保罗·朗格朗在其主编的《终身教育引论》中认为，一个人的教育不是局限于学校教育，而是把教育贯穿于人的一生各个发展阶段中，终身教育应该包括人一生中接受的所有教育。此后，联合国教科文组织国际教育发展委员会于1972年编写的《学会生存——教育世界的今天和明天》报告中提出的终身教育思想进一步奠定了终身教育的根基。保罗·朗格朗的《终身教育引论》和联合国教科文组织发表的《学会生存——教育世界的今天和明天》被认为对终身教育理论的发展具有里程碑意义。1973年，联合国经济合作组织的《回归教育——终身教育的战略》报告问世，阐明“学习社会和教育社会”与终身教育的关系，为终身教育的实施提供了组织框架，这一思想被积极运用于教师教育中，为教师教育的形成和发展提供了坚实的社会思想理论基础。终身教育思想逐渐被世界各国接受，并逐步成为各国教育发展与改革的主要理念。美国国会通过了《终身教育法》。20 世纪 80 年代，终身教育理论被引入中国，我国在《中华人民共和国教育法》中首次用法律的形式确定了终身教育在我国教师事业中的地位。在其后的几十年里，终身教育的法制化趋势继续加强。

我国颁布的《中华人民共和国教育法》在“总则”中提出，“国家适应社会主义市场经济发展和社会进步的需要，推进教育改革，推动各级各类教育协调发展、衔接融通，完善现代国民教育体系，健全终身教育体系，提高教育现代化水平”；在“受教育者”一章中提出，“国家鼓励学校及其他教育机构、社会组织采取措施，为公民接受终身教育创造条件”。作为专门性教育职业的教师，终身教育理论必然成为教育系统中促进教师专业发展的基础理论。

2. 教师专业发展阶段理论

关于教师专业发展阶段的研究，在 20 世纪 60 年代就已开始，学者们以不同的研究视角试图合理地划分出教师专业发展的阶段，展现教师专业发展的过程，为多角度了解和认识教师专业发展提供理论基础。对于教师专业发展阶段的研究理论最早源于美国学者弗朗西斯·傅勒（Frances Fuller）的“教师关注阶段理论”，很多学者都是以傅勒编制的《教师关注问卷》为研究基础，从教师“关注”问题上开始对教师发展的研究，并结出累累硕果。

（1）教师教学关注阶段的理论

教师教学关注阶段的理论代表人物傅勒对教师的研究是从研究教师教学所关注的内容开始的。他认为在教师专业发展过程中，教师所关注的事物依据一定的次序逐渐递进，具体包括四个发展阶段，分别是任教前关注、早期生存关注、教学情境关注、关注学生。该理论认为，教师在专业发展过程中，随着发展水平的变化，其关注的问题也有所变化，教师将逐渐从关注自我发展到关注学生。这从侧面反映了教师专业发展的规律，揭示了教师在不同的发展阶段有着不同的关注重点，开创了研究教师专业发展阶段理论的先河。

（2）职业生涯阶段的理论

职业生涯阶段的理论是通过对照人的自然生长变化规律对教师职业生涯的发展过程进行研究，试图通过人的生命周期探讨教师职业成长的过程与周期，并从中得到一定的启示。该理论的主要观点认为，教师专业发展与人的生命发展规律相似，从出生到初级发展，由初级发展到成熟，然后达到平稳，转入衰退，到最后结束。开展这项研究的早期代表人物主要是美国学者纽曼(Newman)、伯登(Burden)等人，他们根据教师不同年龄阶段对教师职业发展所产生的影响，结合人的生命周期与职业生涯的方式，探讨教师专业发展的问题，提出了“教师生涯循环发展理论”，将教师专业发展划分为三个阶段，包括求生存阶段、调整阶段、成熟阶段。

后来，费斯勒(Fessler)、司德菲(Stetty)与休伯曼(Huberman，M.)等人在借鉴纽曼、伯登研究经验的基础上，以动态的观点和更加具体细化的角度考虑了发展中的人与所在环境的相互关系，研究教师的职业周期，探讨教师专业发展的问题并提出了自己的研究理论。如费斯勒提出的教师职业生涯周期论认为，教师职业生涯发展是一个动态的、受个人的生命周期与教师所在环境相互作用影响的发展过程，而不是一个人生命周期的简单的折射。他将教师发展分为职前期、职初期、能力建构期、热情与成长期、职业挫折期、职业稳定期、职业消退期、职业离岗期八个阶段，强调教师专业发展生涯并不是直线式的，而是受到个人和外部环境因素的交互作用影响，并因此造成了教师专业发展的动态涨落、变化、非线性的发展过程；司德菲从心理学的角度，在汲取费斯勒等人研究成果的基础上提出了教师职业生涯发展阶段论，把教师职业生涯发展分为预备、专家、退缩、更新、退出五个阶段。司德菲认为，管理者、教师等可采取积极的措施渡过退缩生涯阶段的低潮期、停滞期，从而在更新生涯阶段继续发展、成长，这对费斯勒理论进行了弥补；伯林纳(D. C. Berliner)根据教师教学所需要的专业知识与技能的学习和掌握情况，把教师专业发展划分为“新手阶段、进步的新手阶段、胜任阶段、熟练阶段和专家阶段”五个阶段；休伯曼提出了教师职业生涯阶段理论，把教师职业生涯分为入职期(入职 1～3 年)、稳定期(工作 4～6 年)、实验和歧变期(工作 7～25 年)、平静和保守期(工作 26～33 年)、退出教职期(工作 34 年以后)五个阶段。

我国在该领域的研究始于 20 世纪 80 年代。由于国内学者从不同的维度出发来定义教师专业发展阶段这一概念，出现了多种教师专业发展阶段理论。如叶澜、白益民以自我专业发展意识为标准，把教师内在专业结构更新与改进的规律性作为考察核心，认为教师专业发展可分为“非关注”“虚拟关注”“生存关注”“任务关注”和“自我关注”五个阶段；受教师专业社会化研究框架的影响，傅道春将教师的职业成熟分为角色转变期、开始适应期和成长期三个阶段；贾荣固从教师职业社会化出发，认为教师职业素质和能力的发展，其过程实质上是教师职业社会化程度不断提高的过程，是贯穿个人职业生涯的连续过程。他将教师职业生涯分为职前准备期、上岗适应期、快速成长期、“高原”发展期、平稳发展期、缓慢退缩期和平静退休期七个阶段；根据教师在教学方面的能力，对教师角色的认识和外部环境对教师专业发展的影响，裴跃进把教师专业发展阶段从教学系统、自我系统和组织系统三个维度划分为准备期、初始期、适应期、胜任期、成熟期、创造期、稳定期和退隐期八个阶段；连榕将教师发展阶段分为新手型、熟手型、专家型教师；申继亮认为教师专业发展有学徒期、成长期、反思和理论认识期、学者期四个阶段；钟祖荣将教师专业发展分为适应期、熟练期、探索期、成熟期、专家期五个阶段；等等。

这些研究，依据教师在其职业生涯的不同时期表现出来的共同特点，对教师专业发展做出阶段划分，是教师发展阶段理论逐渐深化、完善的过程。

3.人本主义学习理论

人本主义学习理论是在人本主义心理学的基础上发展而来的，典型代表人物主要有美国的心理学家亚伯拉罕·哈罗德·马斯洛(Abraham Harold Maslow)和卡尔·罗杰斯(Carl Ransom Rogers)。人本主义的最基本假设是每个人都有优异的自我实现潜能，强调“个体”的重要性，重视个人的“自我”及“自我实现”，把自我实现看成促进人生长远发展的最大内驱力。所以，在人本主义看来，主观能动性是学习成败的决定性因素之一，而有意义的学习只发生在学习者认为所学内容与自身休戚相关之时。人本主义学习理论认为，学习过程是学习者的一种自我发展、自我实现的过程，只要有适当的学习环境，学习者就可以凭借自身内部的巨大资源，自动、自我地完成学习。在这种学习活动中，学习动力是内发的，它打破了各种促进人自我实现的清规戒律；学习者可以充分发挥想象力和创造性，自主选择学习方向，自己决定学习行动，自我评价学习效果，在自我指导下自由地学习，从而达到自我实现目标。人本主义学习理论重视人成长中的情感陶冶和成就感，强调学习者的内心世界并注重其思想情感等在个人学习和发展上的重要作用；关注在人的教育过程中，以学习者为中心，如何为学习者创设一个轻松、温暖、合作的学习环境与和谐融洽的人际关系；强调教育要重视学习者的尊严和价值,要充分调动学习者学习的内在动机,让学习者从自己的角度认知周围世界,追求自我实现。

在教师的专业发展过程中,每一个教师都具有各自的独立性,借鉴人本主义的学习理论,就是要尊重教师作为发展主体在其专业发展中的个性化和自主化,发挥教师的主观能动性。

4.教师专业素质结构的相关研究

关于教师专业素质结构的研究有很多,归结起来主要关注点落在两个方面:一方面是关注教师专业的"本质特性",是关注教师专业区别其他专业中教师群体应具有的基本特征,以揭示教师专业所具有普遍意义的"专业特性";另一方面是关注作为教师职业的教师个体,或要成为教师这个专业成员之一的个体应具备的基本素质。譬如:叶澜等学者认为,教师专业发展内在结构主要包括了相互作用的几个维度,如教师的教育信念、专业态度、知识与能力、专业发展的意识与需求等,认为教师作为专业人员所应具有的专业特质不能仅理解为是构成教师内在专业结构多要素的简单累加,而是要理解为教师的这个专业结构是一个不断革新的动态发展的结构;李建辉等人认为,教师专业素质结构是由教师的专业理念、专业知识、专业能力、专业规范四方面因素构成的三维一体的动态结构,教师专业素质结构各构成因素之间彼此联系、相互影响、相互渗透,处于动态发展状态,是一个有机统一整体;申继亮等人认为,教师专业素质结构是由教师树立的职业理想、教育观念、知识水平、教学行为与策略等构成;林崇德等人认为,教师素质在结构上至少应包括职业理想、知识水平、教育观念、教学监控能力以及教学行为与策略等成分,并提出"教师的职业理想是其献身于教育工作的根本动力,教师的知识水平是其从事教育工作的前提条件,教师的教育观念是其从事教育工作的心理背景,教师的教学监控能力是其从事教育教学活动的核心要素"。从表1-1可以看出,尽管研究者在教师素质结构的分类和具体概念的使用上有所不同,但概括地说,普遍认同教师素质结构至少包括教师知识、教师能力和教师精神三个结构层面。

**表1-1 国内几种较具代表性的教师专业素质结构分析**

| 研究者 | 教师素质结构 |
|---|---|
| 叶澜 | 1.专业理念;2.知识结构;3.能力结构 |
| 艾伦 | 1.学科知识;2.行为技能;3.人格技能 |

续表

| 研究者 | 教师素质结构 |
|---|---|
| 林瑞钦 | 1.所教学科的知识(能教);2.教育专业知能(会教);3.教育专业精神(会教) |
| 曾荣光 | 1.专业知识;2.服务理想 |
| 饶见维 | 1.教师通用知能;2.学科知能;3.教育专业知能;4.教育专业精神 |
| 唐松林 | 1.认知结构;2.专业精神;3.教育能力 |
| 姚志章 | 1.认知系统;2.情意系统;3.操作系统 |

## 二、体育教师专业发展概述

教师职业伴随着人类社会的形成而产生,是人类社会古老而永恒的职业之一。教师职业是一个形成中的专业,针对教师个体而言,它既是目标,更是一种价值追求,也是教师由不成熟走向成熟的动态持续的终身发展过程。体育教师作为社会职业体系中的重要组成部分,与其他学科教师一样,在其生涯发展过程中涉及诸如教师价值观、人生观、发展观,与其他教师群体的互动,教师职业承诺的积极履行等问题。教师职业被认为具有专业性已很长时间,但就现实情况而言,在整个教师群体中,体育教师依旧被认为是“非专业”或“亚专业”的,通常被认为是最不符合专业人员身份的教师;体育学科地位不高,体育教师职业的重要性没有得到应有的肯定;对于体育教师的认识评价,一直被贴着“体育棒子”“武夫”“跑跑跳跳没学问”“四肢发达,头脑简单”等污名化标签;“同工不同酬”,体育教师由其他学科教师代职等现象依旧存在,导致人们对体育教师专业发展的理解处于“虚无状态”。为此,理论界与实践界对于体育教师的专业发展问题做出了很多积极有益的探索,也积累了丰硕的成果。譬如,以尹志华等为代表的研究者们试图从源头上厘清体育教师专业发展的实质,明确体育教师专业发展的内涵与外延,使人们理解并认可体育教师作为专业人员的身份地位,从而更好地推动体育教师的专业发展。

### (一)体育教师专业发展的逻辑起点与终极追求

#### 1.体育教师专业发展的逻辑起点

“逻辑”一词源于希腊文 Logos,其原意为言语、概念、思想、理性等。作为一个哲学术语，最早出现在古希腊哲学家赫拉克利特的著作中，是指世界的普遍规律。而“逻辑起点”是指任何客观发生的事情的根本出发点。对逻辑起点的探寻可以明晰一个理论的起始范畴，寻找逻辑起点的过程也是对理论体系进行反思的过程。一般而言，只有弄清楚事情的逻辑起点，才能在此基础上探究与其相关的问题。而探寻我国体育教师专业性逻辑起点的前提是承认体育教师作为一种职业的专业性。

(1)体育教师符合专业人员的基本特征

职业作为一种社会现象，是社会发展到一定历史阶段才出现的，与社会分工和劳动分工相联系。职业不是从来就有的，也不是永恒不变的，而是随着社会分工和劳动分工的发展变化而变化。人在社会中，总要从事某种职业活动，拥有一定的社会位置，充当一定的社会角色。在汉语中，“职业”一词通常是指个人所从事的服务于社会的并作为主要生活来源的工作。在英文里表述职业的词有很多。其中，vocation 为较为正式的用词，其语气庄重，指长期从事但不一定以此为生计的职业；occupation 泛指任何一种职业，既不分什么行业，也不管是脑力还是体力劳动；profession 过去常指只有接受过高等教育（尤指法律、医学和神学）才能获得的职业，现在也可指谋生的职业，但是主要还是指从事脑力劳动和受过专门训练，具有某种专业知识的职业；而 career 指经过专门训练，愿意终身从事的职业，与个人生涯紧密相关。在德文里，职业 beruf 一词，有广义和狭义的理解。作为狭义理解的职业，是指在国家规范的且因此被认可的职业教育、进修教育或高校学习基础上进行的教育活动与相关资格的特征组合，这就是所谓教育职业（ausbildungsberuf）的概念，其功能类似于基于学科知识体系的专业；而广义的职业，描述的则是一种特征性的活动和资格的组合，这一组合与具体的和预备性的职业教育、进修教育或高校学习无关，是实际行使的活动，这就是社会职业（erwerbsberuf）的概念。所以，基于社会职业理解的 beruf，指的是“任何旨在获得收益的工作，不限于一次性的有酬工作”，是“任何具有长久性质的有偿活动，用于创造和维持生计”。社会职业可以是活动要求不高的职业，也可以是活动要求非常高的职业。但是，在通常意义上，德文“职业”被理解为经过系统学习的专业活动，为此需要提供相应的资格证明。因此，职业是个人接受教育或培训后获得的工作，并通过这一工作付出劳动来获取工资（酬金）用于个人或家庭的生存或生计。

现代社会，职业的种类已有上万种之多。职业的种类受社会经济发展水平的制约，与职业分类标准密切相关。根据不同的社会经济背景、不同的国情、不同的分类标准，可以把职业分成不同的类别。GB/T6565-2015《职业分类与代码》将我国职业划分为八个大类：①党的机关、国家机关、群众团体和社会组织、企事业单位负责人；②专业技术人员；③办事人员和有关人员；④社会生成服务和生活服务业人员；⑤农、林、牧、渔业生产及辅助人员；⑥生产制造及有关人员；⑦军人；⑧不便分类的其他从业人员。其中“教学人员”“文学艺术、体育专业人员”均属于专业技术人员一类，“教学人员”下分为高等教育教师、中等职业教育教师、中小学教育教师、幼儿教育教师、特殊教育教师、其他教学人员等小类。

在汉语里，“专业”的含义大致有两方面：一指学业门类，二指专门性职业。在英语中，“学业门类”用 specialty 表示，“专门性职业”用 profession 表示。国内教育界常把“专业”理解为 specialty，而我们这里探讨的则是 profession。在英语里，从最原始的意义上讲，“专业”（profession）一词意味着声明或者宣誓（professing）的行为与事实，它意味着专业的从业者们声称对某些事务具有较他人更多的知识，是一个富有历史、文化含义而又不断变化的概念。王沛民在《研究和开发“专业学位”刍议》中认为，“专业”是在社会的各行各业中相对于“普通职业”的“专门职业”，主要指一部分知识含量极高的特殊职业，是社会分工、职业分化的结果，是专门职业的简称。社会学家亚历山大·莫里斯·卡尔-桑德斯（A. M. Carr-Saunders）较早对专业进行系统分析并给予定义，他认为，“专业是指一群人在从事一种需要专门技术的职业。专业是一种需要特殊智力来培养和完成的职业，其目的在于提供专门性的服务”，这种专门性服务的提供需要特殊的智力来完成，具有较强的技术性。作为一种专门职业的专业，与职业是特殊与一般的关系：职业是个人在社会中所从事的作为主要生活来源的工作，是谋生手段，主要是指一般职业；专业是一种特殊的职业，是职业的升华与发展。职业是专业的基础，职业主要是谋生的需要，而专业主要是满足更高层次的服务的需要。

专业区别于一般职业之处在于，从事这一职业所需的专门技术以及由此而产生的其他性质，这些性质是通过一定的标准来衡量的。所以在讨论教师职业的专业性质时，专业标准是一个不能绕开的基本问题。专业标准是衡量一个职业是不是专业的一把标尺。看一种职业是不是专业，首先要看它是不是符合专业的标准。现实生活中，并不是所有的职业都能称之为专业，只有在具备了一定条件的前提下，经过长期的发展，一门职业才有可能成为专业，而这一发展过程，就是专业化。布朗德士(Brandeis)曾提出，专业有三个基本属性：一是专业应该是正式的全日制职业；二是专业应该拥有深奥的知识和技能，而这些知识和技能可以通过教育和训练来获得；三是专业应该向它的客户和公众提供高质量的、无私的服务。国内学者关注这一问题大致是在20世纪80年代。例如：曾荣光提出了专业特征的十项指标；马信行提出了专业的五个层面；郑肇桢提出了专业工作的八个特点；叶澜提出了专业包括与时代精神相通的专业理念、多层复合的专业知识以及履行责任和权利的各种能力；等等。在以往众多的有关专业标准的论述中，归纳起来最重要的不外乎从事这一职业的人员是否必须运用专门的知识与技能，因而具有不可替代性；是否必须经过系统的专业教育和训练；在从事该职业时是否享有相当的独立自主权；是否具有为确保本专业的独特性而必需的专业团体和职业道德；是否具有为社会不特定人群服务的非营利观念。所以，体育教师要被认可为专业，至少需要在理想层面具备以下标准。即：提供重要的社会服务、具有专业理论知识、在本领域的实践活动中个体具有高度的自主权、进入该领域需要经过组织化和程序化过程、对从事该项活动有典型的伦理规范。因此，我们以此为标准逐一比照：在"提供服务"方面，体育教师的全部工作都是在"健康第一"的指导思想下，围绕"培养身心全面发展的人"展开的，其在传授体育知识和技能、保障学生身心全面健康发展方面提供的服务日趋重要；在"专业知识"方面，体育教师必须具备体育学科知识和技能的同时，还要掌握充足的教育教学相关知识，且其所学习的知识诸如运动解剖学、体育教材教法等需要长时间的反复磨炼，经过较长时间的专业学习和在职进修才能掌握；在"自主权"方面，尽管学校的管理权力和体育教师的自主权力之间时常发生冲突，但体育教师自身拥有一定的学术权利空间，体育教师可以根据自身对学生、教材、学习内容等方面的理解而自主进行体育教学和研究；在"入职门槛"方面，尽管体育教师资格证的获得没有像医生、律师那样高标准，但其执业资格和职务资质的认证正在日渐制度化和法律化；在"伦理规范"方面，体育教师不仅要具备教师的伦理规范，更要拥有内化于心的体育道德和修养。通过比照可以发现，体育教师在理想层面符合专业人员的基本特征，具备专业特性，可以说天然就应该是一门专业。当然，现实的情况并非天然的期许，体育教师离这些要求还差甚远，需要不断提升专业技能、保持高质量发展，力求在不断变化的职业生态系统中占据有利地位。

同时，体育教师作为教师群体的一员，必然受到教师法的约束和保护，如同我国教师法中规定教师是专业人员一样，体育教师也必然是专业人员。下面我们再通过与其他专业人员和其他学科教师进行比较，找出体育教师这一职业的不可替代之处。

(2)体育教师教育教学能力彰显体育教师作为教师的专业性

教师成为一种专门职业，是比较晚近的事情。大约150年以前，当现代学校系统产生后，由于教学内容不断丰富，教育活动日益复杂，教育的规范性程度也不断提高。知识传授的专业性，要求教育者必须同时掌握所教授的学科知识和有关教育的专门知识。这一变化促使人们对于教师职业有了新的认识。教师作为教育专业人才，因为所从事教育人、全面培养人的活动的复杂性，决定了教师与其他专业人才相比，更具个性化，更具复杂性。教师职业的专业性逐渐被人们认同。可以说教育是教师共同的专业特性，是教师的专业领域。当前社会中也有很多较为典型的被广泛认可为“专业”的职业，如医生、法官、律师、工程师等，这些职业具有一个共同特征，即必须经过长期系统的专业训练方可形成，难以被其他非专业人士取代，具有不可替代性。例如，医生的专业性体现在临床医学实践与操作上，在掌握医药卫生知识的基础上，从事疾病预防和治疗；法官的专业性在于通过庭审驾驭能力、诉讼调解能力、事实认定能力、法律适用能力、裁判文书制作能力等业务素质为公众提供公正、高效、权威的司法服务，为国家政治稳定、经济发展、社会和谐提供有力的司法保障；律师工作的专业性体现在熟悉各种法律条文的基础上，通过使用法律的手段帮助服务对象解决难题……这也是其职业的价值之所在，也正是因为这种工作的专业性，使得他们具有较高的社会地位。所以，体育教师的专业性必须回到其工作实际中，探寻其不可替代之处。

体育教师的实际工作内容主要聚焦于教学和组织管理两个方面。教学是对体育课的教学，组织管理是对课外体育活动和课余训练和竞赛的组织管理。事实上，从广义上而言，组织管理也是用科学的手段对教学工作进行合理有序的组织和安排。从这种意义上我们可以认为，教学工作是学校体育教育开展的重要途径，也是当代体育教师这一职业立业的根本所在。正如著名教育家丁钢教授指出的，无论学校内外的教育事务与活动多么纷繁复杂，教学活动总是学校工作的核心，一切都应该围绕教学实践活动来展开。因此，教学实践活动是教师作为专业人员的核心所在，体育教师区别于其他专业人员专业性的实质，归根结底就是体育教学的专业性，而体育教学的专业性集中体现于体育教师教学能力的专业性，即如何使体育教学更符合学生的身心发展的需要及社会发展的需要。这要求体育教师不仅要掌握体育学科知识、技能和体育教育教学知识，更要求体育教师能够根据学生身心发展的需要和社会发展的特点，尊重学生的身心发展规律、运动技能形成规律和体育教学规律，为学生精心设计体育教学情境，进行知识与技能的教学设计和实践，利用教学技能在潜移默化中帮助学生将体育学科知识转化为学生的经验，关注学生的运动能力、健康行为、体育品德等核心素养的培养，促进其身心全面发展。即不仅有掌握和直接运用学科性知识的水平，而且具有实践和反思，具有创造性特征，能把学科性知识转化为实践性知识，并且在处理实际问题方面能够不断创造新的实践性知识，用体育学科教学活动来实施育人活动，并借此不断提高个人的理论水平。我们认为，体育教师的这种能力才是体育教师区别于其他专业人员专业性的逻辑起点的核心，也是体育教师区别于其他职业或专业之所在。

(3)体育专业知识与技能凸显体育教师工作的独特性

于教师而言，自身掌握的专业知识即是其作为专业人员的主要支撑之一。教师的专业知识结构应包括理论性知识和实践性知识，而体育教师作为教师职业的一种，对其专业素质的基本要求也应与其他教师是一致的。值得注意的是，体育教学由于自身所特有的区别于其他学科的极强实践性，使体育教师在专业发展过程中成长为典型的实践性知识的拥有者，这也是体育教师区别于其他学科教师而特有的“专业技能”。理论性知识通常都是外显的，很容易看到和与同行共享，而实践性知识则处于内隐状态，通常与教师的个人特征和教学风格紧紧联系在一起，有时候很难用语言表达，具有较强的缄默性，即所谓的默会知识。美国麻省理工学院舍恩(Donald Schon)在《反思性实践——专家是如何思考的》一书中指出：“教师的专业是具有不稳定性、不确定性，同时又是充满许多潜在的价值冲突的专业。在这类专业中，执业者的知识隐藏于艺术的、直觉的过程中，是一种行动中的默会知识。”在体育教学实践活动中，很多知识与技能的传授，体育教师很难用语言表达清楚，通常他们要么通过示范让学生产生“感同身受”的感觉，要么就是提示学生不断地体验和揣摩，然后慢慢掌握，引导学生在“默会”的情境中掌握体育知识与技能，加深对体育的理解，形成良好的锻炼习惯，促进全面健康发展。在这一专业知识显性化的过程中，体育教师的个体性、创造性、发散性等特点发挥得淋漓尽致。由于体育教师工作的专业性与教师工作的专业性是一脉相承的，因此，与其他学科教师相比，除了具有教学活动的实践性、情境性、复杂性和主体间性，体育教师组织的体育实践活动的非封闭性、情境性、开放性与非线性等特征更凸显出体育教师工作的专业性，也更好地区分了体育教师与其他教师的工作内容，凸显了体育教师工作的特点。由此可见，体育专业知识与技能是体育教师区别于其他学科教师专业性的关键所在。

由上可知，体育教师的教学能力及体育专业知识与技能共同构成了我国体育教师专业性的逻辑起点。无论是专业知识、技能还是教学能力，其培养都不是一个简单的短期过程，而是必须经过长期系统的专业培养方能形成，而这种专属性、专业化的特质正是体育教师职业的不可取代的内容。因而，“作为专业”可以视为体育教师专业发展的逻辑起点，同时因开展体育教学实践是作为体育专业教师的第一步，从而“体育教学实践”也就成了体育教师专业发展的逻辑起点。体育教师作为广大教师群体的重要组成部分，虽然一直以来都扮演着边缘者的角色，但这并不能否认体育教师作为专业人员的内在前提。而作为从事教育工作的学者和相关人员，更有必要提升体育教师的专业性，让体育教师成为真正的专业，而这又必须要以体育教师专业发展为基础和途径。对于体育教师专业发展的内在逻辑的理解，我们可以从教师专业发展的逻辑起点解释，即“体育教学实践”。在学校体育教育中，没有学就无所谓教，教是从学出发的，由于学的需要才形成教的可能，由此也形成了教与学的活动及其关系。无论学校内外的教育事务与活动多么纷繁复杂，教与学的活动及其关系总是其中的核心，一切都是围绕教与学的活动及其关系而展开的。所以，我们认为“体育教学中教与学的活动及其关系”是对“体育教学实践”的最好解释，而这也可以看作是体育教师专业发展的内在逻辑意蕴。这一内在逻辑意蕴的提出，又以“体育教学中教与学的活动及其关系”为载体并促进了体育教师教学向着专业的方向发展。

### 2.“成就”专业:体育教师专业发展的终极追求

历史上看,教师专业发展有两个层面的含义:一是教师职业获得真正专业所拥有的权利和地位,成为一种真正的专业;二是教师专业水平的提升。以上我们从学理角度分析了体育教师天然作为专业人员的原因,并提出了体育教师专业发展的逻辑起点。然而现实情况并非如此,体育教师在其所在的社会场域非但没有体现出极强的专业性,反而总是被大众视为可有可无的“学校闲杂人员”。解决这些问题的唯一途径就是设法促使体育教师成为专业人员,即“成就”他本该拥有的专业身份。而“成就”的过程,则是一个不断成熟、蜕变与发展的过程,需要从多个层面进行思考。

(1)“成就”专业需要有正确的观念

“观念”一词源自希腊文 idea,原意是“看得见的形象”。在哲学的范畴,马克思曾说过,“观念的东西不外是移入人的头脑并在人的头脑中改造过的物质的东西而已”。而在心理学领域,著名的心理学家埃德尔曼(Sarah Edelman)曾在其著作《思维改变生活:积极而实用的认知行为疗法》中这样描述“观念”:“观念是稳定的,常常是无意识的假定——对自己、对别人、对周围世界的假定……我们的观念影响我们思考、感受和行为的方式。”虽然哲学和心理学对“观念”的具体文字描述有所差异,但在本质上是共通的,即观念是人们对客观事物所形成的看法、认识或思想,是对客观事物的反映。观念能够影响人们的思考、感受和行为方式,影响人们的实践活动,从而促进或阻碍客观事物的发展。观念是行动的先导。头脑中的思想和观念对一个人的发展与成长起着非常重要的作用。在“成就”体育教师作为一个专业人员的过程中,无论是“成就者”还是“被成就者”,都首先要具备正确的观念,之后才能在观念的指引下产生正确而又快速有效的行动。就“成就者”而言,一般是指培养体育教师的培养者,包括职前教育的大学教师和在职发展的领导等。比如,学校管理者——校长是促使体育教师能够在工作岗位上成为专业人员的关键点,若校长不具备正确的教育观念,认为体育教学对于学生的全面发展无所谓,他必定不会重视体育教学的开展,也就不会重视体育教师的专业发展,更不会积极给体育教师创造各种发展的机会。对于“被成就者”的体育教师而言,促进专业发展,成为专业人员的前提是必须要具有正确的专业发展观念和专业发展信念。首先是要承认自己的专业身份,积极地关注自身专业,主动构建起专业自觉,生成对体育教师身份的专业化自觉，从而唤醒职业意识，强化对职业的理解和认同，确信职业的责任与价值，认识到自己的职业不是机械地、孤立地游离于教育系统的边缘，缺乏体育的教育是不成功的教育，要认识到学校体育教育的本真意义，加深学科理解，提升职业境界。从技术理性的桎梏中解放出来，在实践中进行反思和探究，将教学过程由“训练”模式转向“发展”模式，发展目标由“技术员”“教书匠”转向学者型、专家型教师，成为“实践中的反思者”，努力树立自己作为“专业人员”而非“技术操作者”的职业形象，获得应有的专业地位并实现其专业价值。即使存在暂时的发展困境也不要消沉，要“卧薪尝胆”，相信自己的前途一片光明，不断唤醒和激发以及建立教师职业内在的价值感、尊严感和成就感，从而鼓励自己勇敢地面对阻力而坚定不移地发展下去。

(2)“成就”专业需要有本色追求

体育教师“成就”专业人员的过程，是一种超然的过程。这是因为体育教师的工作对象是学生，他们需要为学生的未来出谋划策，这就要求他们要有一种献身于专业或本职工作的精神。因为教学的本意是引导人追求美好生活，教学需要回归德性的本源。其中，教师的教学实践是教学善举能否顺利执行的关键环节，而要推动这一关键性环节，除了提高教师的专业意识、培养专业能力外，更重要的是唤醒教师的教学德性。在我国，教师职业往往与“春蚕”“蜡烛”“园丁”“孺子牛”等形象联系在一起，强调教师对学生的无私奉献和全面育人价值，这也使得教育工作者普遍具有崇高使命感，这种使命感在受到外界环境支持和肯定的情况下，也会愈加强烈，因为大多数人都渴望满足别人对他们的期望，只要他们认为这些期望是合理的。“教学永远具有教育性”，体育教师要有作为教师的本色追求，而不应该一味地迎合世俗社会。要把忠诚于人民的教育事业，热爱本职工作，刻苦钻研业务，熟练掌握和运用体育教学与体育训练的原则与规律，以身作则、身体力行、严于律己，成为学生做人的楷模等形象因素作为自己追求的目标。

因此，在市场经济的大潮对人们的传统价值观念产生巨大冲击，功利化日益严重的今天，如果要跳出日复一日的“机械式”循环教学与训练漩涡，要成为专业人员并获得社会的认可和尊重，体育教师就必须要保持自己的本色追求，打破思维的常规，要敢于经常反问自己在“干什么”。明确自己的职责，善于懂得和发现学生，明白如何帮助学生有效学习，强化对职业的理解和认同，确信职业的责任与价值，懂得人生的意义。不仅需要知道“如何教学”，更需要知道“为什么教学”，以及如何“高效地教学”。而这种反问就像一面镜子，能够帮助体育教师看清自己是否具备了专业形象，是否在从事着真正体现专业特质的工作，是否真正发挥了专业人员的作用等。让体育教学回归教育本真，追寻体育教学中的教育生命意义和价值，实现体育教师与学生的生命互动、生命成长和生命自觉。在关涉体育教学的价值维度上，体育教师应该有明确的价值倾向，如在处理教书与育人的关系时，育人更重要；在处理体能与技能的关系时，技能更重要；在处理成绩与健康的关系时，健康更重要；在处理成才与成人的关系时，成人更重要。无论从体育教师的专业特性来看，还是从体育教师赖以生存的土壤来看，体育教师都要认清自己的工作本质，保持其之所以成为专业人员的本色，尽量将自己全身心地置于体育课堂教学之中，全身心投入本职工作，不忘初心，培养学生的健康行为，普及科学健身知识，培育学生终身锻炼的习惯，做体育与健康知识的传递者，做体育道德教育的引导者，做体育精神文明的引领者，紧紧地抓住“成就”专业的逻辑起点。

(3)“成就”专业需要以学生发展为中心

教师专业活动的全部意义是如何促进学生有效学习和健康成长，离开“学生”和“学习”这两个关键词，我们无法理解教师职业存在的理由。体育教师成为专业人员的过程，是与学生互动的过程，而这个过程就必须要以学生的发展为基础而展开。古往今来，诸多思想家、政治家等都给了教师群体以崇高的评价，如教师是“太阳底下最光辉的职业”“师者，传道授业解惑也”“教育家就是人类灵魂的工程师”。人们普遍认为，教师开展活动的中心是“教育青年，为其解惑”，引导人追求美好生活，并不只是为了自己完成教学任务。体育教师同样也应如此。体育与健康课程明确提出，要“以学生的全面发展为中心”，体育教师在课堂教学中一切活动的开展都必须要以学生的实际需要为基础，要充分考虑学生的发展需求。国家制度性文件的出台，不仅为体育教师心存学生提供了“合法性”的外在身份，从一定程度上讲，也促进了体育教师在专业发展过程中观念的内化和相应行为的外化。

教师专业发展的内在依据是学生学习与成长的需要与特性，所以，在体育教师以学生发展为中心促使自己成为专业人员的过程中，开展教学专业活动要符合学生的发展特征，要会研究学生，会教学生。譬如，在教学之前，要仔细研究青少年的动作技能发展规律、身体发展和心理发展规律等，不能用成人化的教学手段生搬硬套地教学生；“会”选择内容，结合学生的身心发展特点与认识水平，以激发学生的学习动机科学选择教学内容；“会”教学设计，紧扣主教材、抓住重点难点、巧妙选择教学方法与手段、合理组织、预设好课的练习密度、运动负荷及安全保障等，帮助学生在体育锻炼中享受乐趣、体验快乐，让学生自觉自愿地参与体育锻炼；“会”参与，精心研究，对学生自主、合作与探究学习要明确学生学什么、怎么学、学到什么程度，问题的抛出、指导与检验，教师如何参与等，突出学生的主体性，考虑学生的心理诉求，“想学生之所想，做学生之所为”；“会”渗透，技能教学中如何渗透体能教学；“会”评价，注重多样评价方式的结合，有效激发学生的兴趣，实施差异教学，保证每一名学生都能得到发展。从生命的角度研究学生和发现学生，关注学生当下的生命状态，努力创造生命化的校园，生命化的课堂，培养学生的生命情怀，培育学生的“生命自觉”。在促使体育教师成为专业人员的过程中，除了用专业的方式去教导学生之外，还要为学生创设适宜成长的外部环境，为学生的体育学习与锻炼提供支撑。生态环境的创设并非易事，体育教师要善于发挥自己的专业特长，寻求良好的策略与方法，努力实现学生学习环境的变革与重构。

总之，体育教师作为职业人员的一种类型，本来属于“专业人员”的范畴，这个身份其实也是体育教师专业发展的逻辑起点。如果否认这种身份，体育教师的专业发展就无从谈起。而提出从“作为专业”到“成就专业”，是因为目前的体育教师大多并没有成为真正的专业人员，大多处于半专业、亚专业或准专业状态。明确体育教师的内在本质性的特征是为了促使体育教师成为真正的专业人员，这其实也是体育教师专业发展的终极追求。基于上述问题，我们还需要从体育教学的复杂性和体育教师专业发展的复杂性、过程性和生成性出发，跳出“就体育论体育”的死胡同，通过“他者镜像”来进行“自我反思”。

### （二）对体育教师专业发展的审视

#### 1. 对体育教师专业发展的审视

由于体育教师专业发展的基本逻辑起点是“体育教学中教与学的活动及其关系”，而又可以对这一逻辑起点进行再分析。相对其他学科而言，体育教学不仅具备一般教学工作的复杂性，由于体育教学环境的开放性，还会导致教学情境的多变性，这也就对体育教师的专业发展提出了更高要求。在这一发展过程中，体育教师的教学工作不仅仅是一种对话过程，同时也是一种规训与权利过程，三者分别从工作对象（如学生、教材等）、自我（专业行为的形成与内化）、外在保障（发展权利）三个角度构成了体育教师专业发展的三角支架，这也是我们所要分析的体育教师专业发展的三维框架。

（1）体育教师专业发展是一种对话过程

对话主义哲学认为，人的本质是关系，关系的本质是对话。从语言哲学角度看，对话不只是一种话语形式，其本质是关系的表达，是一种人的生存方式和生活状态。生存方式语境下的对话，其含义远远超越语言本身，被视为一种以平等、理解为前提的主体间交往关系。这种关系不仅发生在人与人之间，还发生在人与自然、人与社会之间，通过对话映射人与人、人与世界的联结关系。正如马克思所指出的，一个人的发展取决于和他直接或间接进行交往的其他一切人的发展。教师个体的发展不是孤立的，而是处于教学工作环境的各种关系中。因此，体育教师的专业发展其实也是一种对话的过程，而这种对话发生的基础是体育教学活动。通过对话，体育教师理解学生、理解运动技能教学并构建自己独特的发展方式而不断促进自身的专业发展。

首先，体育教师专业发展是体育教师通过对话理解学生面向学生的过程。对于体育教师而言，其发展的终极目的不仅是自身的成长，更是为给学生提供高质量的体育教学奠定基础。师生之间应建立一种平等的对话关系，这种平等关系的基础是教师对学生之爱。对学生之爱就是教师“眼里有学生”，时刻心存学生，理解学生的心理特征及精神需求，尊重学生在思维、个性及观念上的差异，站在学生的立场上对其给予情感上的关切和支持。与学生对话的过程就是为了了解学生体育学习的个体差异，并根据差异因材施教。在传统的体育教学中，体育教师更多考虑的是如何根据体育教学大纲完完整整地教授给学生预设的内容，其基本目的是以完成教学任务为主，因为体育教学大纲既然这样规定了，他们就应该这样去执行。但对学生的个体差异却考虑较少，他们为了达到体育教学大纲的要求而很少与学生进行对话，最后的结果是学生虽然完成了规定的课时学习，但似乎并不喜欢体育课而更愿意自由活动。为了改变这种现状，体育教师必须要通过与学生对话而了解学生，当然，这种对话并非完全是口头语言的形式，一个鼓励的眼神，一个微笑以及轻微的掌声都足以达到与学生对话的目的。途径是多样的，而效果却是相同的。体育教师与学生对话需要了解学生的身体基础、运动技术差异、心理差异和兴趣倾向。如果体育教师能够真正做到了解学生的个体差异，他的教学将具有很强的针对性，而学生必定会从教学过程中收获更多，教师的专业发展也就获得了更多的动力。而对话的过程则需要体育教师放下“师道尊严”的架子，与学生站在平等境地进行深入交流。师生之间不是“你教我学”“我讲你听”的单向输出，而是“共同探索”“合作成长”的彼此成就。教育对话可以超越书本、课堂，延伸到不断变化的生活世界，知识的建构和个人的发展不仅发生在学生身上，也发生在教师身上，这就是教学相长的过程。

其次，体育教师专业发展是体育教师通过对话而理解运动技能的过程。体育教学实施的根本媒介是运动技能，这同样也是体育教师专业发展的重要工具。《体育与健康课程标准》指出，体育与健康课程是一门以学习体育与健康知识、技术和方法为主要内容，以身体练习为主要手段，以发展学生体能和增进学生健康，培养终身体育意识和能力为主要目标的必修课程。它具有鲜明的实践性，是以身体练习为主要手段，进行运动技术学习和体育锻炼的课程。它强调通过合理的运动实践，培养学生的运动兴趣，提高学生的体育实践能力。从这一定义我们也可以看出，运动技能是体育教学活动发生的基本起点。然而，我们强调运动技能的重要性并不意味着“唯运动技能”，并不意味着体育课就只有运动技能。因为普通学生的体育学习与竞技运动员的运动训练有着天壤之别，后者牺牲身体以获取名誉和利益，基本上无健康因素可言。而前者的目的并不是让学生获得高深的运动技能，运动技能仅仅只是载体，其最终目的在于学生通过运动技能的学习产生对体育活动的兴趣，进而形成终身体育锻炼的习惯。如何才能协调好运动技能教学的关系，这就对体育教师提出了非常高的要求。即体育教师教学的过程并不是机械传授运动技能的过程，而是要学会如何用学生能够理解的方式去教，将知识讲解、技能传授、能力培养、思想教育、文化传承有机结合。加之体育教学以动为本，离不开教师的讲解与示范，示范效果的好坏会直接影响到学生对体育的兴趣乃至学习效果，精彩示范可使学生对教师产生崇敬之意，乃至获取对体育孜孜不断的追求。所以这种“教”的方式并不是人人都可以去做，而是具有很强的专业性，需要体育教师进行严格的专业训练以及不断领悟才能获得。体育教师理解运动技能的过程，实际上就是与运动技能对话的过程，这种对话具体表现在“对运动技能内涵的理解、教学方法与运动技能的融合以及具备教学专业水准的运动技能传授”,这一过程的进行无形中就促进了体育教师的专业发展。

最后,体育教师专业发展是体育教师通过对话而构建适合自己发展方式的过程。教师发展的本质是教师发展的自主性,教师自身的内在需要和动力、个体反思和钻研进取是教师发展的根本性因素。体育教师专业发展的方式有很多,从所处的社会场域来看,可以分为群体专业发展和个体专业发展。体育教师群体的专业发展是通过教研组等群体的共同发展而带动自身的发展方式,而个人专业发展则指体育教师通过各种手段与方法来促进个人的成长与提升。体育教师采取何种发展方式进行专业发展并不是重点,重要的是每个体育教师都要有属于自己的独特的专业发展方式。而在构建适合自己的专业发展方式的过程中,体育教师仍然需要不断地进行对话,这种对话包括自我对话与他人对话。比如,一位体育教师选择了以进行课题研究作为自己主要的发展方式,以个体的学术反思为媒介,而在发展的过程中,他需要不断与“自己对话”,反问自己是否具备进行课题研究的兴趣与能力,自己是否对这种方式有着强烈的兴趣,等等,对个人行为、经验、感受进行思考,对自己原有的信念和价值观予以检视,以达到教师的自我确证和行动。而与他人的对话同样也起着重要的作用,因为与他人对话的过程实际上也是“照镜子”的过程,同一群体教师学科专业领域相近,教学实践问题相似,而每位教师存在教育理念和知识经验上的不同见解,对专业的理解也不尽相同,这种丰富的专业资源正是教师得以提升发展的极大支持。在教师共同体的分享交流中,教师不仅可以开拓学术视野,启发教学思路,还可以通过其他教师的反馈看到自己“习以为常”且“浑然不觉”的思维方式和行为习惯。这种固化的思维模式正是导致教师个体在自我的框架中低水平重复难以创新的瓶颈。借助他人的“第三只眼”,教师可以进行有效的觉察和转变,有助于体育教师了解自身发展过程中存在的缺点,探寻进一步改善发展方式的策略等。

(2)体育教师专业发展是一种规训过程

体育教师专业发展同时也是一种规训的过程,即确定体育教师的行为“应该如何”的过程。这一过程是主动与被动的统一,它一方面是体育教师主动构建自身行为“应该如何”的过程,另一方面也是体育教师行为规范的内化过程。

一方面,体育教师通过规训而主动构建自身行为“应该如何”。教师专业发展的过程是教师主动构建自身行为“应该如何”的过程。教师主动构建自身行为“应该如何”的过程在逻辑上可以分为认知、情感和行为三个层面。体育教师专业发展的认知层面，则是指自我专业身份定位，也是体育教师对自己职业方面的现实与理想的再认识过程。可以通过自我反思、他人的评价和教育组织的定位这几种渠道来认识自己。在这个层面上，体育教师要认识到自己的职业是一种专业，体育教师是学校教育的重要组成部分，是担负着“育体、育心、育人”的重要使命的职业，并不是像外界所言的那样人人都可以胜任。也就是说，虽然目前体育教师还未成为像医生和律师那种真正意义上的专业人员，但教师需要认同自己的专业身份。只有自己首先树立了一种理想发展观，才能真正产生发展的过程。当然，也不能盲目乐观，体育教师还必须认识到理想与现实的差距，意识到体育教师成为真正专业人员的现实距离，时刻保持一颗清醒的头脑。“体育”专业是体育教师的专属身份，体育教师要认识到自身不足，不断提升核心素养，在“育体、育心、育人”的专业道路上担当使命；从情感层面看体育教师的身份定位则是体育教师的理想自我与现实自我之间的矛盾斗争过程。理想自我是职业理想，而现实自我则是职业现实，理想自我和现实自我总是处于矛盾之中，缩小这种差距也就成了体育教师奋斗的动力之一，主要表现为体育教师对自身职业的热情。但是，目前有很多体育教师并不喜欢自己的职业，认为在学校内部和社会外部总是遭到歧视，同工不同酬，并且在自己内心过分夸大这种负面影响，从而对自己的职业缺乏热情和热爱，自我效能感薄弱。这显然并不利于他们的专业发展。体育教师只有在实施体育教学时内心充满热情，才会产生一股巨大的动力去主动寻求专业发展的途径与方法，这样才有可能实现自身的专业发展；从行为层面则是指体育教师在认知和情感的基础上所产生的具体的专业发展行为。比如，某位体育教师意识到自己在教学中还存在很多问题，便开始拜优秀体育教师为师并学习，这就是一种行为层面发生的专业发展活动。只有通过这三个层面的不断深入和交互作用，体育教师才能逐步构建起自己“应该如何”的专业发展行为。

另一方面，体育教师通过规训将行为规范内化。体育教师通过认知、情感与行为三个层面的不断深入发展，逐渐建构了“应该如何”的专业行为，但关键还在于将这种专业行为内化为自己的实际行动。杨善华等人的研究指出，教师行为规范内化的关键是教师行为规范被接受的条件，而教师接受行为规范的基本条件是教师行为规范的有效性，它包括外在效力来源和内在效力来源。外在的效力来源包括：教师行为规范的强制性，即它可以有效地惩罚违反教师行为规范的任何教师；教师行为规范的正当性，即教师行为规范由正当的程序制定且保证所有的教师都享受平等的教学权利。其实，对于体育教师的专业发展而言，其行为内化过程有效性的外力源和内力源都可以看作是外部的行为。因为无论是惩罚违反行为的体育教师，还是通过制定程序来规范体育教师，其行为的来源都是外部层面的，而不是体育教师内心自发产生的，体育教师行为内化的关键点还在于促进其自身行为的主动意识。当然，外部层面的惩罚或者程序制定也必不可少，但这仅仅只是暂时的手段而不是最终目的。

(3)体育教师专业发展是一种权利过程

体育教师的专业发展同样也可以看作是一种权利博弈的过程，表现为体育教师被支配过程和权利的增长过程。一方面，体育教师需要通过各种方式争取进行专业发展的权利；另一方面，体育教师能且必须能行使专业发展的权利，并在争取权利与行使权利的过程始终处于张力状态。

一方面，体育教师需要通过追求发展权利的过程获得专业发展。马克思指出："没有无义务的权利，也没有无权利的义务。"任何一项事情的发展都具有权利和义务的维度，体育教师的专业发展同样如此。我国相关的政策法规明确了体育教师的主体地位，说明体育教师在法律上既是权利的主体，也是义务的主体。然而，与其说体育教师专业发展是体育教师的义务，不如说专业发展是广大体育教师的权利。这是因为体育教师专业发展的权利与义务相比，似乎前者在当前的社会背景下显得更加微弱。在应试教育的大背景下，体育教师的基本权利无法完全履行。譬如教育教学自主权，教育惩戒权，平等不受歧视权，获取工资报酬、享受福利权，进修或其他形式的培训权，等等。以教育教学自主权的缺失为例，我国中学体育课被改上其他课，尤其是初三、高三被挤占体育课的现象相当普遍。农村中小学体育教师配比不足，很多体育教师由其他科任教师兼任，导致一些教师对待体育教育不像对待主科那样有事业心，很多学校落实不了每天 1 小时的体育锻炼目标，体育教学处于随意状态。学校体育教师数量配置与学生总量失衡，部分学校严重缺乏体育教师，但却又将这些编制让给其他岗位，并把大量的工作转移到少数几位体育教师身上，体育教师的课时和运动训练、课外活动待遇等低于其他学科的教师的待遇，体育教师同工不同酬甚至是超工不同酬的现象极其明显;很多学校更愿意将学校的重点放在校运动队的训练上,因为运动队给学校所带来的荣誉远远超过日常体育教学;甚至很多学校在给体育教师职称评聘、晋升、教师培训进修机会等方面较其他教师少;社会对学校体育教师的劳动价值存在认识偏差,体育教师的劳动没有受到社会应有的尊重,全国范围普遍存在着体育教师不公平待遇问题。试想,体育教师连基本的体育教学权利都不被尊重的前提下,何谈他们的专业发展,这其实也就意味着他们的专业发展权利已被剥夺。而改变这种现状的唯一方式就是通过体育教师自身去争取专业发展的权利,进而不断提升自身的素质。而追求发展权利的方式大体可以分为两种:一种是通过"口头呐喊"获得;另一种是通过"实际行动"获得。前一种方式主要是体育教师依据《教师法》《教育法》《体育法》《学校体育工作条例》等相关行政法规文件理直气壮地向领导争取各种发展权利,而后一种方式则是体育教师通过自身努力做出一定的成绩之后主动获得发展的机会与权利。从当前社会大环境来看,我们更愿意提倡第二种方式。比如,以提升学术水平为例,持之以恒地坚持教育教学研究是教学的需要,也是能力提升的重要途径。体育教师可以从自己教育教学实践的点滴出发,尝试撰写科研论文并尽量在专业期刊上发表,或者将科研论文寄送到各种学术会议上进行交流。关注学科专业发展动态,并融入教学训练中,注重课程质量,关注学生需求和反馈,通过记录分析教学实践,系统地自主反思,对教学活动进行调整,不断完善教学方式方法,提高教学效果和满意度,通过参与课题研究,总结整理教育教学案例、教学反思、教育叙事、撰写学术论文和研究报告等形式固化教学成果,进一步增强反思意识,发展教育智慧,提升教学创新能力,提升教育理论和学术研究水平。通过这种方式渐渐做出一定的成绩,获得一定的成果,学校领导自然会认可体育教师的努力,进而有可能获得各种机会。其实从另外一个角度来讲,争取专业发展权利的过程不仅可以获得专业发展的机会,同样也能获得实质性的专业发展。

另一方面,体育教师通过行使发展权利的过程而获得专业发展。在获得专业发展权利的同时,体育教师还需要行使所获得的权利,从而真正发挥专业发展对自身素质提升与对学生体育学习效能促进的作用。陈博的研究指出,体育教师的基本权利包括教育教学权、科学研究权、学生品行和学业成绩评定权、获取工资报酬和享受福利权、民主管理权、进修或其他形式的培训权、平等不受歧视权、申诉和诉讼权等八项。实际上,体育教师专业发展的权利也建立在这些权利的基础之上。霍尔与阿姆斯曾说:“使我们获得自我认同的最好方法不是普遍的自然规律或逻辑范畴,我们的属性源于现实的社会与政治生活经验。”而体育教师行使专业发展权利的基本立足点就是要获得自我认同,认识到自己的职业对于学生全面发展的重要影响,以及在“健康第一”思想的指导下对培养学生的身体、心理、社会适应能力的贡献。这种认同的基本出发点则在于专业的体育教学活动的开展。体育教师如果不能为学生提供优质的教学内容,其职业合法性就仅仅来自“单位”赋予的教师身份,体育教育存在的合法性和合理性遭受质疑,教师也将面临职业价值被弱化的危机。因此,在专业性的体育教学活动中,体育教师既然已经获得了专业发展的权利,就要尽可能地为学生提供专业的体育教学,只有让学生获得了满意的体育学习效果,体育教师的自我认同感才会高涨,才能为更多专业发展权利的行使积淀足够的信心。同时,在体育教师行使专业发展权利的过程中,还必须要注意对同伴的帮助与扶持,适当地与同伴“齐头并进”,促进构建专家引领同侪互助的专业共同体,营造良好的职场交流合作与互助氛围。因为不同的体育教师行使专业发展权利的能力是不一样的,其获得的专业发展效益肯定也存在差异,而过于突出的个人在一定程度上会给自己带来一些“无形的阻碍”,由于职称名额是单位内部的重要稀缺资源,多数教师因无法晋升职称导致的对科研的排斥会演变为对科研突出者的敌意甚至排挤,形成不利于人才生存和发展的单位生态。如果不能处理好这些关系,将会对专业发展的效果产生一定的负面影响。

2.对体育教师专业发展的理性反思

从对话、规训与权利的三维分析框架来审视体育教师的专业发展,除了旨在扩大大众对体育教师发展的认识视野与思维之外,还希望体育教师能够在这样一个纷繁复杂的世界之中对周围的生存环境与制度、学生的体育学习开展情况、自身的专业发展进程等进行自我反思,从而突破多年来一直倾向于技术理性的体育教师教育观。传统技术理性的体育教学是一种“单向度”和“自上而下”的教学方式,它强调以“教师为中心”,以“教材为中心”“传授式”的教学方式是其基本特征之一。而反思性体育教师则能在一定程度上改变这种“单维”现状,从而造就反思性的体育教学。反思性体育教学被认为是一种情境性的实践,具有复杂、不确定、多变的特点,肖恩称其为“专业艺术”。与传统的技术理性体育教学相比,反思性实践教学具有以下特点(见表1-2)。

表 1-2　技术理性教学观与反思性实践教学观的比较

| 比较内容 | 技术理性的教学观 | 反思性实践的教学观 |
|---|---|---|
| 理论基础 | 技术理性主义、行为主义、要素主义 | 反思性实践认识论、认知心理学、进步主义、批判理论 |
| 假设 | 掌握知识和技能就能引起教学行为的改变 | 依靠理论在教学中以及对教学进行反思，才能改进教学行为 |
| 知识的特征和来源 | 显性的公共知识，通过理论学习而获得 | 隐性的缄默知识，在实践中产生 |
| 教学观和教师观 | 教学是技术性事业、传授系统、应用的科学。教师是技术人员，是知识传授者，是单向度的人 | 教学是情境性的“专业艺术”，教师是专业人员，是反思性实践者，是多向度的人，具有多重角色 |
| 教师资格能力 | 教学的知识和技能 | 知识、技能和品性，强调反思和批判能力 |
| 评价观 | 标准化的纸笔考试，方法单一，注重结果 | 绩效（真实性）评价，方法多样，注重过程 |

作为专业发展的一种要求，体育教师反思自身有着内在与外在的必然要求。

首先，现实的社会背景需要体育教师反思自身的发展。自改革开放以来，中国在经济、文化、政治、教育等领域都取得了举世瞩目的成就，中国在世界上地位急速上升，而这一切都可以视为社会发展的成果。所谓社会发展，指以个人为基础的社会关系出现从个人到社会总体的自由延伸，个人的自由延伸到社会整体关系面。包括个人的物质及精神自由发展到社会层面，并取得社会化的一致。这其中包括经济、人文、政治等一系列的社会存在的总体发展。也就是说，社会发展的主体终究还是人，且发展的结果也要最后体现在人身上。而我们在收获发展所带来的利益的时候，也带来了发展的负面影响。从负面影响的角度来讲，我们现在所处的社会就是一个“纷乱”社会，而“纷乱”社会的特征在很大程度上表现为社会主体的良心的丧失，社会生活和社会关系的发展呈现出市场化、物质化、利益化、金钱化趋势，个人、群体乃至集团组织为了争夺私益而丧失起码的社会责任和道德自律。以教育领域为例，比如乱收费，有偿补课，惩罚学生，侵害学生，少数教师上课应付差事，以教谋私、钱分交易等一系列职业精神缺失的行为。作为社会群体组成部分的体育教师，当其处在这个“纷乱”社会之中时，就需要反思自己，主要包括三个方面：一是自己的专业发展是否受到了这些社会负面行为的影响；二是自己是否思考过“通过体育教学的开展在一定程度上能够缓解这种现象”；三是自己在“纷乱”社会中的专业发展是否有较好的效果等。

其次，教师专业发展是教师自我提升的内在要求，而非外在压力的被迫行为。教育不仅承担着向学生传授知识技能的责任，更重要的是让学生成为“人”，教会学生如何生存和过一种“值得过的生活”，这是教育的应有之义。而这种“值得过的生活”不是教育自身能带来的，而是由生活世界提供的。教师的专业发展，需要教师去追问教育的意义。不同的教师由于个人经历、兴趣偏好、价值观、文化背景等差异，对于教育的理解是不同的。教育意义赋予教师一种伟大的使命感，它使教育变成一项崇高的事业，使教师充满教育激情、增强探究和创造的活力。教师专业发展是教师内在专业成长的过程，其中教师的情感和意志因素起着关键的作用，但情感和意志不是通过简单的灌输就能获得，而要在真实的教育中去观察、感受、反思，成为名副其实的实践反思者，并由此发现教育的魅力和意义。对教育意义的不断探索和努力，推动着教师不断拓展知识技能，更新教育理念，与学生共生共长，这是教师专业发展的无形的、强大的内部动力。正如前述，体育教师的专业发展是对话、规训与权利的过程。其实，仔细分析“对话、规训与权利”三个词的内涵，他们都需要通过建立反思这一途径来实现。反思对我们认识事物本质，做出正确价值判断，采取合理行动有重要的指导意义。教师能经由反省，检视并企图解决个人所遭遇的问题，觉知且质疑教学中各种层面的内容与假设，朝向更高的专业发展推进。体育教师专业发展不是一个模式，而是教师建构个性优势、克服劣势的发展过程。在这个过程中，其核心内涵是在价值观引领下的教育理念与专业精神的不断重构与塑造，基于广泛学习的专业和非专业知识的不断拓展，在反思基础上的教育智慧的不断提升。因此，体育教师专业发展应向着自主、能动、开放、有规划、多种途径、多种模式、多种策略的方向发展。只有这样，才能使体育教师在专业发展中体现出“服务、理论、权利、实践、判断、经验和团队”的专业特征。

实际上，审视体育教师的专业发展只是一种手段，或者只能说是一种工具，我们的最终目的是基于外围视角的反思而过渡到自我的反思与审视。唯有如此，才能在体育教师心中打下深深的烙印，让他们清楚地知道自身的缺陷与不足，并结合自己体育教学实践活动的开展而进一步构建自己合法的身份，即真正地成为专业性的人员。其实，成为专业性人员就是获得“门户”地位的过程，而这个过程则需要一个普适性的“专业标准”来区分谁能成为“门户”中人，这种区分也要允许适度的“张力”。

何谓理想社会？对于这一问题可谓仁者见仁，智者见智。因为每个人对“理想”的理解是不一样的。“理想”就意味着满足了自己的心理需求，达到了自己所设想的高度。我们所言的理想社会指的是达到每一位体育教师内心要求的社会，这个社会标准是不固定的，可以因人而异。因此，只有具备了体育教师可以为了自己的教学活动更好地开展而“为所欲为”的前提，即具备了理想社会的前提或者是存在了具备“张力”的发展空间，他们才能够更好地实现自己“应有的权利”。

(1)具备张力的标准为体育教师行使权利提供基础

所谓张力，指的是“弹性”或“空间”。对于让体育教师获得身份象征的标准本身而言，它必须自己具备张力。这种张力主要体现在以下两个方面。一是专业标准的话语阐述必须是具备张力的。近年来，我国各相关部门发布的一些文件存在着一个共同的缺点，即可读性较差。与体育教师相关的标准作为一项严肃性的标准，要求使用规范的语言，但这并不意味着一定失去可读性。标准自身一定要有简洁明了、通俗易懂但又吸引人的特点，即要具备语言上的张力，而不是给人以硬邦邦的感觉。二是标准本身要有张力。比如，体育教师是一个很大的群体，这种群体的差异性体现在方方面面，如年龄差异、阅历差异、知识储备差异、性别差异、地域差异、任教对象差异等。正如用一份专业标准来评定所有地区的全部学科的教师是不可行的，用全国绝对统一的专业标准去衡量全国不同地方的体育教师，这显然也是不合适的。因此，标准本身必须要具有张力。比如，根据体育教师专业发展的维度，我们可以将标准分为体育教师专业标准、体育教师教学标准、体育教师教育课程标准、体育教师教育质量评估标准等。即使是针对体育教师自身的专业标准，我们也可以尝试将标准分成不同的级别甚至不同地区的体育教师专业标准，如小学体育教师专业标准、初中体育教师专业标准、高中体育教师专业标准、高校体育教师专业标准，合格体育教师的专业标准、优秀体育教师的专业标准、专家型体育教师的专业标准，等等。这些标准都应被纳入体育教师专业标准的研究范畴，构建体育教师专业标准体系，根据时代的发展含有动态发展的内涵和条目，全面地为不同层次、不同阶段的体育教师提供专业发展指引，激励教师的自我成长。这种弹性使得体育教师在对照标准发展的过程拥有了无限的空间，有利于其根据自身情况进行专业自主发展。

在标准本身具备弹性的前提下，体育教师行使相应的权利也就更方便。比如，以体育教师专业标准为例。在体育教师加入各种不同级别的专业协会的过程中，一个符合初级专业标准的体育教师和一个符合高级专业标准的体育教师肯定不会去竞争同一级别的协会。因为如果真的出现了这种情况，一方面，可能会造成不同级别的体育教师之间缺乏“共同语言”而不能实现更好地融合。很显然，一个特级体育教师和一个刚参加工作的青年体育教师是很难站在同一层面进行对话的。当然，他们也会有相应的沟通，但这个特级体育教师必然是主导着沟通的场面，年轻体育教师通常都只能充当听众的角色。另一方面，可能会造成专业发展资源的浪费。因为低级别的专业协会所能提供的资源更适合于青年体育教师，而不能很好地满足高级别的体育教师。如果我们仍然将这些发展资源分配给高级体育教师，这对于他而言所起的作用肯定很小，也必然会造成资源的浪费。在这种情况下，寻求体育教师专业标准本身的弹性，则就意味着体育教师能够更好地行使自身的专业发展权利而获得充足的发展。

(2)合乎标准的体育教师能够在一定的空间内更好地进行专业活动

相比标准本身具备的弹性而言，体育教师在弹性的空间内进行有弹性的专业活动显得更加重要。能够按照自己的规划进行专业活动是理想社会中体育教师进行专业发展的一项权利，但其开展的前提是基于体育教师相关标准的。从另外一个角度而言，体育教师合乎标准的过程其实就是从“成物”到“成己”直至“达人”的过程。哲学家杨国荣教授曾指出，人作为社会的存在之物，较之其他存在，人与世界的关系具有二重性：一方面，人内在于这个世界；另一方面，人又把这个世界作为自己认识、作用的对象，这种作用在总体上展开为一个“成物”到“成己”的过程。从哲学的层面看，“成物”到“成己”的具体内涵，也就是“认识世界”和“认识自己”“改变世界”和“改变自己”。从这个哲学层面的阐释出发，体育教师认识了标准的内涵之后，通过让自己符合标准而实现“成己”。即实现将自己置身于理想社会中的梦想，然后在此基础上行使专业活动的权利。

体育教师行使专业活动的权利主要体现在课内与课外。课内主要体现为以体育课堂教学的开展为基础，课外主要体现为借助各种手段的学习，而课内是重点，课外是延伸。在课内，理想社会的体育教学应该是体育教师能够引导学生顺利地开展体育教学，且在教学过程中，能够针对不同的情况灵活地调整自己的专业行为。体育教师专业发展的权利除了体现在教师与学生之间的互动之外，还体现在教师与教师之间。在同一学校，虽然体育教师处于同一个教研组，但他们之间存在很多竞争，而这种竞争就是“权利争夺”。通常是专业发展开展较好的体育教师能够获得更多的机会，比如论文发表更多，参加各类教学比赛获奖更多，获得荣誉更多，等等。

总之，在目前的现实背景下，遵循世俗社会的游戏规则并获得作为体育教师的身份象征是每一位体育教师首先要开展的工作。实际上，我们任何人也无法摆脱世俗社会的困扰，人类的一生基本上只能在与世俗社会的抗争中发展。当然，理想社会是我们的追求目标，也是体育教师在通过符合专业标准而获得合法性身份的前提下进行专业发展的最佳诉求。

## 第二节 体育教师专业标准概述分析

### 一、体育教师专业标准的内涵

专业标准作为一个发展概念，势必要经过不同层级的阶段，并在不同阶段有不同的发展状态，即不同阶段有不同的专业标准。对这一专业发展的整体流程的不同阶段的专业标准统称为专业标准体系。从系统整体与部分的关系来看，在专业发展的不同阶段，具备某一阶段的专业标准，取得了专业发展的身份，也即达到了该阶段的专业标准。我们认为，体育教师专业标准有广义和狭义之分。广义的“体育教师专业标准”是指涵盖体育教师职业的职前教育标准和职后专业发展进阶标准的标准（见图 1-1）。

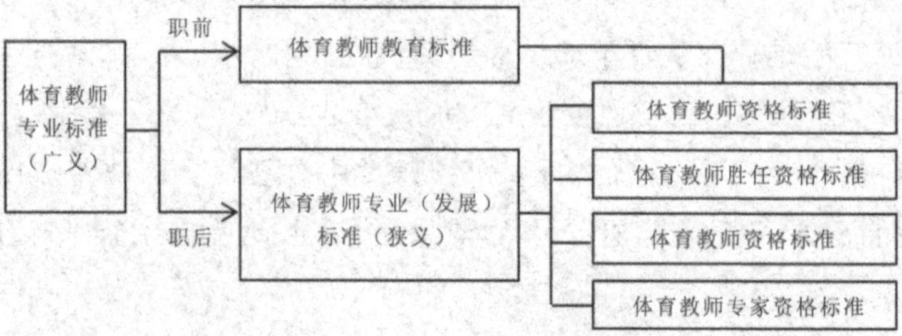


图 1-1　体育教师专业标准结构示意图

## (一)体育教师专业标准与其他标准共同构成了体育教师教育标准

从时间的纵向分割来看,体育教师教育一般分为职前体育教师教育、入职体育教师教育和职后体育教师教育。而在整个体育教师教育的过程中,会涉及招生、培养、培训等多个环节,对于其中的任何一个环节,我们都需要通过标准来保障质量。

首先,对于体育教师作为专业的教学人员而言,他必须要符合真正的专业工作者的身份,而用来评判和促进体育教师是否真正达到标准的尺度就是体育教师专业标准。

其次,无论是对于职前体育教育专业的学生培养,还是对于职后体育教师的培训,基本上都以课程为载体,但目前各个培养与培训机构“因人设课”“课程设置重复”等现象非常严重,缺乏统一的标准,而规范这种泛滥现象的标准则是体育教师教育课程标准的重要任务。

再次,对于培养和培训体育教师的机构而言,目前主要集中在高等学校体育院系和教师进修学院。然而,谁真正有资格、有实力和条件对体育教师进行培养和培训,并没有规范的评估标准。一个非常明显的现象就是近年来体育教育专业招生的泛滥,很多高校的公共体育教育学部升格为体育学院,大量开设体育教育专业,但其实很多学校并不具备培养体育教师的条件。另外,职后体育教师进修机构的设置也非常随意化,导致了目前体育教师培训质量的倒挂现象。而这些问题的解决,都必须要有体育教师教育机构认证标准来进行规范。

最后,对于体育教师的培养和培训的相关机构、课程设置、教育教学实践和培训素质等的综合考察,即体育教师教育质量的评估,需要相关的标准来进行引导,因为只有优质的体育教师教育质量才能培养或者培训出大批的优质体育教师,而该标准即为体育教师教育质量评估标准。

总体而言，体育教师专业标准与体育教师教育课程标准、体育教师教育机构认证标准和体育教师教育质量评估标准等共同构成了体育教师教育体系的基本框架，保障了体育教师教育的顺利运行与发展。当然，体育教师教育标准体系不仅包含上述四个标准，其他的诸如体育教师教学标准、体育教师校本培训标准、体育教师资格证书标准等也可以看作标准体系的组成部分。但相对而言，其他标准都是对上述四大标准的补充和完善。

### （二）体育教师专业标准与其他标准的内涵解析

上述分析可以看出，四大核心标准从不同角度共同为提高体育教师教育质量提供保障。只有当四大核心标准共同发挥作用时，才能有效地达到促进中国体育教师教育转型的目的。

#### 1. 体育教师专业标准

国外教师专业标准的研究最早始于20世纪80年代的美国，后来，日本、菲律宾、泰国等国家也相继颁布了本国的教师专业标准。教师专业标准的建立是希望实现教师由“职业”向“专业”的转变，促进教师专业地位的提升，从而获得与律师、工程师、医生等目前社会上公认的专业人员一样的社会地位。除此之外，构建教师专业标准在于为教师群体的专业发展提供一个可参照性的标准，为他们的专业发展提供方向性的价值引导，提高整体专业素质，从而使得教师为学生提供专业的教学。目前，国际上的教师专业标准具有不同的特点，基本上可以分为三种模式：与教师资格标准相分离的专业标准，与教师资格标准挂钩的专业标准，以及分类型分级的教师专业标准。

体育教师对专业标准的需求胜过任何一个学科，这是因为在所有的教师群体中，体育教师被视为最不符合专业身份的教学人员。长久以来，体育教师的入职门槛较低，没有特定的入职标准，导致一些未经过系统体育教育专业训练的人员进入了体育教师队伍当中，给人“任何人都可以担任体育教师一职”的印象，进而导致了体育教师“社会地位不高”“学科地位不高”“待遇不好”等现象，同时也影响了体育教师的职业发展。使“四肢发达，头脑简单”的印象作为标签牢牢地贴在了体育教师身上，而这也导致了诸如“同工不同酬”等现象的存在。因此，需要构建体育教师专业标准来引领体育教师的发展，告诉他们什么才是符合专业标准的体育教师。为体育教师的遴选与评价提供参考，把好入口关，选拔符合要求的人员进入体育教师队伍，提升体育教师公共形象和社会地位，加强体育教师队伍建设，保障体育教育事业的可持续发展。体育教师的专业标准应对不同发展阶段的体育教师应具备的专业知识、专业技能和专业品质均有较为全面的阐述，需要包含对学生的了解、对专业知识的掌握、教学实践的能力、促进学生学习的能力、对课程的合理选择、学习环境的设置、学习评价的实施、自我反思实践、与同事和家长等其他人员的合作等多个方面。通过体育教师专业标准的引领，所有的体育教师都能够清晰地看到其作为专业人员的美好图景，并且为了达到标准而不断努力，满足其终身学习目标的诉求。

体育教师专业标准除了在内容上要进行规定以外，还需要具有一定的层次性。这是因为体育教师的专业发展具有一定层次性。一般而言，可以分为职前体育教师专业标准、合格体育教师专业标准、胜任体育教师专业标准、资深体育教师专业标准、专家体育教师专业标准等多个级别，而不同级别体育教师的专业发展程度是不一样的，所以专业标准对其要求也应该有所区别和侧重，需要体现出一定的层次性。比如，在职前体育教师专业标准中，对职前体育教师基本教学内容和教学能力的掌握可能比较关注，而在专家级体育教师专业标准中，更加重视其解决体育教学中重大问题的科研能力、引领其他体育教师团体专业发展的能力。另外，与体育教师专业标准相配套的合理的认证程序也非常重要。专业标准的构建只是从理想的角度提出了体育教师应该达到的目标，但真正符合标准的并不多，而绝大部分都处于力争符合标准的进程之中。因此，需要开发系统的专业标准认证程序来推动标准的实施，促进认证过程的科学化，在认证过程中促进体育教师的专业发展。

2.体育教师教育课程标准

无论是对于职前体育教师的培养、新体育教师的入职研修，还是对于职后体育教师的专业培训，都必须以课程为载体而实施。当然，对于课程的理解必须要多样化，要避免那种认为传统的“自上而下”的课堂教学才是课程的狭隘观念，正确看待理论课程、实践课程、综合课程、活动课程等多种课程类型的存在。但遗憾的是，目前中国不同体育教师教育专业学生的课程设置千差万别，缺乏基本的共性。这不利于体育教师的培养，在一定程度上会导致不同学校培养的体育教师质量的差异性。而职后体育教师培训的课程则显得更加随意，不同地区的培训课程千差万别。因此，构建体育教师教育课程标准，促进课程设置的科学化与系统化，对于全国范围内体育教师培养与培训质量的提升大有裨益。

在目前国家颁布的《教师教育课程标准(试行)》中，从基本理念、课程目标、课程设置与实施建议等几个方面进行清晰的界定。尤其突出了“育人为本、实践取向和终身学习”的导向，从教育理念与责任、教师知识与能力、教育实践与体验三大领域出发设置课程目标，并规定了三年制专科、五年制专科和四年制本科不同学制教师教育类课程的设置建议。作为教师教育课程的组成部分，体育教师教育课程标准应以《教师教育课程标准(试行)》为依据，并在这个框架中进行有针对性的学科细化。

首先，体育教师教育课程标准的基本理念要体现“健康第一”指导思想，即体育教师教育课程标准的设置是为了更好地培养和培训教师，但其终极目标是为了这些教师能更好地促进学生的身心健康发展。

其次，对于教师教育课程标准的定位，要坚持“师范性”与“学术性”相结合的原则，根据体育课程改革的要求和体育教师专业发展的需要细化课程目标，提升目标的针对性。

再次，对于课程结构，要力图改变目前体育教师教育课程设置中重视技能课程，轻视教育类课程的倾向，强化体育教育类的专业课程，体现课程的综合性，而不仅仅只是体育类课程和教育类课程的简单糅合。

最后，对于体育教师教育的课程内容，要考虑与体育课程改革相联系，体现课程内容的综合性、实用性、时代性、实践性、可操作性等特征。在设置体育教师教育课程标准的基础之上，要组织专业协会或者专家组定期对国内教师培养与培训院校进行监督与检查，并及时听取不同单位的反馈意见，指导不同单位在小范围内进行有针对性的调整。但需要指出的是，目前我们所提及的体育教师教育课程标准主要是针对教育类课程，以提高学习者的教育教学能力为主。

### 3. 体育教师教育机构认证标准

十几年来，中国体育教师教育机构招生数量成倍的增长。然而，在巨大的招生量面前，中国体育教师教育专业毕业生从事体育教师的比例不到一半。如此大的反差至少在某种程度上说明目前部分体育教师教育专业毕业生的培养是存在问题的，而这些问题则与无节制地扩增体育教师教育培养机构有关。为什么会有如此多的院校参与体育教师教育？为什么部分体育教师教育机构培养的毕业生质量低下且长期得不到改观？关键原因在于体育教育机构认证标准的缺乏，使得任何高等院校都可以成为体育教师教育机构。

为了改变这种现状,需要构建体育教师教育机构认证标准,可以从办学宗旨、组织与管理、招生及其培养目标、教师教育者及其专业发展、课程设置与建设、教学水平与效果、资源与保障、环境与公共关系等几个角度进行构建。在办学宗旨中,要非常明确体育教师教育机构培养与培训的理念,厘清机构的发展方向;在组织与管理中,需要规范机构的设置、机构的人事制度建设、管理制度的建立与实行等多个方面;在体育教师教育专业招生及其培养目标中,要制订严格的招生标准,尽量避免那些为了读大学但对体育毫无兴趣的学生进入体育教师教育专业,重点考查学生对今后从事教师教育的兴趣等,为达成培养目标奠定良好的基础;在课程设置与建设中,体育教师教育课程标准只是规定了关于体育教育学相关课程的设置原则,但对其他课程却没有具体规定。因此,要对课程设置进行考察;在教师教育者及其专业发展中,需要考虑任课教师的学历比例、专业背景、研究方向、工作经验等,以便于提升专任体育教师的质量;在教学水平与效果中,要对体育教师教育机构的效果进行评估,适当淘汰那些不合格的院校,对于部分院校给予整改机会并限期整改;在资源保障与公共关系方面,要评估高等院校在从事体育教师教育时的内外部资源,以及与群体之间的关系,等等。通过体育教师教育机构认证标准的构建,将会在很大程度上改变目前体育教师教育机构泛滥的局面,促进部分高质量机构进一步提升,督促部分存在缺点的机构进行整顿以提高层次,果断淘汰部分不合格的机构,以提升整体综合水平。从另外一个角度而言,体育教师教育机构认证标准的推行,有利于加强资源的重置与整合,避免有限体育教育资源的浪费,提升体育教师培养和培训的质量。

4. 体育教师教育质量评估标准

我国不同地域体育教师教育质量如何?由于缺乏科学的标准,使得院校建设方面缺乏制度性的约束,导致部分院校体育教师教育质量不尽如人意。与其他三个标准相比,体育教师教育质量评估标准是对中国体育教师教育整体质量的评估标准,它实际上包含了对体育教师、体育教师教育课程、体育教师教育机构等的综合评估。前三个标准比较重视标准体系对利益相关者的管理和促进,而体育教师教育质量评估标准则更注重于对质量的测评,希望通过该标准能够从宏观整体层面把握体育教师教育的发展动态和未来趋势。

一般而言,体育教师教育质量评估标准主要从以下四个方面开展评估,即体育教师教育机构的质量、体育教师教育课程的质量、体育教师教育的教学质量以及体育教师教育专业学生(即职前体育教师)的质量。在体育教师教育机构的质量评估方面,主要涉及该机构中人力、物力、财力以及环境等。比如,该机构中体育骨干人才的数量、其教学与科研产出效率、对体育教师教育改革与发展的贡献、机构中各种设备的使用率与学生满意度、同等条件下机构投入的资金及其效果、体育教师教育机构的整体文化底蕴、对外界的吸引力等。在体育教师教育课程的质量评估中,主要涉及当前所开设的体育教师教育课程与课程标准的吻合程度、学生对课程的满意度、学生通过课程学习对知识的掌握程度、不同体育教师教育课程对课程改革的适应性、不同级别专业中体育教师教育课程设置的层次性等。在体育教师教育教学质量评估方面,主要包括体育教师教育者在教学过程中的教学素质、教学态度、教学组织与指导、课堂教学秩序,学生对教师教育者的评教,教学效果,与教师专业发展学校的合作效果及其对教师培养培训的推动,教师教育者对当前体育领域教育知识的了解程度与应用能力,等等。在体育教师教育专业学生(即职前体育教师)的质量中,主要涉及学生今后作为体育教师的专业特质,如自身的专业信念与信仰、人格特征、心理素质的稳定性、专业道德发展等;知识水平,如对常规的运动技能掌握程度、基本保健与健康知识的掌握、对信息技术在体育教学中的应用能力、对体育校本课程的开发能力等;技能水平,如普通话、简单的英语等一些基本的语言技能和沟通、写作技能,简单器材的制作能力,对常见体育比赛的组织与管理技能,部分运动项目的裁判技能;等等。在体育教师教育质量的评估中,不仅要考虑评估的内容,作为一个综合的评估标准,还需要考虑主体对评估过程的准确把握和对评估结果的解读能力。

## 二、体育教师专业标准的理论依据

当前,制定教师专业标准既是国际教育改革与发展的趋势,也是促进教师发展的重要举措。体育教师专业标准是对体育教师专业发展各个阶段诸多方面的要求与规定,其构成有着自身的理论基础和依据。有学者通过对美国、英国、澳大利亚、日本、新西兰等国的(体育)教师专业标准进行分析,归纳出各国的教师专业标准主要依据“教师专业发展论”“教师素能理论”“全面质量管理理论”等相关理论。

### (一)教师专业发展论

前文我们说到教师专业发展是一种多元化的内容与历程。多元化的专业发展包括下列四项意义。第一,活动与方式的多元。正式与非正式的活动,包括讲授、读书会、沟通对话、分组讨论、独立研究、行动研究、学习学分学位等方式;第二,课程内容的多元。学术理论、实践学习与个人专业生涯发展三大结构;第三,专业发展结果的多元。个人知识技能的增长与更新以及实践智慧的丰厚与圆熟,间接促使学校进步发展等;第四,专业发展评价模式与方式的多元。可使用目标导向模式的评价、CIPP 模式评价、对抗模式评价、历程模式评价、量的评价、质的评价等。"教师专业发展"这一概念,把教师工作视为一种持续发展的过程,教师通过持续学习与探究,不断发展其专业内涵,逐渐迈向专业圆熟的境界。

当前教育学术界由于所秉承的理论基础和论说立场各不相同,对于教师专业发展的价值取向和评判尺度的观点也存有差异,可谓仁者见仁智者见智。美国学者伯克认为"教师专业发展"这个概念的基本假设是教师需要持续发展。加强教师专业化发展的理论研究与实践探索主要有三方面的内容:第一,专业机构的教师教育;第二,教师资格认证制度;第三,在职教师培训与专业发展。这三个环节构成了保障教师专业化发展和教师质量的重要机制。我们赞同在构建体育教师专业标准时,须以体育教师专业素质为基础。至于教师专业素质的内容,应该强调体育教师的专业品质、专业知识与专业技能。以体育教师专业素质为基础来制定体育教师专业标准,就会更加注重标准的人性化与全面性,注重体育教师专业成长的价值取向,从而体现出不同发展阶段体育教师专业标准之间的系统性和整体性。

### (二)教师素能理论

1.教师知识论

体育教师教育标准具有一定的实践导向与理论价值。从我国教师教育制度变迁的现实背景来看,体育教师教育的理论导向与实践价值都是为了培养和培训更高质量的体育教师。教师群体作为理想社会中的教师专业群体,其真正的身份是教育教学专业人员。虽然当前教师的专业发展与其他职业之间可能还存在较大差距,但是其专业人员的基本属性不会因为这种差距而改变。作为教育教学专业人员,体育教师群体专业发展的逻辑起点是开展专业的教育教学活动,而教育教学的开展除了要具有充实的内容之外,对内容的传授显得尤为重要,这与教师的学科属性与教育属性密切相关。

如果说教师专业的原初硬核是“老三门”——教育学、心理学、学科教学法等知识及其升级版——本体性知识、条件性知识、实践性知识与文化性知识,那么,舒尔曼赋予教师专业的新硬核就是PCK知识,其关键特征是:更为关注教学实践中真实运行、交互生成的教学相关知识复合体,而非不同教育知识类型在教学实践中的自然迁移与机械拼合。体育教师教育教学内容的传授及其传授方法都涉及知识的问题。多年来,教育界普遍认为教师的知识主要包括基本教育技能、学科内容知识和普通教育学知识。然而,这在舒尔曼看来并不完整,他认为教师的教学是一个非常复杂的过程,其知识传授的过程涉及理解、转化、教学、评价、反思等多个过程,并不仅仅只是知识的简单传授。舒尔曼把教师知识分为七类:①内容知识;②一般教学知识;③课程知识;④教学内容知识;⑤有关学习者及其特征的知识;⑥有关教育情境的知识;⑦关于教育目的、价值及其哲学、历史基础的知识。其中一般性教学知识主要指课堂管理与组织的原则、策略等方面的知识;课程知识指教师用来作为教学媒体的材料、教学规划等方面的知识;教学内容知识指学科内容与教学知识的融合,是教师对内容知识的特殊形式的专业理解;教育情景知识包括的范围很广,从班级和小组的组织、到学区的行政管理与财政运转、再到社区特点及文化等。这一教师知识分类同样适用于体育教师,只是不同学科教师的知识内涵会有所差异。在这七种教师知识分类中,教学内容知识是舒尔曼首次提出的一种教师知识,并由此衍生出我们熟知的PCK知识。教学内容知识是教学实施的关键基础,是教师将自己所理解的知识转换为学生所接受的知识的关键。

同样,在体育教学过程中,体育教师最重要的并不是掌握多么高深的运动技能知识,而是要在掌握一定运动技能知识的基础上,熟练掌握教会学生使用这些知识的内在经验。对于体育教育专业的学生而言,这一点显得尤为重要,即体育教师教学的过程并不是以教授运动技能为主,而是要告诉体育教育专业的学生如何去教授这些知识,即学会教学。在这个过程中,以体育教学内容知识为核心的教师知识起着非常关键的作用。然而,目前存在的问题是,即便体育教师都理解这一点,但他们并不知道如何才能很好地进行育人角度的知识教授,他们更多根据自己的个人经验来付诸行动。正因为如此,导致目前体育教育专业学生培养质量的参差不齐,职后教师专业发展效率不高的问题。在这样的背景下,构建科学合理的体育教师专业标准体系来保障各种体育教师教育教学知识的掌握与传授,提高体育教师培养与培训的质量就显得非常重要。

2.教师效能论

教学效能研究最早可追溯至20世纪30年代,此时期,将有效教学视为教师某种人格特质的表现,所用的方法多为调查各类教师人格特质,并以此作为师资培养及提高教学效能的重要依据。直至1960年,学者逐渐探讨教师个人信念及所衍生的教学行为的过程变量与教学效能的关系,并认为教师人格特质、教师信念、教师知能、外在环境因素、教学过程、教学成果等,均具有重要影响。此外,艾莫(E. Emmer)提出了九个界定教师效能的基本教学原则:建立规则、期望与行为一致性、预防学生不适当行为、检查学生功课、交互式教学、学习时间投入、适切的教学进度、教学活动的转换、澄清内容。教师掌握这些原则有助于提高其教学表现和学生的学业成绩。很多研究者在定义教师效能时都将其与有效教学的标准联系起来,认为能够进行有效教学的教师就是有效能的。如莱恩(Ryan)认为,教学效能是指教师能使学生达到一些特定教育目标或大量进步的结果;吴清山认为,教师效能是指一位教师在他的教学工作中能够使学生在学习或行为上有优良的表现,以达到特定的教学目标。也有学者从教师行为或能力的角度界定,将教师效能定义为一种行为,认为教师效能就是教师所表现的有助于学生学业成就提高或者达到一定标准的行为。如张春兴将教师效能定义为在教学历程中教师所表现的一切有助于学生学习的行为。教师的行为能使学生成就提高者,即显示出教师效能;黎良中认为教师效能是指教师在教学工作中所表现的一切有助于学生学习的行为,能使学生在学习上具有良好的表现,从而达到一定的教育目标。此外很多学者对教师效能的研究是从教师自我效能感的角度入手,对于教师效能和教师效能感两个词通常不做区分,认为教师效能就是教师的一种知觉、信念或是一种自我判断。教师效能受到多方面因素的影响,包括来自教育者本身的教师自我因素,来自受教育者的教育对象因素以及来自教育环境的政策因素、学校因素和社会因素。这些因素之间相互制约、相互联系,共同影响着教师的教育教学质量,影响着教师专业成长的方向和进程,影响着整个学校的效能体现。其中,教师自身因素的调整与改善对提高教师效能起着决定性的作用,而国家和学校的相关制度和文化氛围为教师自我因素的改善与提高提供重要的支持与保障。教师效能的衡量可从教师特质、行为与思考等领域着手，采取多元方式，针对不同的评价目的和评价对象作妥善的考虑，以符合实际的需要。教师效能论的研究提供了教师特质、教学行为与信念、影响教师教学的因素及学生学习成就变因等相关信息，而在教师专业标准中这些内容成为评价教师效能的重要因素。因此，在体育教师专业标准的构建中，应充分考虑如何体现体育教师效能问题。

3. 教师赋权增能论

增权理论（empowerment theory）又译赋权、充权、激发权能理论等，最先出现在美国黑人权利运动中，后被少数民族、妇女权利运动组织采纳，用于提高弱势群体的权利与社会参与。20 世纪八九十年代，随着教育改革运动浪潮的进行，美国教育学术界意识到传统教育之所以失败的原因之一就是一切改革都是自上而下的，政府在其中占据了主要角色，而作为教育关键因素的教师却在其中未曾发挥丝毫作用，以往教育改革最大的失败之处就是将教师作为改革的对象而非当成教育改革的助力者与行动者。1986 年，莱特富在《论学校教育中的善：赋权增能的主题》中第一次使用赋权增能理论，因此，赋予教师参与教育改革的决策与管理的权利，是 20 世纪 90 年代美国教育改革的重要一步。“教师专业化”（the professional development of teachers）与“教师赋权增能”（teacher empowerment）是当时教育界最为响亮的声音，教育的管理阶层被要求赋予教师应有的权利，以提高教师的专业能力与自我发展。基于不同研究的视角，人们对教师赋权增能的理解也不尽相同。当然，人们更多的理解还是基于美国的两位学者瑞内哈特（Rinehart）和绍特（Short）对“教师赋权增能”的解释，有学者在此基础上对这一内涵进行了拓展与延伸。第一，参与权；第二，获得承认；第三，自主性；第四，参与学习及发展的机会。认为继续学习和接受教育是教师所应有的基本权利。所以教师赋权增能是指任何能够增加教师专业地位的活动或手段。部分学者认为教师赋权增能的目的是增加教师参与校务、课程计划、教科书选择及组织与执行教师资格认证制度等方面的权利。也有学者认为教师增权赋能的目的应包括三项：一是提升教师地位，使教师拥有专业尊严；二是增进教师知识，以有助于教学、增进学生学习效果；三是增加教师参与学校决策之权利。

赋权增能理论中教师的专业发展与权利获得之间存在互为因果的关系，学校应主动为教师专业发展“赋权增能”，让教师的专业自主权得以回归，让教师的教学效能感持续提升。在体育教师专业标准中主要体现在以下四个方面。①体育教师参与决定权。体育教师有权利参与学校较为关键、重要性的决策，深度参与教材选择、课程决策和教学评价等，因为这类事项决策质量的优劣，将会直接影响到体育教师的教学工作的进行。②体育教师的教学自主权。体育教师享有教学方面的专业自主权利和机会，能自主设计、实施、评价课程，决定体育教学的目标、教材、教法、评价、辅导管教等。③体育教师的专业成长权。体育教师有权利和机会去促进自我及其他教师的研究、进修与教学的成长，提升教学水平和科研能力。④体育教师的专业尊严。体育教师拥有专业尊严与权威，享有专业地位，能够受到学校行政人员、其他学科教师、学生的尊重与肯定。

**(三)全面质量管理理论**

教师教育的实施过程是一个综合体，百年来我国的教师教育制度之所以始终处于动荡变迁之中，除了迫于特定的政治背景之外，与教师教育的质量也有着密切关系。在不同阶段，教师教育的实施最后都以教师培养培训质量为评判标准，然而，无论是在哪一种教师教育制度之下，都有其合理与不合理之处。随着不合理部分的不断累积，到了一定程度之后这种不合理必然会爆发，这样就会在一定程度上导致教师教育制度的变迁。很显然，在这个过程中，教师教育的质量评判起着关键的作用。

全面质量管理作为一种企业管理思想，最早诞生于美国，在日本得到广泛运用。其内涵是以产品质量为核心，建立起一套科学严密高效的质量体系，满足用户的需要。其核心思想是指一个组织以质量为中心，以全员参与为基础，目的在于通过顾客满意和本组织所有成员及社会受益而达到长期成功的管理途径。在全面质量管理中，质量这个概念和全部管理目标的实现有关，其核心原则有客户为中心、持续改进、全员参与等。全面质量管理具备以下五个特点。一是全过程性，即全面质量管理的对象是企业生产经营的全过程；二是全员性，指全面质量管理要依靠全体职工，不局限于质量管理部门，管理从一个上对下的金字塔结构转为扁平式结构，鼓励人人参与不同层次的决定；三是预防性，指全面质量管理应具有高度的预防性，以预防为主，对产品质量进行事前控制，把事故消灭在发生之前；四是服务性，主要表现在企业以自己的产品或劳务满足用户的需要，为用户服务，顾客至上、以客为尊是全面质量管理的首要任务；五是科学性，即事实管理。质量管理必须科学化，必须自觉地利用现代科学技术和先进的科学管理方法，依据正确的数据资料进行加工、分析和处理找出规律，再结合专业技术和实际情况，对存在问题做出正确判断并采取正确应对措施。

全面质量管理理论应用在学校教育中，是指学校组织中所有成员对于学校教育的文化变革领导、持续改进系统、全员承诺参与、确保顾客满意表现上的一种认知、情感和行为的倾向，使得制订系统的体育教师专业标准具备了坚实的理论基础。对于推动体育教师专业标准的构建而言，主要表现在如下四个方面。①评价需要建立集体共识及需求。以提交教师资格认证为例，体育教师对此政策的了解是首要任务，所有的体育教师应有教学工作专业化的共识。既是专业，则必须有相应的专业规范。因此，所有的体育教师必须有接收教师评价的共识，并对相关资格认证有所认同，以适应教学工作专业化的需求，并推动整个认证过程的顺利开展。②以提升教育质量，促进学生身心健康为最终目的。全面质量管理理论认为教育整体质量水平依赖于各个局部环节的共同努力去提高，因此，体育教师对学生的学习活动，也有其责任与期望，构建体育教师专业标准，即在保障学生体育学习的权利与教学质量。体育教师的资格评价不是单一的教师个人的行业准入或获得相关专业凭据，而是最终通过合理的认证，达到提升体育教学质量，进一步促进学生身心健康的目的。③体育教师专业标准应富有弹性。体育教师专业标准应有良好的动态评价指标和规准，构建适合不同阶级体育教师发展需求的标准体系，为体育教师职业可持续发展提供制度上的保证。④强调评价的反馈机制。体育教师专业标准的评价结果应具备反馈机制，不限定于人事奖惩或聘任，可以授予专业地位。如教师分级进阶等激励教师的事项。体育教师专业标准的推动有赖于体育教师对自我专业价值的认知，进而获得体育教师的普遍的认同与支持，此外，体育教师专业标准应兼顾体育教师的发展需求，并适时给予回馈激励的措施，以发挥体育教师评价的效益。

## 三、体育教师专业标准的重要性

### （一）专业标准对体育教师专业发展的重要性

#### 1. 遵循国家的宏观要求

为贯彻落实《中共中央 国务院关于全面深化新时代教师队伍建设改革的意

见》,推进师范生免试认定中小学教师资格改革,建立师范生教育教学能力考核制度,2021年教育部办公厅印发了《中学教育专业师范生教师职业能力标准(试行)》等五个文件,表明了国家对发挥与教师相关的标准在教师专业发展过程中重要作用的重视。虽然国家提出关于教师专业发展标准化的要求是针对宏观的教师层面,但由于教师群体来自各个不同的下位学科,因此也就对包括体育学科在内的体育教师专业发展提出了相同要求。基于此,为了促进体育教师的专业发展,理论界与实践界都应该发挥体育教师专业标准的功能。而任何合理的、能够发挥其真正功效的教师专业标准均产生于某一特定的时间或空间背景之中。因此,对于体育教育领域的工作者而言,尤其应该注重挖掘和发挥体育教师专业标准在体育教师专业发展中的作用。

首先,体育教育在整个教育系统中的地位呼吁重视体育教师专业标准,为体育教师专业地位的提升和公共形象的改变服务。“任何一项职业,越具有很强的不可替代的职业性,它的社会地位才越高”。众所周知,无论是在中国这一有着深厚儒家传统教育思想的东方古国,还是在极度崇尚自由和开放的欧美国家,我们都不得不承认体育教育在整个教育场域中的边缘化地位,这种边缘化地位映射在体育教师身上非常明显。为了扭转这种身份地位的劣势,就有必要通过体育教师专业标准的“规训”,提升整个体育教师被重视的程度。其次,体育教师的素质对体育教师专业标准有着较强的需求。以准入为例,通过构建我国体育教师专业标准,对体育教师的学历、知识、技能、品质等均进行严格规定,改变以往体育教师可以随意被替代的现象,把好体育教师的入口关,减少不合格体育教师进入教师队伍。从专业角度提升体育教师职业素质和资格标准,进而加强体育教师的社会地位和职业竞争能力,构建起体育教师就业市场规范运行的核心机制,改变人们对于体育教师传统角色和价值的偏见,树立一种新的体育教师形象。可以说,体育教师专业标准是确立和提升体育教师专业地位的重要前提,是评价体育教师教学质量的必要依据。

2.为体育教师行为规范提供规范

体育教师专业标准是涵盖多个不同发展阶段教师的专业标准,也是一种质量标准,并且是一种作为不同发展阶段体育教师底线的或起码的标准,即最低的标准,体现不同发展阶段体育教师应该具备的知识、能力与品质等方面的基本要求,凸显出体育教师职业的专业性和不可替代性。在“专业化”思想引领下，将专业内涵渗透在体育教师教育课程中，并通过体育教师入职资格制度选拔合格的候选人进入体育教师队伍，为体育教师专业设定更为明确具体的准入门槛，改变当前体育教师资格认定因缺乏明确具体的考核指标而简单化和形式化的状况，从"入口"为体育教师队伍质量的提高提供保障，保证了体育教师的质量和专业化水平。从而规范引导教师的专业伦理、专业知识、专业表现、专业自律等，同时可运用于教师的资格认定、职级晋升、表现评价等领域。

3. 为体育教师的专业发展提供全程指导

体育教师的专业发展贯穿于体育教师的整个职前、入职和在职教育阶段。在职前阶段的专业发展，包括学习体育教师教育专业的基本课程，掌握体育教师的基本技术技能，具备一名教师的基本意识，通过实习见习获得从事体育教师的实践体验，等等。在入职阶段，他们将由职前体育教师的身份转向正式体育教师的身份，开始尝试将自己在职前教育阶段的知识运用到实践教学中去，积极调整个体心态并努力成为合格的体育教师，在其所工作的学校站稳脚跟。在职后教育阶段，由于他们已经能够熟练地开展体育教学，并形成了一套属于自己的特定工作模式，此时的专业发展更加倾向于在稳定基础之上的突破。比如，开始从事科研工作，努力成为优秀教师，培养领导能力，扩大个体影响范围，培育年轻教师，强调自己的专业反思，参与高层次的专业团体组织，积极向上流动，等等。也就是说，虽然体育教师的专业成长都可以用"专业发展"一词来予以说明，但实际上时间的差异导致专业发展的需求和方式等各不相同。从某种意义上说，教师职业发展的过程，就是一个教师素质标准和质量标准不断提高的过程，建立客观、科学的体育教师专业标准是体育教学成为一门专业的基本标志。在整个体育教师专业发展的生涯中，为了使体育教师的专业发展"有据可依"，离不开体育教师专业标准的全程指导。这种指导既包括理念层面的指导又包括实践层面的指导。以实践层面为例，体育教师在专业发展过程中必然会涉及课程的学习，但目前无论是职前体育教师的课程设置，还是职后体育教师培训的课程设置，都存在严重的"重复、因人设课、理论与实践脱节"等不良现象。尤其在高等教育大众化背景下，许多高校在获得一定学科自主设置权限时，盲目向综合性大学靠拢而设置了体育教育专业，但由于缺乏体育教师培养的依据，也就是缺乏必需的体育教师专业标准，没有培养标准，缺乏一系列目标明确、具体可行的指标，课程设置的依据主要是当前教师能够开设的课程，而不是体育教师真正需要的课程，也就难以实现专业培养。实际上，这并不是说课程设置的负责人不愿意解决这些问题，其中一个重要的原因就是缺乏一个科学合理规范的体育教师专业标准来指导课程设置，所以最终呈现出“各自为战”的状态。

**(二)体育教师专业标准的核心地位**

具体到体育学科层面，与其他几个标准相比，体育教师专业标准的核心地位体现在以下四个方面：

第一，就服务对象而言，体育教师专业标准的直接服务对象是体育教师，体育教师教育课程标准的直接服务对象是课程，体育教师教育机构认证标准的直接服务对象是培养和培训体育教师的机构，体育教师教育质量评估标准的直接服务对象是整个体育教师教育。虽然四个标准的最终目的都是为了促进体育教师的专业发展，但如果从服务对象来看，直接面对体育教师的专业标准无疑是最重要的，因为体育教师专业标准是国家对合格体育教师专业素质的基本要求，也就是说，这是一个最低要求，无论是职前体育教师、新入职的体育教师、有经验的体育教师，还是专家型体育教师，只要他们在从事体育教师这项职业，他们都要符合专业标准提出的要求。同时，在他们开展体育教学的过程中，也要遵循专业标准提出的要求。但需要指出的是，无论要求高低，专业标准提出的是体育教师作为一个专业人员最基本的素质规定。也就是说，我们只有明确了体育教师应该具备什么素质能力，才有可能对其展开下一步的培养。与体育教师专业标准相比，其他标准则在服务于体育教师专业发展方面存在间接性，因为这些标准的提出都是建立在体育教师专业标准的基础之上的，相对而言处于整个体育教师教育标准的外围。

第二，体育教师专业标准是设置体育教师教育课程的基础。在体育教师教育标准中，体育教师教育课程标准体现的是国家对体育教师教育机构设置教师教育类课程的基本要求，是制订教师教育课程方案、开发教材与课程资源、开展教学与评价，以及认定教师资格的重要依据。总体而言，从体育教师教育课程标准的功能可以看出，如何设置合适的体育教师教育类课程是关键。近代以来，在教育学领域，课程设置的基本出发点都是“以学生发展为中心”，即课程的设置是为了发展学生，而不是为了教师有事情可做。从这个角度而言，如果要设置体育教师教育类课程，我们首先需要知道什么样的体育教师才是符合专业身份的专业人员，而这个问题只有体育教师专业标准才能回答。我们只有了解了这个问题之后才知道通过什么样的课程学习才能有助于他们向着专业人员的方向发展。另外，还可以规避目前各个机构在课程方面的随意性。无论是职前体育教师教育的课程设置，还是职后体育教师培养的课程设置，都存在很大的盲目与随意性，设置课程的依据主要是当前教师能够开设的课程，而不是体育教师需要的课程内容。因为他们不理解设置什么样的课程才能符合真正地培养体育教师，没有体育教师专业标准对课程设置进行引导。而体育教师专业标准的提出，使得课程设置的负责人进一步明确了成为合格体育教师的要求，他们就会尝试着从这个角度合理地进行体育课程设置。因此，体育教师专业标准是体育教师教育课程设置的基础。

第三，体育教师专业标准是体育教师教育机构认证标准的出发点。体育教师教育机构主要分为职前培养和职后培训两大类，这两类机构本身的资质与质量决定着该机构所培养或培训的体育教师的质量。就职前培养机构而言，2000年以前，中国体育教师的培养基本上以师范类大学的体育院系和专业体育类院校为主。然而，随着21世纪初国家开始探索开放的教师教育体系，越来越多的综合性大学加入了教师培养的阵容，设置了很多教师教育类专业。在体育领域，一个最明显的现象就是大量的体育教师教育专科专业升格为本科专业，大量的公共体育教学部也开始尝试开办体育教师教育专业。这种开放性的体制虽然有助于体育教师人才培养的多样化，但其培养的体育教师质量也值得怀疑。就职后培训的机构而言，不仅存在自身质量比职前体育教师培养机构更低的“倒挂”现象，而且这些培训机构在大众眼中的“非正规性”使得他们培训体育教师的质量饱受怀疑。很多职后体育教师培训机构基本上沦为体育教师们冠冕堂皇地“外出休闲娱乐放松”的理想之地。从这个角度而言，构建体育教师教育机构认证标准迫在眉睫。但在评估体育教师教育机构之前，我们同样需要了解什么样的体育教师才是真正的专业人员，即什么样的体育教师是合格和不合格的，而这个问题同样需要体育教师专业标准来回答。因为只有了解了体育教师作为专业人员的基本特征和要求，才能在此基础上构建体育教师教育机构认证标准，才知道该机构是否具备培养或培训合格体育教师的基本资质。

第四，体育教师专业标准是确定体育教师教育质量评估标准的依据。体育教师教育质量评估标准是对整体体育教师教育效果好坏的价值判断，而教师教育效果的好坏主要以人才培养为中心。无论是哪个阶段的体育教师，其培养质量的好坏都可以通过体育教师专业标准来衡量，只是不同阶段的体育教师专业标准有所区别，侧重点不一样。在对体育教师教育质量进行评估之前，通过明确体育教师专业标准的内涵与要求，能够进一步完善培养目标与方案，改革培养方式，降低或消除体育教师培养的盲目性，提升体育教师的质量，促进体育教师教育职前培养与职后在职培训的一体化，保证体育教师专业发展的层次。总之，体育教师专业标准引导着体育教师教育质量的评估方向，是确定体育教师教育质量评估标准的评估依据。

从国外已经颁布体育教师教育标准的几个国家来看，实践经验同样也证明体育教师专业标准发挥着核心地位。在 20 世纪中叶，教师教育标准化成为国际教师教育改革的基本趋势和现代教师教育体系的基本内容。美国体育教师教育标准化的历史最悠久，对于职前体育教师培养有着较为成熟的评定标准。在学术取向、能力取向和专业取向的影响下，美国教师教育经历了课程本位教育的改革，基于能力的教师教育改革和基于标准的教师教育改革，制定了三套体育教师教育标准，规范体育教师的知识和行为。美国体育运动协会(NASPE)1995 年制定体育教师教育标准，2001 年修订为初级和高级体育教师教育标准，2008 年发布新的初级和高级体育教师教育标准，2017 年美国健康与体育教育协会(SHAPE)颁布了新修订的初级体育教师专业标准。初级标准主要规定了接受体育教师教育的本科生在进行教师资格认证时所要达到的条件，高级标准主要对接受体育教师教育的硕士研究生所要达到的条件做出了规定。与美国类似，从目前体育教师教育标准的情况来看，爱尔兰和加拿大也颁布了体育教师专业标准。相对而言，爱尔兰的体育教师专业标准历史较短，直到 2011 年才正式颁布。虽然爱尔兰体育教师教育标准化的进程较晚，但从其率先颁布体育教师专业标准的情况可以看出，体育教师专业标准在整个体育教师教育标准体系中最重要，核心地位凸显无疑。与美国和爱尔兰纯粹只针对体育教师提出素质要求的体育教师专业标准相比，加拿大的体育教师专业标准不仅对职前体育教师应该具备的素质和能力有详细的描述，同时还提出了具备这些素质和能力应该开设的课程，对这些课程的要求可以看作是体育教师专业标准发挥着体育教师教育课程标准的要求。但与其他几个没有明确颁布的标准相比，加拿大的体育教师专业标准也是最先颁布的，这也体现出体育教师专业标准在加拿大体育教师教育标准中的核心地位。由此可见，不仅中国的教师教育标准研究者认为教师专业标准重要，具有核心地位，而且国外体育领域的研究者，也在标准研究方面优先将注意力放在体育教师专业标准上。可以说，实施具有规准性、效用性和合法合理性的体育教师专业标准是有效提高体育教师教育质量，促进体育教师专业化发展的必然趋势。

从表1-3可以看出，当前我国对体育教师专业标准的研究还处于起步阶段，对于专业标准的维度研究尚处于一个争鸣的阶段。譬如，以尹志华等为代表的研究组主要就体育教师专业标准进行了系列研究，从国外标准的详细介绍，到依据国外已有的经验探索构建我国的体育教师专业标准。从已有的研究看，标准研究的框架内容还处于探索阶段，对框架构建意见等还不是很一致，急需出台一个比较权威的体育教师专业标准，至少在专业标准维度和内容指标上给出一个统一的要求，这样才能更好地引导体育教师教育工作的方向，同时为进一步的专业认证评估监督工作提供依据。

**表1-3　我国学者研制的体育教师专业标准框架**

| 学者 | 维度数量 | 维度具体内容 |
|---|---|---|
| 尹志华等 | 3 | 专业精神、专业知识、专业实践 |
| 董国永 | 3 | 专业品质、专业知识、专业技能 |
| 赵进 | 4 | 专业教学策略、专业基本属性、专业知识、专业协调能力 |

# 第二章

# 高校体育教师专业发展现状研究

体育教师专业发展是当前高等学校体育教育改革的热点。2018 年，中共中央、国务院印发《关于全面深化新时代教师队伍建设改革的意见》。在此背景下，推动高校教师“将老师作为第一身份、将教书作为第一工作、将上课作为第一责任”，开展多维教师培训与评价是教师专业发展的重要环节，也是构建“政治过硬、业务精湛、育人高超、技术娴熟”教师队伍的核心工作。从现有文献看，“体育教师专业发展”进入学术研究领域已有二十余年，在理论上渐受重视，成果丰硕；在实践中体育教师专业发展也呈现出活跃多元的样态。在高等教育深化改革的当下，高校的转型发展、特色发展和内涵式发展比以往任何时候都更需要教师的专业发展。接下来我们就查阅到的相关文献和调研结果，在前人研究的基础上，从高校体育教师专业发展的内涵出发，继续剖析高校体育教师专业发展所面临的现实困境和存在的问题、主要影响因素和现实需求。

## 第一节　高校体育教师专业发展问题研究

### 一、高校体育教师专业发展的内涵

长期以来，受传统观念的影响，人们对教师专业发展的认识与研究较多地关注基础教育教师，对高校教师关注相对较少。前面我们谈到了教师专业发展的内涵，与教师专业发展的含义相对照，高校教师专业发展的基本含义与教师专业发展相符，而高校教师专业发展比较多地突出高校教师的学术性。因此，尽管体育教师的专业发展有很多共性的特征，但同时也有诸多差异。

中外学者一般认为，高校体育教师专业发展应该包括两个方面：教师自身专业化水平不断提高的整个过程和教师大群体为争取获得学校的体育教师这一职业地位而不懈努力的过程。主要体现高等学校的体育教师个人事业生涯中的成长，能够在体育教育教学的事件中无意识地对自己设计的教育教学活动进行不断地研究、探索和反思，从而达到拓宽体育知识，丰富体育教育教学经验的目的和不断提高体育教育教学的能力、体育科学研究的能力、体育活动创新、思维能力和自身水平发展的过程。正如教育学家叶澜所言："高等学校的体育教师专业发展也是高等学校的体育教师专业性成长或者是高等学校的体育教师其内在的体育专业结构的不断更新、不断演变和逐步变丰富的一个过程，专业化的结构主要包括具有专业化的理念还需要具有专业化的能力结构和知识结构。"

所以，从素质提升角度也可以理解为高校体育教师专业发展是高校体育教师专业素质养成、发展的过程。是在其职业生涯中的思想观念、知识与能力、情感与品质上的一个动态、不断向前迈进的过程，是在其职业生涯过程中始终需要不断地努力提高自己在培养学生方面所需要的知识和教育教学水平与科研能力、树立职业理想和职业道德、虚心学习与刻苦钻研的过程。从广泛意义上讲，体育教师的专业发展一般分为上级组织培训及自我内部发展这两类方式。

## 二、当前高校体育教师专业发展存在的主要问题

### （一）高校体育教师专业发展保障机制方面问题

科学、合理、完善的高校教师专业发展制度能为体育教师专业发展明确发展方向、提供成长平台并保驾护航；反之，则会束缚和限制其专业发展。从国家层面来看，我国先后出台了《高等教育法》《教师资格证书制度》《高等学校教师培训工作规程》《高等学校体育工作基本标准》《国家学生体质健康标准》《关于新时期加强高等学校教师队伍建设的意见》《关于加强新时代高校教师队伍建设改革的指导意见》等法规制度。一段时间以来，高校体育教师的权益有所保障，体育教师的职业地位和社会认可度、受尊重程度有了较大提高，体育教师专业化水平也有了较大提升。然而，法规政策的生命力在于执行和具体落实。近年来，多数地方普通高校通过成立不同性质的教师发展机构承担教师专业发展培训工作。但是教师发展中心的建设大多起步较晚，机构建制多挂靠教务处或人事处，有相当比例的高校教师发展中心脱胎于教务处教师发展相关科室和人事处师资管理科室，中心职责大多包括组织教师培训、教学竞赛、教师进修及国内外访问学者工作等具体事务，但因机构未独立建制，权责划分相对模糊，专业人员配备相对不足，经费投入、资源配置等

方面受到很大程度的限制，导致教师培训支持力度不够等问题不断凸显。

郭敏和郭家骏等人 2019 年分别在其博士论文中对我国高校体育教师进行了调查(表 2-1、图 2-1)，结果均显示单位支持力度不够以及专业发展教育时间与教育教学相互冲突是高校体育教师参加职后教育活动存在困难的主要因素，是被调查人群中选择最多的，是制约高校体育教师专业发展的重要因素，同时也是专业发展保障机制中的薄弱环节。

**表 2-1 高校体育教师参加职后教育活动存在困难的主要因素(多选，频数 $n=385$)**

| 原因 | 管理者 | | 讲师 | | 专家 | |
|---|---|---|---|---|---|---|
| | $n=90$ | % | $n=127$ | % | $n=168$ | % |
| 基础知识薄弱 | 12 | 13.3 | 20 | 15.7 | 27 | 16.1 |
| 没有机会 | 47 | 52.2 | 53 | 41.7 | 64 | 38 |
| 经济负担沉重 | 39 | 43.3 | 52 | 40.9 | 82 | 48.8 |
| 年龄大 | 12 | 13.3 | 15 | 11.8 | 17 | 10.1 |
| 与教育教学相互冲突 | 46 | 51.1 | 70 | 55.1 | 85 | 50.6 |
| 个人认识问题 | 27 | 30 | 17 | 13.4 | 21 | 12.5 |
| 单位或部门支持力度不够 | 48 | 53.3 | 77 | 60.6 | 86 | 51.2 |
| 其他 | 2 | 2.2 | 3 | 2.4 | 3 | 1.8 |

注：转引自郭敏博士论文《基于教师专业发展视域的高校体育教师职后教育研究》。

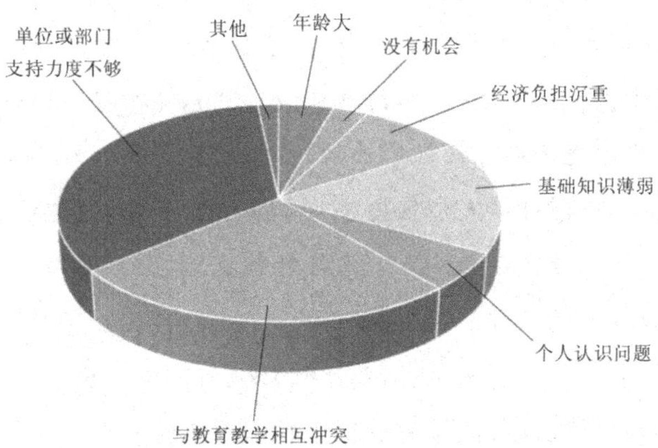


**图 2-1 高校体育教师参加专业发展教育的困难**

高校体育教师的专业知识发展，既需要教师自我在内在驱动下的自学，也需要外在环境提供一定的培训机会。只有内外力共同作用，才能使得体育教师的专业知识能力获得更大地提高。建立科学合理的专业发展保障机制以及相关支持系统，是促进地方高校体育教师专业发展的必备条件，其中单位支持是高校体育教师寻求专业发展的重要保障。为满足高等教育发展的需要，促进自身专业发展，高校体育教师应该定期接受继续教育和培训。然而，有一些高校的体育教师受工作量大、培训资金短缺等因素影响，无法接受更多的培训，一定程度上影响了自身的专业发展。可见，高校体育教师专业发展教育的保障机制还需进一步完善，要从组织管理保障、资金配套保障、执行监管保障三个方面着手为教师参加各类职后教育培训扫除障碍。因为单依靠高校教师个人进行专业发展的时间、金钱投入不仅不现实，而且非常低效。高校体育教师的专业发展必须依靠所依托的高校提出恰当的制度设计、投入相应的经费，要求和激励教师进行专业学习、实现专业发展。譬如，教师职后培训轮训制度，分批进修制度就是促进高校体育教师专业发展的一种可行的保障制度，它可以在很大程度上缓解专业发展与日常教学工作相互冲突的问题。各类学校可根据本校的现实情况，在规定时间内有计划地分组、分批次地将教师派出参与多样化培训。轮训的目的不仅是让教师简单地有一次“外出”的机会，而是利用这样一个机会丰富其阅历、增长其见识。尤其在21世纪知识信息技术高速发展的今天，只有使教师不断更新思想、优化知识结构、提高教学能力，才能不被时代所淘汰。

但事实上，当前我国大部分高校都没有有效实行轮训制度。究其原因，一方面，轮训活动会直接增加学校对教师培训费用的支出，这是教师轮训制度没有得到高校的认可且发展缓慢的关键因素之一；另一方面，随着近些年高校招生规模扩大、学生人数不断增多，体育教师数量的总体不足等原因，体育教师的工作负荷很大，教师无论参加任何形式的培训，一旦需要离开工作岗位，就需要调整其他人员的工作或外请人员来顶替这个岗位的工作，这样不仅对所在单位的工作带来一定的不便或在经济上带来额外的支出，也会给参加培训而离岗的教师带来经济收入上的减少。从短期来看，为保证学校工作照常运行，外出培训教师的工作将由其他教师来负责，会导致其他教师工作量的增大。但从长远的眼光来看，参与进修、学习能够有效促进教师群体的专业水平得到总体提升。假设单位的支持力度大，能够不使参加培训教师收入减少或少减少或事先调整与安排好他们的教学工作;且将参加一段时间的职后教育作为每一个教师在聘任期内必需的合约内容,在时间上轮流参与培训和合理有效安排教师工作与进修的时间,这一制度就会被大家认可和接受并达成共识。这样,有了相应政策保障和所在单位的大力支持,减少了客观因素的限制,教师在主观上积极主动参加各类教师培训时就不会有太多后顾之忧。

### (二)高校体育教师专业发展培训方面问题

一般而言,教师的专业发展主要通过职前培养、入职指导和在职培训三个阶段完成。2020年,教育部等六部门在《关于加强新时代高校教师队伍建设改革的指导意见》中提出,高校要健全教师发展体系,完善教师发展培训制度、保障制度、激励制度和督导制度,营造有利于教师可持续发展的良性环境。2018年,《关于全面深化新时代教师队伍建设改革的意见》指出,搭建校级教师发展平台,组织研修活动,开展教学研究与指导,推进教学改革与创新;加强院系教研室等学习共同体建设,建立完善传帮带机制;全面开展高等学校教师教学能力提升培训,重点面向新入职教师和青年教师,为高等学校培养人才培育生力军。这为教师专业发展的关键环节提出了方向性指导意见。在众多的教师专业发展模式之中,教师培训是最有效、最便捷和使用最为广泛的途径之一。但当前各高校在具体的培训内容、方式和效果上仍存在一些问题。

#### 1.高校体育教师专业发展培训对象分层的问题

根据教师专业发展阶段的理论,学者们按照不同的分类标准和方法,将在职体育教师的专业发展阶段进行了多种类型的划分。虽然具体将其分成几个阶段尚未统一,但是其内在本质是相通的。教师专业发展阶段的众多分法对展开多层次的培训,满足教师的多样化需求具有重要的参考价值。因为教师的专业成长具有明显的阶段性特质,而且每一阶段教师的成长基本诉求是不一样的,如"新手型教师的诉求为常规水平上教学胜任力的获得、熟手型教师的诉求为教学创新能力的获得、专家型教师的诉求为教学理性思辨能力的获得"。因而教师培训需要为处于不同发展阶段的教师提供个性化的、分层级设计的培训课程与资源,只有这样才能为教师的专业发展提供可自主选择的学习菜单与资源。

但事实并非如此,很多培训的方案不能与教师所处的发展阶段匹配,缺乏提升老中青教师梯队专业能力的有效途径,使得培训内容缺乏针对性和实效性。如对新入职体育教师缺乏专门针对新入职教师的职业规划培训项目，对中青年教师在专业发展中缺乏传帮带有效机制，无法有效解决专业能力发展易遇到的提升瓶颈等。培训项目单调、重复等问题比较突出，自然也就得不到教师们的认可，甚至还会使体育教师对培训产生排斥的心理。另外，并不是所有体育教师都能够按照教师专业发展阶段的各个阶段规定的路线有序发展，而是受到个人和外部环境因素的交互作用影响。这就要求在制定分层培训方案时，需要遵循“以人为本”的原则，为各类专业发展阶段教师的继续教育寻求适宜的模式。将“自下而上”作为培训着眼点，以一线高校体育教师专业发展的现状作为一切行为的起点，为教师的真实需要服务。譬如要关注教师群体中出现的两类特殊教师群体的需求：有一类中青年教师虽然正值发展的关键期，但却不求上进，发展的意愿不强烈，被称之为新的“老教师”；还有一类中老年教师因转岗等因素积极上进，潜心发展，不断更新知识技能，被称之为老的“新教师”。这两类特殊教师群体的需求也应该作为教师培训的参考因素之一。

当前互联网、大数据、云计算及各种传媒社交软件已经发展到很高的阶段，无论是在功能性还是在实用性方面，都能够满足远程知识传播和技能培训的要求。尤其是伴随着无线通信网络和智能终端的逐步完善，借助智能终端和互联网能够随时随地从网络上获取知识。互联网是一个智能化的平台，教师的专业培训及继续教育活动也应该借助互联网平台，探求教师专业发展模式和培训模式的改革和升级，提高教育专业化培训的实际效果。新兴教育媒介的出现为创新体育教师专业发展途径提供了更多选择，如网络师培、线下与线上互动培训、学科教学工作坊等方式。

2. 高校体育教师专业发展培训内容科学性的问题

虽然大家都认可高校体育教师需要不断地学习、接受培训、提升知识水平和教学能力，以更好地适应当前我国教育发展和改革的基本要求。但结合调查发现，教师专业发展的项目培训实践中存在以下两个方面问题。①忽视受训教师的专业学科背景，实行填鸭式、形式化培训，且形式相对单一，培训以理论讲授为主，每次培训主题不一，培训内容上缺乏衔接。培训形式以满堂灌的居多，案例分析、情景讨论的方式很少，培训目标和教师的实际需要有一定的差距，受训教师大多处于被动接受状态，主体性与个性特征被忽视，使参训教师的主动参与度降低，对培训易产生倦怠心理，培训效果不尽如人意；②培训者团队建设缺乏系统和长远规划,临时性、随机性较强。

教师专业发展是教师追求专业向更高水平、更高阶段发展的过程,是教师在知识、能力及精神层面不断进步、变化的过程。要成为一名卓越的高校体育教师,必须自觉地追求专业发展、持续不间断地优化知识结构、提升能力、实时地自我反思、自我教育、鞭策自身始终站在体育教育教学发展的最前沿地带,这是高校体育教师专业自觉发展的思想基础。高校教师专业化的发展需要不断地积累,要以专业知识、专业素养为基石。"学高为师"常被古人用来形容教师的品行,特指做教师的人应该具有高深的学问。作为一名高校教师更是如此,不仅需要有高深的专业学识,而且在学术界还应该具有一定的权威性,处于学科发展的领先地位。此外,高校教师还应该是一名学者,除了具有深厚的专业知识,还应该对与专业相关的知识有所了解,不断地汲取新成果,紧跟时代步伐。然而,在目前许多高校为体育教师提供的专业发展培训中,存在培训内容不科学、不具有国际前瞻性或者与高校体育教师日常工作需要脱节的现象。

这需要培训部门了解高校体育教师在职业生涯中的各个阶段和转折点最缺的是什么,最迫切的需求是什么,然后对症下药,提供个性化的培训服务,"以人为本"形成供需平衡系统的体系。例如在职业初期的适应阶段,最突出的问题主要是职前期师资培育阶段"会做不会教""知识隔离"的现象。在体育教师教育体系中,入职教育是一个非常关键的环节,对体育教师的成长起着重要作用。教学实践是一个充满不确定因素的复杂领域,新教师如果在此阶段遭受强烈的挫折感,会严重影响其后期发展。所以入职培训就是要帮助新教师学习教学,在职前培养中学到的教育学原理同课堂实践相结合,把教学知识定位在操作层面上,而不仅是理论层面,解决教学情境中遇到的困惑,减轻他们的压力。通过说课、磨课、上课等对入职初期教师进行诊断,集中整合优质教学课程资源分门别类供教师进行学习借鉴,借助网络学习社区实现专业角色更新和专业能力的提升。从模仿优秀教师优秀课程开始,通过虚拟学习社区、观察模仿老教师、参与研讨培训、听讲座、阅读、同伴间的交流分享、自身实践总结等各种途径建立知识地图,以便将所学知识准确、适时、充分地应用于实践,并安排专业优秀导师对接进行特定指导,帮助其顺利渡过从职前教育到在职发展的中间过渡期,解决"新手"到"熟手"期教育理论转换为教学实践的本领恐慌。

适应期后的在职教育与培训学习侧重点则应放在“创新”和实效性上，使其知识储备和应用能更进一步，带动教学和科研质量的提升。在信息化背景下，知识剧增要求教师勇于创新，以新的模式和策略践行以生为本的伦理信条。这就要求教师通过自学、继续教育等途径不断自我完善，进行持续专业发展，加强教的知识、育的知识和学科专业知识的积累。“生长的能力需要依靠别人的帮助，也有赖于自己的可塑性”，既需要体育教师的自身努力，也需要相互学习借鉴。而只有深厚的知识积累才能有新颖独到的解决问题的办法，产生创新，将学到的知识内化，最终转化为个人教育知识实现有效输出。所以，针对教师教育的培训需要关注差异，寻找切合教师的培训方式，继续丰富体育教师的各项知识储备，强调必要的学科知识、态度和技能，培育其“精”“专”的从教综合素养，聚焦“学”“研”的专业发展能力，引领教师在专业化的理念、目标和内容上进行转变，进行自我导向式发展。除了提供开展体育教学活动的应然知识，也要提供解决课堂实际问题的实践性知识和与职业发展相关的知识。如分享相似职业环境中专家型教师的成长案例和参与体育科研必备的知识项目资料予以参考借鉴，从而有效推进教师知识更新，培育激发其创新意识和反思能力，提升理论自觉，从反思实践走向行动研究，通过课堂研究和反思实践，对自己的专业成长负责。勤探索，勇创新，善于捕捉发现新问题，学思结合，教研结合，不断研究新方法，改进教学策略，主动推进素质教育，提升学生的学习效果、学习态度和兴趣等，推进体育课程思政建设，提高教学质量水平，在有效帮助学生在体育锻炼中享受乐趣、增强体质、健全人格、锤炼意志的同时提升自身教学效能感，继而更加自觉践行专业自主，创造职业生命。

### （三）高校体育教师职业认同与工作满意度方面问题

#### 1. 高校体育教师职业身份认同的困境

职业认同的概念植根于埃里克森对心理学中的“认同”概念的探讨，指的是从业者对自己所从事的工作的肯定性评价。体育教师的身份认同属于职业身份认同，职业身份认同是社会身份认同的一种，涉及职业认知和职业情感及行为等方面。教师的职业认同指的是教师对于教育教学工作的肯定性评价，从心底里认可教书育人是一份具有重要价值的工作。教师身份认同关乎价值观念与行为实践，影响教师的教学决策、投入及教学效果。大量研究证明职业认同对于从业者工作的积极影响，如具有强烈职业认同感的教师就被发现有更强的自我效能感、工作投入时间与精力，以及更为积极、严谨的工作态度。体育教师对职业认同感的高低并不是由一两个因素影响的，而是由很多内因和外因相互作用导致的。

蒋远松、卢鹏以四川省15所普通高等院校为调查对象，对高校体育教师的职业认同感与工作满意度进行研究。得出的结论是：体育教师的职业认同会影响其工作满意度，教师对所从事职业的认知、评价和态度与其获得相应的工作满意度之间有紧密关系。作为教师对自身职业的肯定性评价，职业认同高的体育教师会在工作中高度投入从而获得高满意度。许智勇对南京、杭州和南昌的6所高校236位体育教师的调查研究显示，高校体育教师的年龄和职称对教师成长与职业认同具有显著的影响力，高校体育教师的年龄越大、职称越高，高校体育教师成长水平和职业认同感越高，高校体育教师成长、职业认同与工作满意度之间呈显著的正向相关关系。

由于我国高校体育教师的教师资格制度尚不健全，政府的管理流于形式，能否获得教师资格是由各地教育部门根据报名人员的笔试、面试成绩来定，但其衡量标准不是恒定的，会依据所有考生的总体成绩来定，若依据规定的分数线较少人员能达到，则就会降低标准，使合格的人员达到一定数量。这在一定程度上让高校体育教师降低了对自己工作的认同感。相比而言，美国高校对于高校教师的入职要求就要高很多，能当上高校教师本身就是一种不易于取得的成就。这种严进的制度有力地提升了高校教师的认同感，是值得我国目前的高校体育教师聘任体制学习的。学习发达国家的先进经验，是发展我国高校教师教育的有效途径之一。在借鉴教育发达国家的相关制度的同时，结合本国现实情况，逐步完善高校体育教师在就职前的专业学习、入职后的在职教育和各类高校的校本培训制度。20世纪末，我国大力推行高校教师岗前培训工作，建立专业课程培养体系，将提高高校教师教育理论水平与培养教师教育技能为重要目标，来提升教师教育水平，并解决高校体育教师在专业成长过程中所出现的问题。然而，对于高校新入职的青年体育教师来说，多数的岗前培训活动依然存在诸多问题，例如：教学周期短、课程学时量不足；班级人数过多，教学质量难以保证；教学内容偏重理论讲解，缺少技能的实际操作训练；缺少理论对实践的指导，难以融入体育教学中，等等。因而，体育教师岗前培训的内容应该增加关于学科教育教学方法的指导，使培训内容与教师专业的培养需求相辅相成；严格规范考试制度，教师工作严进严出，严格把控教师入职的准入门槛。

在职业认知的基础上产生的职业情感归属感，才能内化为职业身份认同。就职业身份的他者认同与自我认同的关系而言，长期以来体育教师身份的他者认同度不高及“边缘化”，由此导致体育教师的自我认同度普遍较低。同时，教育教学改革所产生的认同危机和焦虑，不断消解了教师的自我认同，从而产生身份认同困境。体育教师职业认知同样关涉到教师的自我认知和他者认知，而对体育教师的职业认知与教育的认知、体育的认知及两者关系的认知均密切相关，这一认知是变化的、历史的，不同时期有不同的时代内涵，如教育的人文性与智能化、以体育人、体教融合等都属于时代特征范畴。在新时代，教育被认知为“国之大计、党之大计”“教师是立教之本、兴教之源”“教师是教育发展的第一资源”“坚持把教师队伍建设作为基础工作”“提高教师的政治地位、社会地位、职业地位”等政策；学校体育领域中所树立的“健康第一”教育理念，“帮助学生在体育锻炼中享受乐趣、增强体质、健全人格、锤炼意志”的体育教师角色定位，这些相关的职业认知是当代“他者”认同的重要提升，政策实践中，注重他者认同向自我认同的反身性转化，可能是提升体育教师身份认同的有效途径之一。

2.高校体育教师工作满意度问题

体育教师职业倦怠的问题在近年来得到研究者的广泛关注。调查发现，高校体育教师的工作满意度整体并不高，不同地区、不同级别学校、不同性别、不同职称、不同教龄、不同收入的高校体育教师工作满意度结果有所差异。由于高校体育教师往往需要同时承担体育教学、运动训练和科学研究等多项工作，同时还负责筹办校级运动会甚至更大范围的竞技比赛活动，因而出现工作压力大、心理焦虑、体力透支等职业倦怠的问题。

李建萍以山东省高校体育教师为研究对象，对高校体育教师工作满意度的现状进行了初步探讨，发现山东省高校体育教师整体工作满意度属于中等偏上，但体育教师对培训晋升方面处于不满状态，对工作条件和薪水福利方面处于不满状态。崔驰对大连市高校的体育教师的职业压力进行了调查研究，结果发现不同性别的体育教师职业压力有所差异，女性教师的压力相对更大；此外，学历、年龄、教龄、职称等因素也对职业压力情况产生了影响。教学科研、评价考核、职业发展、社会地位、人际关系五个因素影响了高校体育教师的职业压力，尤其是教学科研和评价考核两项所产生的压力最大。谷佳对宁夏地区民办高校教师职业倦怠情况的调查研究表明，学历、年龄、职称以及工资对教师职业倦怠产生了明显的消极影响，而其他社会性的因素如生源质量、工作负荷量大、缺少同事间的交流与校内外培训机会等也会进一步促进职业倦怠的产生和加剧。蔺浩、李杉通过对四川省部分高校体育教师的工作满意度现状进行问卷调查发现，高校体育教师总体的工作满意度属于中等水平，在工作本身和人际关系两个方面的满意度最高，在学校制度、领导支持和工作环境维度上的满意度属于中等水平，在薪酬福利维度上的满意度属于中等偏下的水平；男性体育教师对工作本身的满意度远高于女性体育教师；教龄为 0～2 年的青年体育教师满意度在领导支持这一维度上远高于其他教龄段的教师；在学校制度和薪酬福利这两个维度上，教授、副教授的满意程度要明显高于讲师和助教。建议提高领导对体育教师工作的支持，改善体育教学环境，营造融洽的同事关系并建立公平合理的薪酬分配体系。翟甲郡对成都市部分高校体育教师工作满意度进行调查发现，体育教师满意度整体水平不高。成都市部分高校体育教师工作满意度影响维度得分从高到低的排列顺序依次为领导与管理、工作环境、个人成长与发展、社会支持、报酬福利、同事关系。王莹对南京市内部分高校体育教师进行调查发现，南京市高校体育教师工作满意度处于中等偏上水平，工作压力处于中等偏下水平，不同职称、教龄、家庭收入水平教师的工作满意度有差异，工作满意度和工作压力呈中度负相关。金硕对浙江部分高校体育教师进行调查发现，男性体育教师比女性体育教师有更多晋升的机会，这使得男性教师对工作本身的满意度高于女性教师。在情感耗竭维度上，随着职称层次的提高，情感耗竭水平越高；而低职称者的个性化和低成效感水平较高；职称在情感耗竭维度上主效应显著。高校体育教师工作满意度的各维度不存在学历上的差异。

建议学校及教育部门等管理层面，强化基础建设，规范考核指标；重视体育学科，实现资源平等；权衡个人差异，打破职级界限；创建自主培养和发展体系。重点改善组织氛围、职业负荷、职业认同和职业期望满意度，同时，针对女性教师和中等入职年限教师的职业生态满意度相对较低的实际情况，加强上述从业人员职业生态环境的维护。满足体育教师合理需求，完善考核评价与职称评定制度；营造良好人际环境与工作环境，提升体育教师职业认同感与使命感；制定科学的差异化管理策略，改进各种外驱动力环境。

### (四)高校体育教师专业发展评价和激励方面问题

一是培训效果反馈和评价机制缺失。在以往的培训中,培训教师一般不与受训教师进行沟通,不能及时有效地倾听、了解受训者存在的问题;在培训项目结束后,教师发展中心没有收集汇总参训教师对于培训的反馈意见。因此,沟通、反馈机制的缺失,未能搭建起培训教师与参训教师沟通的桥梁,也难以科学评估培训效果。参与培训后,高校没有对教师采取进一步的统一评价或激励措施,使专业发展教育培训缺乏考核机制与评价措施,高校体育教师的专业发展教育培训流于形式。因此,建立健全高校体育教师专业发展教育培训结束回校后的考核评价机制,是促进高校体育教师"学以致用",真正解决实际问题的关键。郭家骏在对 410 名高校体育教师的调查中,有 35%的教师表示学校对于高校体育教师的专业发展教育培训只有激励措施,20%的教师表示学校仅有评价措施,只有 22%的教师表示既有激励措施也有评价措施,还有 23%的教师指出该校两种措施都没有。由此可见,对于教师专业发展,目前高校尚缺乏有效的评价和激励机制,不能从制度上有效激励高校教师投入时间与精力寻求专业发展。

二是高校体育教师考核评价机制仍不够完善。前文我们在体育教师专业标准章节中提到,因缺乏体育教师专业标准,因而对体育教师素质的提高缺乏有效的专业支持和鉴定。我国体育教师专业发展评价整体上仍是以奖惩性评价为主的管理性评价模式,相对教师专业发展结果的多元,比如个人知识技能的增长与更新以及实践智慧的丰厚与圆熟,间接促使学校进步发展,等等,考核评价机制仍不够完善,评价的方式仍比较单一。譬如,受传统"五唯"评价机制的影响,评价内容重科研轻教学、重教书轻育人等现象,唯论文、唯帽子、唯职称、唯学历、唯奖项等弊病在高校依旧存在,部分体育教师把重心放在研究理论学术获得科研奖励上,没有精力备课、讲课关注学生发展,影响了教育质量,阻碍了教师的专业发展;评价主体基本以领导者或管理者为主;从评价关系来看,评价者常以居高临下的姿态评价受评者,而受评者也往往以应付各种评定和检查的心态来对待学校管理者的评价;从考核评价结果来看,尚未健全考核评价结果分级反馈机制,未将评价结果合理有效反馈给被评价者,未能起到反馈调节和激励作用,进而帮助其专业成长。且总体来看,当前我国大部分教师专业发展的评价注重的仍是终结性评价,而非过程评价、增值评价,评价的方式仍比较单一,且多以此为依据与教师岗位聘用、职称评审、评优奖励等挂钩,而体育教师在职务职称晋升、教学科研成果评定、待遇等方面，与其他学科教师相比仍处于弱势，这在一定程度上不仅不能有效引导和激励体育教师发展，反而会加重教师的负担、挫伤其工作的积极性。总体来看，当前的教师专业发展评价机制对于提高体育教师专业能力、践行教书育人使命，引领激励高校体育教师进行专业发展，进而推进高等教育内涵式发展尚未发挥应有作用，《深化新时代教育评价改革总体方案》的要求尚未有效全面落实。高校仍需加大力度推进改变"五唯"评价方式，建立健全基于教师发展的评价机制，进一步重视教师职业性，凸显教师的主体自觉，增强教育的功能性，让教师回归课堂，让教育回归初心，使教师评价方式更加合理，不断激发高校体育教师群体的活力，让教师体验自我进步的获得感、成就感和幸福感，真正担负起为党育人、为国育才的时代使命，提高学校人才培养质量。

由于目前普通高校体育教师专业发展的评价还没有形成一个统一正式的标准，这需要体育工作者及相关部门共同研究制定一套合理的评价标准，使教师专业发展的评价制度化。一套较完整科学的高校体育教师专业发展评价标准至少应包括教学能力和水平的评价，师德、知识结构和水平、科研成果、职称水平和工作业绩的评价。教学能力和水平是体育教师开展教学的根本，它的高低直接影响到教学效果。良好的师德既是体育教师作为教师的要求，也是通过其人格影响学生的基本规范。完善的知识结构可以为体育教师的专业发展奠定坚实的基础，科研成果是体现教师专业发展水平的重要方面，职称是体现高校体育教师教学、训练、科研等方面专业发展水平的客观标志，工作业绩则是工作成果的集中体现。

## 第二节　高校体育教师专业发展的需求

### 一、高校体育教师专业发展培训方式的选择

专业发展教育培养方式主要有两种：一种是学历教育形式，另一种是非学历教育形式。根据郭家骏对高校体育教师的调查研究，在 410 名被调查的高校体育教师中，接受过硕士研究生教育的高校体育教师有 300 人，占被调查人数的 74%；接受过博士研究生教育的有 102 人，占被调查人数的 25%；有博士后流动站工作经历的有 6 人，占被调查人数的 1.5%。可见，我国高校体育教师参加硕士及以上教育形式的职后教育比例达一半以上。被调查的高校体育教师

选择的非学历专业发展教育形式总体上选择比重依次为函授自考或夜大、承担(参与)课题研究、教研室(组)教研活动、各类短期培训、单科课程进修、远程网络、社会实践、国外学者访问、国内学者访问、外出参加各种会议、校内研讨、报告会(班)。其中函授自考或夜大的选择比重最大,占 32%;承担(参与)课题研究占 30%。通过参加函授自考或夜大的方式,教师不仅能获取一定的文凭,还能够在教学、科研方面有所提升。值得注意的是,唯数量论仍然是这种形式的弊病,但这并没有影响教师们的热情和积极性,很多教师将其作为专业发展教育的重要途径之一。对于社会实践、国外学者访问、国内学者访问、外出参加各种会议、校内研讨、报告会(班)等专业发展教育形式,选择的人甚少。这与其他研究者所做的调查结果相似。譬如,白云瑞通过对陕西省高校体育教师职后教育现状进行调查研究,对职后教育需求的调查结果显示,有 54%的受访者认为当前所拥有的知识和技能不能完全满足现有工作和训练的需求,说明半数以上的教师对知识和技能更新有需求;82%的教师认为职后教育非常有必要或有必要,仅有 5%的受访者认为职后教育没有必要,另有 13%的受访者有其他想法,对职后教育不置可否。说明陕西省高校体育教师能充分认识到自身不足,能深刻认识到职后教育的必要性,对职后教育持积极主动的态度,也说明大部分教师能够意识到知识更新、个人技能提升对促进教学、科研工作的重要性。

众多研究表明,高校体育教师参加过学历进修情况比较普遍,高校体育教师对职后教育和非学历专业发展教育都存在较大的需求。这在某种程度上说明高校体育教师虽然学历相对其他学科的教师较低,但是同样积极追求专业发展。同时我们也发现,他们进行学历进修的原始动力大多来自高校现行的教师职称评定机制:拥有更高学历的教师,通常能获得优先评定更高一级职称的机会,或者在某级职称的评定标准中,要求必须具备特定的学历。尽管原初动力来源于此,但不可否认的是,体育教师的学历进修行为,在客观上促进了其专业知识的累积和发展。但从另一个角度而言,专业发展的形式如果仅仅限制在由考试得来的学历证书或者论文数量上,则不能推动专业内涵的发展。

## 二、高校体育教师专业发展内容的选择

教师专业发展理论的日益完善与其具有坚实的理论基础密不可分。在教师专业发展理论的形成过程中,有众多的理论做支撑,不同的理论发挥着不同的作用。如终身教育理论为教师专业发展的时长提供思想指导,教师专业素质构成理论为教师专业发展的目标提供基础,发展阶段理论为教师专业发展的层

次性、阶段性提供支撑，人本主义学习理论为专业发展的方法、价值取向方面都提供了科学的依据。正是在这些不同主题、不同背景、不同流派理论的综合影响下，教师专业发展的理论内容才日趋丰富与完善。

纵观教师专业发展理论的相关研究成果，高校教师专业发展理论的总体结构主要围绕横、纵两个维度来进行建构(见图 2-2)。如图可知，纵向的维度是在基于外部立场的基础上，以学校重视的事物为依据来对理论的类型进行划分的；而横向的维度是在基于内部立场的基础上，以教师个体对专业发展持有的观点类型来进行确定的。从纵向维度看，学校对知识结果、学习过程的重视分别处于两个极端的位置。横向维度上，教师"被动接受培训"与"主动提升素养"分别处于两个极端位置。依据教师专业发展理论的历史沿革，横纵坐标轴组成的领域内可整理为以下三种取向：理智取向、实践—反思取向及生态取向。这三种研究取向看似割裂，实则互相依存、密不可分。教师在专业发展过程中扮演着主体的角色，对专业发展具有绝对的自主性。图中的"教师专业发展曲线"向我们展示了高校教师专业发展的历程：首先在新入职时期，在学校等外在因素的要求下，参加多种培训活动，接受学校对自身知识、技能水平的考核；然后，到逐渐胜任工作任务，热衷于自我成长以及学习的体验；最后，立志成为专家，积极寻求提升专业水平的有效路径，自觉地提升自我。这一发展历程展示了贯穿三类研究取向于一体的一条职业生涯发展之路，这条曲线将不会停止发展，直到主体走到生命的尽头。但是我们也要清晰地认识到，教师发展是一个漫长的、动态的、纵贯整个职业生涯的历程，其间既有高潮，也有低谷。在这个总体上呈"渐进"趋势的发展过程中，每一个发展阶段都会呈现出某些变化特征，如专业信念、专业需求、教学关注和课堂教学行为等。

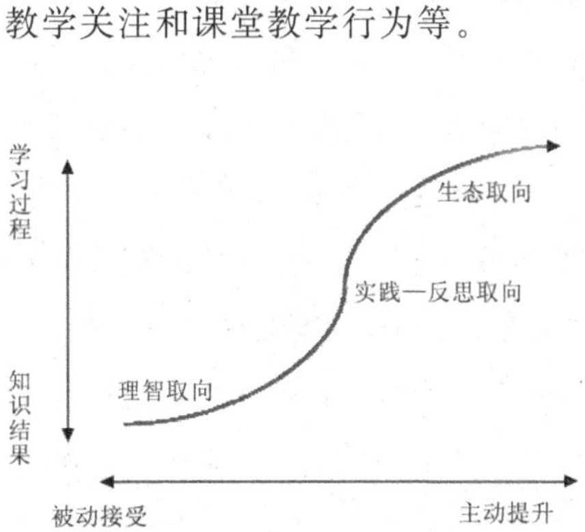


图 2-2　高校体育教师专业发展理论框架

调查发现，高校体育教师专业发展在内容上有不同的需求，大致包括运动技能方面的专业发展和教育能力的专业化。不少教师在调查中表示希望学习国外最新的运动技能，尤其是通过动作分解图、运动员培训方案解读等方式进行学习；在教育能力方面需要学习和提高政治理论素养与哲学素养，提高课程思政的能力，其次要提高课堂设计能力，突破体育课堂开始、主体和结束三大部门的传统模式，在营造良好课堂气氛的同时调动学生体育学习的积极性；此外还需要提高教学组织与控制能力和反思能力，在教学中不断地总结提高、实现教育技能的主动创新。可见，高校体育教师专业发展的内容需求是丰富而多样的、多层次的。因此，高校体育教师的职后教育应该考虑到职称和学历的特点，针对不同职称教师的需求和短板量身制定职后教育内容。比如对于年长一些的教授和副教授，已经具备比较成熟的教学风格和科研方向，属于教师生涯中的稳定期，因此在职后教育的内容上应与时俱进，注重综合知识的更新。对于年纪较轻的副教授，其教学能力已有了一定的历练，科研能力正处于上升期，在职后教育的内容上应更注重创新能力和科研能力的提高。对于讲师或者助教，其教学经验比较缺乏，教学风格也不固定，正处于职业生涯的探索期，具有较强的接受能力，对此类教师的职后教育应更注重思想道德、教学理念、教学技能、科研水平等全面综合的培育。对硕博学历的教师，应开设专业实践能力提升和创新能力提升课程；对本科学历的教师，应有针对性地开设教学、知识更新、科研能力等综合能力提升课程。

## 三、高校体育教师专业发展知识、技能的需求

专业性强是体育教师这一职业的明显特征。具备扎实的专业基础知识，并能够运用专业化的知识进行教学，是一名合格体育教师必备的素质与基本技能。使学生理解、掌握基本的专业知识是体育教学要达到的核心目标之一，而教师熟练掌握专业知识是达到这一目标的前提条件。为了更好地开展教学活动，教师还需要掌握一些教学资料，这是教师实现教学目标的外部保障。教师只有学会运用丰富多样的教学资料，才能使抽象的理论知识变得具体形象，才能使宽泛的教学方向变得清晰明确，才能使自由的课堂变得规范。总言之，全面把握体育学科的专业基础知识的同时，教师还应掌握运动营养、保健学等相关方面的知识，具备一定的信息素养，即掌握体育学科核心知识和关键能力。这些也是体育教育工作综合性、广泛性的体现。

随着教育领域综合改革的不断深化，在坚持“健康第一”“终身体育”“以学生发展为中心”的理念下，高校体育教师对专业发展的需求以及自身能力的薄弱环节都有比较清楚的认识（见图 2-3）。他们认为高校体育教师群体专业发展亟待提高的能力依次是教科研能力、学历阅历与资历、身体素质和运动能力、教学实践技能与方法、教育教学管理能力、社会体育活动策划与组织能力、运用现代教育技术的能力和外语与计算机应用能力，这既是高校职称评审制度对体育教师综合能力要求的使然，又是高校体育教学改革推进的必然。

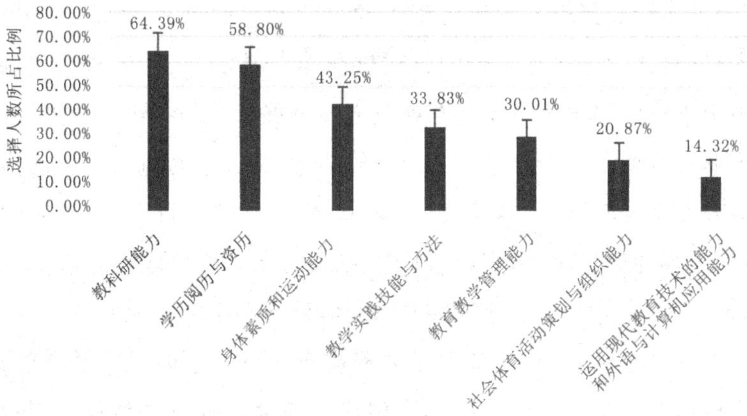


图 2-3　高校体育教师专业发展的能力需求

同时，结合其他研究者的相关研究，体育教师对实用性培训内容富有较高的热情，他们希望培训所获得的知识内容能够迁移到自身教育教学实践之中。高校体育教师还对一些常识类的、教法类的、技能类的课程比较感兴趣，这将为体育教师从事教育教学工作提供知识基础。此外，多数教师对体育学科前沿知识和科研动态也比较感兴趣，但是他们在培训中往往难以获得，这与培训内容的前瞻性、培训者的学术水平等方面的缺乏具有较大的关联，有很多培训者对体育专业的热点问题关注度不够，这势必会影响参训者的积极性以及培训效益。

此外，对于科学研究方法、裁判法、外语教育政策法规和职业道德与思想政治的学习欲望不高，这说明还应当提高高校体育教师专业发展知识需求的多样性和平衡性，尤其需要提高科学研究方法的意识，以及对外语学习的意识。

知识与能力是相辅相成的，知识为能力的发展提供物质基础，缺乏必要的知识必然不会有较高的能力，反之高水平的能力有利于知识的形成与发展，而低水平的能力则无法创造知识。因此，为提高实践能力，增强工作的目的性、计划性，务必运用精细加工的策略组合已有知识、优化知识的结构。在终身体育教育思想的启发下，为使高校体育教师符合时代的新要求，应科学地、有针对性地安排各类培训活动，综合运用教师之间互相评课、经验分享交流及学术会议等形式，提高教师知识的深度、广度，为教师能力的发展奠基。

事实上，人文科学和自然科学知识对于高校体育教师的内涵发展而言是非常重要的。只有掌握丰富的心理学知识、教育学知识、哲学知识、脑科学知识等，体育教师才能真正理解运动对于人的全面发展的意义，才能真正用适合学生发展水平的、让学生更感兴趣的方式进行体育教学，在科学研究中也才能综合利用多个学科的知识推动体育教育理论的发展。此外，信息素养对于高校体育教师也非常重要。随着信息化社会进程的加快，以计算机为载体的信息设备已经与体育教学分不开，如体育教学、翻转课堂、体育慕课，训练内容的多媒体手段、赛事管理的信息化，国家学生体质测试的高科技手段和评价系统等都与体育教师的信息素养有不可分割的关系。体育教师必须紧跟时代步伐，利用现代教育技术提高教学效果，能基于互联网技术进行教学模式的融合探索，构建互联网直观课堂、线上线下混合课堂，构建互联网评价模式等不断创新体育教学管理活动，从而提升高校体育课程教学的实效性。

## 第三节　高校体育教师专业发展的影响因素

教师专业发展是一个持续不断的动态变化过程，其本质是基于内外动力促进教师专业的不断完善与提升。高校体育教师专业发展受到个人、社会、学校等多种因素交互影响。下面我们按照教师个体层面的内部因素，学校、社会层面的外部环境因素两个维度对其进行分析。

### 一、个体层面的影响因素分析

教师既是社会的人又是独立的个体。高校体育教师的专业发展既受到外部因素的影响，也受教师个人心理因素的制约。就教师自身而言，教师的专业理想信念、职业道德、认知能力、需要和动机、自我分析和评价、自身知识结构等方面对教师的专业发展影响较大。

**(一)高校体育教师的专业理想信念**

教师专业理想信念基于教师对于工作的认识水平和热爱程度，是教师专业情感的一部分，是教师的“精神之钙”，是教师职业道德的基石，是高校体育教师干好体育教育事业的根基，是教师专业素质的核心，也是支撑教师专业成长不竭的内在动力源泉。有利于高校体育教师塑造自己的专业理性并坚定自我专业信念，为职业发展提供精神动力和价值导向。有着崇高专业理想和坚定专业信念的高校体育教师才会有正确的奋斗目标和方向，才能够保持对教学工作的积极性，保持对专业化的向往，敬业乐教，持续不断地发展自身的专业能力。所以，在主观层面上，高校体育教师专业化理想信念是自我发展的主要动力源，其理想信念的强弱是影响教师能否坚持自主自觉进行专业发展的主要因素。在商品经济高度发展的今天，理想信念强的体育教师会自觉加强自身师德修养，展现出高尚的道德情操和出色的业务素质，将教育宗旨铭记于心，把教书育人、促进学生的全面发展当作自己的使命和责任扛在肩头，与时俱进，不断更新教育观念，努力学习新的教育技能，不断维持并促进专业发展。反之，理想信念弱的体育教师容易受到外界环境的诱惑和不良影响，教育初心容易动摇，价值取向也更易发生变化，对教育事业缺乏热情，对于职后教育抱着一种“无所谓”的态度，漠视教师专业发展的实际意义，进而陷入教师理论知识、科研能力、课程开发等专业素养低下、教师专业发展停滞、高校体育教育落后的恶性循环。

此外，职业道德也是高校体育教师实现专业发展的必要基础，在专业发展的过程中，由于社会和高校往往会提供一定的激励措施，在这个过程中就需要体育教师守住职业道德底线，不进行学术造假，自觉抵制学术不端行为。此外，为体育教育日常教学投入心血、关心每一个学生的运动能力发展情况、积极促使学生热爱运动、参加运动，也是高校教师职业道德使然。不能为了迎合专业发展激励措施，就放弃日常教学，只关注文章发表的数量、课题数量等与学生全面发展毫无关系的、纯粹为了个人利益而进行的活动。也不能简单地把知识传授作为自己的主要任务和目的，而应该把教学过程变成促使学生掌握知识的基本结构，帮助学生养成正确的学习态度，掌握科学学习方法和获得灵活知识迁移能力的过程。

**(二)高校体育教师的个人认知能力**

教师认知系统包括教师的教学，例如教学决策、教学互动、教学管理等，以及教师认知和教学实践的关系。教师认知的理论概括了教师的信念、知识、原则、理论、态度以及教师在课前、课中、课后所做的思考、判断和反思的过程,这是一个由主体活动参与客观活动的互动过程。教师在教学活动中的决策有意或无意地受到环境的影响,主要包括自己作为学生的经历、教师职业培训或教育、流行的教学方法、对教与学的看法及所处的教学环境等,因此教师的认知能力及其教学活动对其专业化的发展起到决定性的作用。其一,教师的认知能力对教学效能产生重要影响,而教学效能又是教师专业发展的核心内容之一。其二,教师的认知能力影响教师教育机制的形成和发展。教师面对的学生是发展中的鲜活个体,教师在体育教学这种教学情境错综复杂、课堂信息不断变化的不确定的环境中的决策和行为主要依赖其认知能力,譬如正确制定和灵活执行教学进度,处理偶发事件监控课堂纪律,做到因材施教,等等。而认知能力的形成既需要教学的理论知识,更需要自己的教学实践经验,需要体育教师从教师角色、教师反思能力、教师知识等方面提高教学能力,提高课堂教学效果,推动教学改革,提高创新能力的发展,使教师认知在自我意识、课堂教学、教学实践等方面得到全面发展。

### (三)高校体育教师的职业发展动机

教师职业发展动机是教师在自我调节的作用下,使自身的内在要求与外在诱因相协调,从而激发、维持职业行为的心理状态和意愿。分内部动机和外部动机,职业发展的内部动机和外部动机都对教师的专业发展产生重要影响。从教师的职业生涯来看,教师的发展就是不断满足基本需要,追求更高层次需要的行动过程。不同年龄阶段、不同职业阶段的体育教师对待专业发展的认识和理解,包括反应的动机和自身观念之间均存在差异。有研究表明,高校中青年体育教师专业发展的主要动机有职称评定、提高个人素质、提高教学水平、提高科研水平、教师职业要求、提高学历和知识更新或学校政策规定等。

譬如部分高校青年体育教师,由于体育教师的社会地位相对偏低,工作任务繁重、压力大,专业发展意识普遍不强,缺乏自主意识,对专业发展无长远规划,目标不明确,对自己的职业生涯不能进行合理规划和管理,多数按照学校的考核要求,职称评定等条件来发展专业,功利性明显,属于外部动机激励下被动的专业发展。表现在教学、科研、继续教育等方面,多是为达到某种规定的标准而被动参加,缺乏自主意识。这种因外部的物质刺激和经济社会地位的提高等引发的外部动机当其强过内部动机时，在遇到“职称晋升难”等使体育教师职业发展的上升通道受阻，成就动机降低时，受社会舆论和传统价值观的影响，在自我认同和职业自豪感方面整体水平就会降低，会更容易产生职业倦怠，进而不断消磨、耗散其专业发展动能，使其发展陷入原地踏步，有些会转而将主要精力转移到校外或其他领域，追名逐利，致使教师自身专业胜任力持续弱化甚至专业伦理缺失，使之在专业发展的道路上愈行愈远。而内部动机反映的是教师对教学工作的主观需要和价值取向，能促使教师把更多注意力控制在教学活动中和工作最关键的地方，全身心投入寻求教学的成功和卓越，激励教师在专业发展上有所作为，而不去关注那些与教学活动无关的方面。对教师专业发展产生的激励活力强度更大、实效更长、效果更好。

有研究表明，作为外部诱因的外部动机可以由于环境形成的社会性动因以及通过个体的认知过程逐渐转化为该个体的内部驱动力，成为内部动因。只有当教师认识到教师职业的价值和意义，能够将宏观目标落实为实际努力方向，将目标与自身需要建立起联系，成为自己的内在追求时，这种转化才能得以实现。

### （四）高校体育教师的自我评价

对教师而言，自我评价是一种理性程度较高的意识活动。主要以高校体育教师的职责、规范或价值准则等为参照来认识、评价自己的思想、行为以及结果，从而达到自我教育、提高和发展的目的，是教师专业发展必不可少的条件之一。

首先，就教师的发展成长而言，自我评价有利于教师的角色内化。通过自我评价，教师可以明晰自己的职责范围、行为规范和发展过程，评判体育教育目标的达成程度、教学技能的改进程度、知识技能的增长程度等，有助于教师将教学规范、职责和价值标准内化为自己的信念、知识和行为准则，并不断调控自己的教育行为，逐步接近并达成教育目标。

其次，自我评价有利于激发教师发展的内在动机，通过自我评价，能提高教师的自觉性和积极性，增强创新意识，从某种程度上说，自我评价的过程就是自我激励、自我提高和自我实现的过程。

再次，教师的自我评价有助于增进教师的自我意识和自主发展。自我意识不仅是“我是什么”的意识，还是对“我是什么”予以理解而形成的意识。教师的自我评价正是对“我是什么样的教师”的理解活动，是对自己的教学能力如何以及教得怎么样等分析判断的活动，从而对自身发展状态与趋向有清晰的自我认识。促使自己处于不断思考、反省和创造状态，更好地进行自觉、自为的教育实践活动。

最后，自我评价能够促进教师把握人生价值选择，进行自我塑造。主体可以把自身需要作为评价客体，在自我评价中对其做出肯定或否定的价值判断，赋予合理或不合理、正当或不正当等意义。人生的价值在于自身能否和多大程度上满足他人，满足包括自己在内的整个社会物质文化生活的需要。教师总是自觉或不自觉地从自身生存和发展的需要出发，对自己的人生价值进行评价，从中把握自我选择，进行自我塑造，追求合理而正确的人生价值理想，使自己的工作和人生具有更大的价值和意义。

### (五)高校体育教师自身知识结构

所谓知识结构，是指一个人经过专业学习培训后所拥有的知识体系的构成情况与结合方式，其主要包含两个方面的内容，一是个体在某方面知识积累的深度，二是个体在知识面上的广度。有调查表明，教师自身的既有专业知识储备情况，对其专业发展的意愿和能力也产生影响。知识储备情况一方面表现在量的积累，另一方面表现在结构的完善性。教学是一项非常专业化的工作，它要求教师必须具备专业化的知识、技能与研究能力，作为高校体育教学的实践者，高校体育教师要完整、系统、扎实地掌握体育学科专业基础理论知识和专业技术理论知识，才能更好地指导教师教育实践，使之不断向前发展；才能够把握自己所教授的学科，才能教给学生各种知识、技能，发展学生的智能；才能根据不同的教育对象选择有效的教学方法进行教学，充分发挥体育学科知识全面育人的价值。体育学科专业知识是高校体育教师应具备的体育专业理论知识，是完成高校体育教学工作的理论基础，是实现进德、益智、健美、进而达到身心健康的高校体育教育目的的重要前提。高校体育教师不仅要有扎实的基础知识，还要有完善的知识体系、合理的知识结构，才能更好地有效促进教育教学科研活动的开展，实现体育教师专业发展。

## 二、外部环境影响因素分析

首先，教育政策因素。教育政策可以渗透到社会和教育活动的各个领域，发挥指导作用并深刻影响教师的生活质量，指引教师的发展方向，也是影响教师专业发展的宏观环境因素，各种教育政策为教师专业发展提供物质和制度保障。高校体育教师专业发展的直接管理部门所设计的选拔晋升制度、招聘管理制度、培训管理制度、绩效考评制度、管理监督机制、薪金保障制度、具体管理模式等直接影响教师专业发展的具体路径。

正如前文所言，很多高校依旧存在教师专业发展保障机制方面的问题，现有很多调查研究表明，学校对高校体育教师缺乏有效激励机制是制约教师发展的重要原因。尤其地方普通高校体育教师在校内级别的科学研究课题申请上所报的名额往往比别的专业学科要少，科研经费也相对缺乏。作为一个连续而持久的过程，高校体育教师专业发展如果长期缺乏合理的激励机制，势必会影响教师的发展动力和积极性。所以，专业发展的制度是高校体育教师专业发展的重要外部环境因素，一套系统的、合理的制度会使专业发展通道顺畅，效果明显。

高校要健全教师发展体系，完善教师发展培训制度、保障制度、激励制度和督导制度，营造有利于教师可持续发展的良性环境。学校的管理是一个不容忽视的重要因素。如何发挥人的管理效能，调动教师的积极性是顺利实现学校工作目标的关键，而教师积极性的激发与学校管理方式密切相关。学校管理方式作为管理者引导和影响组织及其成员为实现预定组织目标所运用的方法和形式，隐含着管理者的人性假设和思维方式，体现了一种行业规范和解决问题的基本理念。让教师参与决策是增强教师工作满意度的关键，它对教师的实际影响超过决策本身，是教师成长的核心，也是教师成长的一个条件，同时也是识别和认识其他有利条件的一个手段。作为学校管理者，为更好地实现组织目标，在教师管理中要把学校的需要和个人的需要有机融合，针对不同教师的专业发展阶段和成长需要而采取适当的管理方式，充分调动教师的积极性。促进教师发展的需求与学校发展的统一，促进学校从机械管理向人本管理的转变，促进教师现实表现与未来发展的融合，促进教师与学校的统一发展。例如采用科学合理的手段评价高校体育教师的教学成就，并尊重其教学成就，让擅长教学的教师也能获得专业晋升和培训的机会。对于有科学研究能力的教师，积极鼓励其进行深入的科学研究，创设良好的研究环境。教学和研究都是高校体育教师的重要工作内容，对于教学型的教师和研究型的教师应给予同等的待遇。积极搭建校级教师发展平台，组织研修活动，开展教学研究与指导，推进教学改革与创新,加强院系教研室等学习共同体建设,建立完善传帮带机制等。

其次,学校的氛围也影响和规范教师的思想和行为,使教师能够理解和接受学校的价值观和期望,从而持续地对教师产生约束。研究表明,良好的组织氛围能够激发教师不断发展、持续成长。开放的学校氛围能够创造出高水平的业绩和提高教师参与决策的积极性,封闭的氛围会导致教师行为褊狭,责任心差。此外,高校的教师文化也对教师的专业发展起到熏陶作用。个人及其组织作为社会文化的产物,都存在于某种特定的文化环境中,并受到这种文化环境的影响。良好的教师文化是教师教学专长发展的支持性环境,如良好的同事关系和合作文化等。马克思和恩格斯认为,只有在共同体中,个人才能获得全面发展其才能的手段。往往体育专业发展水平越高的高校,体育教师的专业发展热情越高、成果越好,这离不开互助合作的专业发展平台。成年人的学习并非依靠"单打独斗",尤其是工作场所之中的学习,往往需要同事之间的合作才能共同地解决所遇到的专业问题。因此,高校体育教师的专业成长不是单向的,其间必然还存在着体育教师与学校域内诸多个体或团体的影响,在与"合作伙伴"的相互学习、知识分享中发现自身不足,激励出学习欲望,获得发展的动力,从而推动自身和整个团队的专业成长。

当前我国部分高校体育教师发展所依存的教育环境存在着一些问题与不足。譬如体育教师的工作任务繁重,造成教师对专业发展"有心无力"。很多地方院校体育师资力量严重不足,师生比与教育部规定的 1∶18 的要求差距很大。高校体育教师不仅要承担较多的教育教学工作,而且要结合专业发展开展科研活动,无法顾及自身的专业发展。还有一些高校体育教师专业化发展缺少相应的文化氛围,较多强调"双师型"教师或"双师结构"的师资队伍建设,但没有真正把体育教师的发展提升到个人发展与职业需要的双重高度,以致一些体育教师专业自主意识欠缺。在现行高校科研考核与职称评审晋升制度下,"科研短板"又直接影响到体育教师职称评定与晋级,堵塞其职业晋升通道,进一步打消其发展积极性。高校体育教师的专业发展既受其自身个人因素的制约,同时又深受高校场域内其他因素的复杂影响,如果没有良好的环境,用学术不端等方式来制造专业发展的假象赢取个人利益,则不利于高校体育教师的内涵发展。要提高高校体育教师专业发展的整体水平,必须充分考虑以体育教师和高校为中心所形成的主客体生态文化环境的交互影响作用,构建体育教师专业发展的良好生态文化氛围。

最后,社会支持因素也是影响教师专业发展的一个主要环境因素。受传统应试教育的影响,长期以来,我国教育在传统上重视知识学习、轻视身体发展,对身体教育和运动能力的发展没有给予足够的重视,高校体育教师在社会上的地位相对其他专业教师不高,甚至还要背负污名化标签压力,不受重视,待遇相对较低且专业前景黯淡。使得高校体育教师在专业发展中受到一定的文化偏见,认为高校体育教师的专业发展在难度、丰富程度上不如其他学科。而根据马斯洛的需求理论,高校体育教师只有在受到充分的专业尊重的情况下才能积极寻求知识的需求、自我实现的需求的满足。再者,社会经济的整体发展情况也将影响高校教师的专业发展,只有在社会稳定、经济发展的条件下,政府才能有足够的精力投入高等教育,为高校体育教师的专业发展提供更好的财政保障。

# 第三章

# 高校体育教师专业成长研究

## 第一节　高校体育教师专业成长力的开拓研究

教师专业发展是教师不断接受新知识，增长专业能力，以使自己成为一个良好的教育工作者的专业成长过程。在这个过程中，不同的教师，其专业发展的速度和水平是不一样的。即便是处在相同的环境中，各方面的条件都差不多的教师，其专业发展的速度也会有快慢之分，其专业发展的水平也会有高低之别。所以，不同的教师，其专业成长力是有差别的。近年来，随着体育课程改革的不断深化，体育教师专业成长越来越受到学者们的关注。体育教师实现专业成长是推动学校体育深层次变革的关键，同时，学校体育变革也是加速体育教师专业成长的催化剂。从以往关于教师专业成长的研究来看，价值取向的研究占了绝大部分，其各自以鲜明的理论主张和不同的实践策略来关注"教师成长"，具有一定的理论和实践意义。然而，由于我们较少去思考"到底是什么在支撑教师专业发展"，导致在教师专业成长研究中陷入一种局限思维。近年来，随着"成长力"一词的出现，将"教师专业成长"带入新的研究视野。

### 一、体育教师专业成长力的内涵与主要特征

#### （一）体育教师专业成长力的内涵

"成长力"一词起源于企业管理研究领域，一般称为发展力、核心竞争力，包含着一个企业成长的多方面，代表了其发展的现有水平，也蕴涵了其发展的未来趋势与潜力。近几年，随着人们对教师专业发展的重视，对教师专业成长本性认识的深化，教育学界使用"成长力"这个词的频率逐渐多起来。立足"教师

成长力”进行专业成长研究也成了教师专业发展研究的新视角。

关于教师专业成长力的释义，龙宝新认为，教师专业成长力是教师专业发展的势头，是“惯例积木”的自塑能力，是提高教育效能的能力，是专业促进力与专业阻碍力的合力，总而言之，教师专业成长力是“一切促进教师专业发展的力量的合成，是教师专业发展的积极势头及其应对教育实践的专业潜能”。李森、崔友兴认为，“教师发展动力是指推动教师在专业知识、专业情意和专业行为方面不断更新和发展的力量的总和”。从本质上说，人的成长是精神和思想的成长过程，人的成长离不开环境，内环境和外环境所产生的作用力是促进人自我成长的根本因素。教师专业成长力的生成源于教师主体对于自身专业成长与发展的持续诉求以及外部环境对教师教育、教育教学的不断催动。即个体的成长需求以及对教育环境的适应促进了专业成长力的产生。

从心理学角度讲，教师自身的认知、情感、态度和理念等心理因子的相互作用产生了内驱力。学校及社会两个层面的场域动力构成外驱力，是学校因子包括管理、文化和制度等以及社会因子包括政治、经济和文化等相互作用形成的，是促进教师专业发展力量的总和。如图 3-1 所示，专业成长内驱力和专业成长外驱力两个同向推动力叠加，形成教师专业成长力。也就是说，教师的专业成长并不是孤立的，而是内驱力和外驱力协同发展的结果。这种力量由教师在教育实践中表现出来的精神力、学习力、执行力、情境理解力、实践创造力、环境干预力等构成，是教师在教育实践活动中获得成功或在同行竞争中胜出的内力、潜力、爆发力。

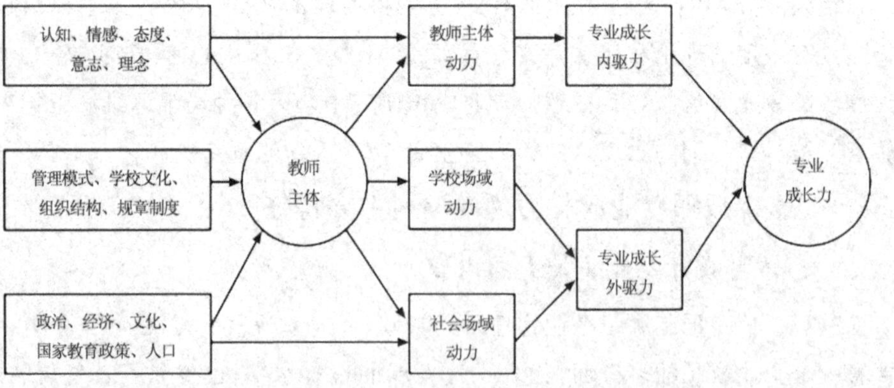


图 3-1　专业成长力机构图

由上所述，体育教师专业成长力是促使体育教师专业发展的各种力量所形成的合力，它贯穿于体育教师专业成长的过程中，是体育教师专业发展的积极态势，其应对体育教育情景的专业潜能，最终决定了体育教师专业水平的高低。

时代对学校体育要求的提高，对体育教师专业能力的要求也相应增加，这不仅表现在专业能力深度上，也体现在专业能力的广度上。体育教师的专业成长已不仅局限于教授动作、传授运动技能等单个专业要素的提高，还包括教育技能的提升。专业成长的深化及多面性的特点使得实现体育教师专业持续成长必须要有强大的力量。从物理力学中的共点力原理来看，几个力都作用在物体的同一点，其结果不仅与各种力量的作用方向有关，而且与力量的大小有关。在动态的工作环境下，体育教师专业成长受到多方面因素的影响，自然也受到多种力量的作用，这些力量组成了一个“力学系统”，只有让这个“力学系统”的各种力量形成有效的合力才能发挥出最好的“力学效益”，促使体育教师专业发展。

**（二）体育教师专业成长力的主要特征**

根据体育教师专业成长力的内涵，我们可以得出体育教师专业成长力具有主体性、综合性、内隐性、实践性和动态性等特征。

1. 从发展个体看，体育教师专业成长力具有主体性特征

人的主体性主要指“人作为活动主体在对客体的作用过程中所表现出来的能动性、自主性和自为性”。从人的社会属性出发，人的主体性主要体现为人在认识实践活动中的主观能动性。体育教师在自我专业发展过程中，教师专业成长实践呈现鲜明的自主性、自觉性、选择性和创造性。教师专业成长中不同成长个体，其实就是不同的成长主体，由于主体条件、主体愿景、主体认知、主体意志和主体能力等不同，教师专业成长的起点、进程、效果也不同。不同教师个体由于其专业基础、专业期待和发展潜能不同，形成的专业发展势态、专业发展速度和程度也会千差万别。即使在相同的外部环境下，在同一项专业成长实践过程里，由于教师的主体认知、主体意识和个体意志不同，专业发展的生发力量也会不同。所以，主体性差异是教师专业成长差异的根本原因，主体性是体育教师专业成长力的根本属性表现。

2. 从力量形成看，体育教师专业成长力具有综合性特征

体育教师专业成长既是一个目标，又是一个过程，对教师个人而言，是贯通

其整个职业生涯的长期而复杂的专业历程。在此过程中,影响其专业发展潜能发挥的因素复杂多样,既有体育教师个人的因素,也和个人所处的学校、社会环境密切相关。教育生态因子的多样性和复杂性是教师专业成长力综合性特征的重要原因。教育生态因子的综合性特征,从生发空间判断,主要有来自主体内部的内生性影响因子和来自外部环境的外生性影响因子;从实践层次判断,主要有来自实践的精神信念层次的动力、意志等内驱力和来自实践的操作层次的"学习力、行动力、反思力、创造力和发展力"等行动力,还有来自实践条件层次的个体成长资本,等等。这也告诉我们,体育教师专业成长力的效能管理需要在多维度、多层域培育教师成长的生态因子。

3.从发展潜能看,体育教师专业成长力具有内隐性特征

体育教师专业成长是教师个体在体育专业领域内的自我发展为核心,以教师个体的经验反思为媒介逐步提高自身从教素质,从而成为一个良好的体育教育专业工作者的成长过程。也是一个需要在长期的体育专业实践中不断深化和强化的量变到质变的一个渐变过程。体育教师专业成长力则是支撑体育教师专业发展的坚实力量,是专业成长中表现出来的一种态势。体育教师利用批判性探索进行教学研究,将一切外在的教育表象、教育意识、教学经验融入教师专业成长之中,对教育的理解与实践发生了结构性的转变,最终形成适合自己的教学智慧和教学风格。它隐藏在体育教师的教学思想与理念之中,微显于语言讲授和身体活动的示范之中,这是局外人很难通过感觉器官直接觉察出来的。专业成长力内隐着体育教师对未来体育学科发展方向、专业成熟度、达到成就水平的预期,而这种预期体现在不为人知的课前准备、不易察觉的教学细节以及人格品性上。当个体成长的潜能积累到专业发展的"引爆拐点",教师就能因时应势"引爆"专业成长"窘境",厚积薄发,水到渠成达到专业成长新的高度。潜在力量的生发、力量的强弱大小只有在教师进行具体的专业实践改进以及效果取得中得以彰显,因此,教师专业成长力具有明显的内隐性特征。

4.从专业特点看,体育教师专业成长力具有实践性特征

教师专业成长必须立足于专业,专业是专业成长力的载体。体育教师专业与其他专业最大的不同点就是运动技能的掌握是体育教学能力的基础。体育教师专业成长力最终体现在推动运动技能、教育理论知识和专业理论知识的掌握上,而运动技能的掌握又是科学教育理论和专业理论知识的基础。体育教师

的专业成长与专业实践两者的关系不是平行线，而是两条螺旋上升的曲线，专业实践会促进专业成长，专业成长的提升也会优化专业实践。离开了具体的专业实践，教师的专业成长就会变成无本之木、无源之水。所以，教师的专业成长实践远离或偏离自身的专业实践，都不利于教师专业成长力的凝聚和发力。体育教师通过身体活动与思维活动的紧密结合，从最初学习的抽象知识发展到对运动的感性认识再升华到理性认识，形成动作组织体系和理论结构体系的联系，构建自己的知识体系，围绕“教会、勤练、常赛”的要求通过教学把自己的知识和技能传授给学生提升学生体育核心素养，引导学生“学会、勤练、常赛”形成终身体育思想。所以，体育教师专业成长力的实践性特征，就是强调体育教师的自我专业发展要以体育教育教学的实践发展为方向，坚持“基于实践、围绕实践、高于实践”的实践思路，围绕教师在体育教育教学的育人问题，将教师自身潜在的“专业发展能”，通过专业实践做“专业发展功”，在育人实践问题的解决中不断激发教师的“专业成长力”。

5.从稳定性来看，体育教师专业成长力具有动态发展特征

体育教师专业成长是在多重环境中教师综合素养提升、教育生命价值彰显的过程，贯穿体育教师的整个职业生涯。但是体育教师专业成长力并不是一成不变的，教师专业成长力的增长具有波动性。受学校、家庭、社会环境及教师自身发展情况等影响，处于不同发展阶段的教师成长速度波动向前，教师专业成长力的大小、增速也会相应变化。根据教师专业发展阶段理论，不同发展阶段的专业成长力的增速也是不一样的。导致体育教师的专业成长过程不是线性发展过程，而是螺旋上升的发展过程，是一个缓慢积累的渐变过程。当教师处于一定的时空环境与特定的教育阶段中时，其专业成长难免会受到自我效能感弱化、职业倦怠心理作祟以及外部环境制约的影响。若要消解此种“成长动力”缺失或暂歇现象，教师就需要通过不断反思与学习来达到与其内外环境相适应的新的平衡。体育教师专业成长力更不是一蹴而就的爆发力，而是一种在学习、工作当中缓慢积淀下的实力。如果得到教师的精心经营和外部环境的呵护，这种成长力可以一直保持增长的势头，只要教师自我成长的欲望不减，哪怕随着体育教师年龄的增大，身体素质的下降伴随着身体机能降低和运动技能水平退化，体育教师专业成长力的增长也不会消退，它最终将体现为与教学有关的经验、智慧的增长和教育理论的内化升华，正是它们在提升着教师应对教学

工作中新问题的实力与潜能。在此过程中，强烈的理想信念、责任感、使命感、职业认同感等内在动力会不断推动教师深度探索教育的规律，从而最终推动体育教师不断成长。

## 二、体育教师专业成长力的培育途径

教师的专业成长力驱动着教师的专业发展，彰显于教学实践之中。从教师专业成长力的构成可以看出，教师专业成长力至少包括以下在教育实践中表现出来的能力：精神力与学习力、行动力与反思力、情境理解力与环境干预力、创造力与发展力等等。

### （一）树立终身学习观成就未来

体育教师的专业成长受到自身内外环境的约束，内外环境的正向合力可以树立该专业群体的学习观，促使教师从参与培训向终身型学习观转型。有利于改善教师的教育精神系统的境界、信仰、信念等构成了教师的精神力，有利于改善教师的教育观念系统的认识活动、学习活动等则构成了教师的学习力。而树立牢固的终身学习观，是培育可持续的精神力与学习力、创造力与发展力的基础。知识更新与人才发展永远是教育的主旋律，体育教师“活到老，学到老”的精神和意志是自身专业化发展的必然，也是自身持续提高的途径，要将终身学习理念始终贯穿于教师发展生涯中。

首先，在体育教师个人层面要加强自身修养，不断加强政治理论学习，引导科学的学习观的养成，强化“立德树人”教育观念，发挥学习观的指导作用。《高等学校教师职业道德规范》明确提出了教师要“终身学习”的要求，要加强教师职业理想和职业道德建设，增强广大教师教书育人的责任感和使命感。所以教师个人要树立并不断强化终身学习的意识，认识到终身学习作为具有终身性的一种时代责任、一种精神追求和一种生活方式，是文明传承之途、人生成长之梯、政党巩固之基、国家兴盛之要，永葆对教育生活的热情以及对未来教育状态的期望。体育教师只有具备不断学习提高的能力，才能教会学生如何学习，才能在学习的过程中进行研究性学习，做一名“教育行动研究者”，明晰体育教师角色定位，追求卓越的专业精神，为学生的体育发展提供保障，实现个人发展，推动学生全面发展。

其次，在学校层面要改善教师学习条件发掘各种教育资源，提升思想政治教育工作的针对性，不断完善高校体育教学设施，优化体育教师学习需求的校园环境,推动体育教师终身学习观的树立。

最后,在国家层面要引领社会风气,贯彻和落实科学发展观,构建全民参与的学习型社会,培育社会主义核心价值观,净化社会上不正与低俗的风气。贯穿落实《中国教育现代化 2035》提出的“构建服务全民的终身学习体系”“建立全民终身学习的制度环境”。以终身学习实现全民知识、道德、体育、生存能力的提升,将“人人皆学、处处能学、时时可学”的学习型社会建设责任落实到个人。“夯实教师专业发展体系,推动教师终身学习和专业自主发展”。

## (二)知行合一促进反思性实践

“知行合一”是我国优秀的传统认识论,它强调教育理论与实践的密切结合。学者饶见维认为,所谓“知”包括“已知”与“新知”,教师已经具备的各种专业内涵及刚刚形成的预备知识或预备行动架构;“行”是为了获得实际的体验,教师所采取的任何具体教育行动,包括观察、试验、假说的测试、实作等;“思”是教师针对从“行”中获得的实务经验所进行的任何反省、检讨、分析、综合、评鉴等高层次的认知活动,是对自己的行为或思想的重新思维过程。所谓“交融”便是“知”(理论)、“行”(实践)、“思”(反思)这三个方面环环相扣、相互配合、交融并进。在教育实践中,任何教师的行动力和反思力都体现在“知行合一”“行思并进”中。无论是反思被剥离了行动,还是行动被剥离了反思,两者都造就了不真实的存在形式,同时也造就了不真实的思想形式,而这种思想形式又反过来强化原先的反思与行动的分离。教师成长力之养成,不仅需要教师专业知识的习得,还需要教师在面临实际的教育教学问题时能够采取行动,并在行动中进行反思,在教育实践经验的反思中构建实践性知识或个人理论,不断丰富自身的实践智慧。唯有如此,教师才能在教育反思中自觉,在教育行动中成长。以问题为中心的实践反思和行动研究是促进体育教师专业化可持续发展的真正动力,教师自身的教学实践是促进教师专业发展的“源头活水”,并对问题做出价值判断,通过时间上的累积,体育教师逐渐具有应对开放的体育教学问题的能力。

众所周知,体育教学环境具有开放性,决定了体育学习方式和策略的不确定性。为了积累更多的教学经验,体育教师必须进行身体上的实践。体育技能和动作的习得必须以身体参与为前提,体育技能的掌握和传授必须以自身的实践和体验为基础，同时进行理解性学习，基于教学情境和教学实践进行经验提炼。在教学中进行反思，在反思中进行实践，灵活、机智地设计教学，不断思考，不断完善，不断丰富教学智慧，逐步形成最适合自己的教育教学风格。促使学生能受到真正所需的体育教育。体育教师在不断发现、思考、解决问题过程中，也使自己的成长始终保持一种开放、持续发展的状态。

**(三)进行内功培育，积累知识资本**

致力于教师专业成长力培育的教育思路，要求我们把教师专业发展重点放在教育教学内功的磨炼和强化上。对教师成长而言，“内功”指教师的一般教育教学能力及其修养，是与教师在具体教育教学活动中体现出来的具体教育教学能力相对而言的。与之相比，教师的教育教学内功具有内隐性、基础性和强大的扩展力、迁移力，是教师从事一切专业实践活动的根基，是教师专业成长力的集结点和共通点。教师的专业内功广泛体现在教师的所有教育教学活动中，是决定其教育教学活动的潜质、潜资、潜能的一种专业品性。从某种意义上我们可以说，教育教学内功是修炼教师专业成长力的主途径。教育教学内功的形成绝非朝夕之功，它是教师长期磨砺、持续优化、点滴改进的结晶，需要有实践理念支撑，包括不限于教育人格理想信念、核心专业能力和教育风格。其中教育精神和教育者人格就是一种教育力，一种教师专业的内力。自然流露于教育活动中，无须刻意努力和作为。苦练这项内功不断升华教师的精神境界、强化教师的人格魅力是教师专业成长力持续提升的基石。而教师的教育教学能力、科研能力以及专项技能等方面的掌握则是高校体育教师的主要专业能力。

教师的知识资本是教师的必备条件，专业知识是高校体育教帅井展教学的重要基础和依托，是对体育学科知识的深入理解与积累。石中英认为，教师在自己的头脑中有两种教育知识体系的存在：一种是“缄默的教育知识体系”，另一种是“显性的教育知识体系”。“前者是在教育实践中通过亲身经验所获得的，后者则是在师范教育的课程学科中所获得的。”然而，在教育教学实践过程中，教师个体的“缄默知识”往往与“显性知识”是分离的，并不能很好地联系起来。因此，教师成长力的关键点在于教师能不能将“缄默知识”有效地转化为个体的实践知识。转化的基本途径就是教师加强对教育生活和行动的反思，对教育理念的重构，积极地和同事以多种形式及途径展开交流，强化教师与教师、教师与外部环境之间的交流与互动，打破“囚徒困境”，合作成长。

# 第二节　高校体育教师专业化与专业成长机制研究

20 世纪 60 年代前后，世界教师专业组织会议提出教师专业化问题之后，教师专业化建设逐步成为有关国际组织和各国教育关注的焦点。国际劳工组织和联合国教科文组织《关于教师地位的建议》中明确提出："应把教育工作视为专门的职业，这种职业要求教师经过严格、持续地学习，获得并保持专门的知识和特别的技术。"目前，教师专业化建设已为我国教育行政部门和各界有识之士所关注。

随着高校体育改革工作的深入推进，教育部高度重视高校体育教育的改革与发展，这也对加强体育教师的专业化发展方向提出了新的要求。新课改背景下体育教学改革发展，需要体育教师及时转变角色，教师不再是知识的传授者，还应当是学生精神与成长的导师，因此，教师要明确自身的教育教学定位，努力提升综合素质和专业化水平，推进高校体育教育深度发展。目前普遍认同高校体育教师专业化发展是提升高校教学质量的基础和保证，不断加强对体育教师的培养，全面提升他们的专业素养和敬业精神是加强高校体育工作的重要工作。

## 一、高校体育教师专业化的内涵

专业化是一个社会学概念，其含义是指一个普通的职业群体在一定的时期内，逐渐符合专业标准、成为专门职业并获得相应的专业地位的过程。强调由不专业到专业的过程，即群体成员获得"知识""能力""价值观念和态度"的过程。教师专业化是基于教师职业作为一种专业、教师个体作为专业人员这一基本前提的。"专业"意味着经过系统培训而拥有一套专门的"知识"，具备从事特定职业的专门"能力"，并形成体现职业特点的"价值观念和态度"，具有不可代替性。刘捷在其《专业化：挑战 21 世纪的教师》一书中，将教师专业化定义为"教师个体专业水平提高的过程以及教师群体为争取教师职业的专业地位而进行努力的过程"。"前者是指教师个体专业化，后者是指教师职业专业化。教师个体专业化和教师职业专业化共同构成了教师专业化。"英国教育专家把教师专业化的标准概括为专业知识、专业能力、专业精神三个方面，认为在教师专业化发展中这三个方面是缺一不可、相互制约、相互促进的统一体，其中专业知识是基础、专业能力是保证、专业精神是动力。我国著名学者谢维和教授认为，专业化教师的知识主要包括三类：①关于课程的知识，即掌握任课专业的知识，知道与自己专业课程相关的课程知识；②关于教学实践的知识与技术，即使自己的教学成为其他人可以接受的知识；③关于学生的知识，即发现和认识学生的特点，掌握学生学习和发展的规律，因材施教。

教师专业化是由教师个体专业化和教师职业专业化共同构成的共同体。其中教师专业化与教师专业发展密不可分，一定程度上是相通的，但两者亦存在差别。从广义层面上看，“教师专业化”与“教师专业发展”是相通的，都强调教师的专业性，无论是“教师专业化”还是“教师专业发展”都以教师个体的专业发展作为基础；狭义层面上看，“教师专业化”是较多地从社会学角度强调教师群体的发展及发展的状态和结果，是专业性不断增强、专业地位不断提升、专业声望日益显著的过程，而“教师专业发展”是较多地从教育学维度教师自身角度强调教师个体内在的专业化提高，具有不断向前发展的趋势，可以是成长的过程或结果。另外，这两个概念的理解可以说是连贯和相通的，既可以是由非教师专业状态逐步转变成为“教师专业发展”，从而达到“教师专业化”程度，还可以是在已有的“教师专业化”程度上的不断提高，向理想的境界不断迈进的“教师专业发展”。教师专业化与教师专业发展都强调教师的专业性，教师成长是教师专业发展与教师专业化的“交集”。教师专业化离不开教师专业发展，只有作为个体的教师不断努力完善与养成自己的学识与技艺、能力与建造力、智慧与教育观、童心与真性情、谦诚与美善心、信心与上进心、勇气与学习力，教师群体的社会地位才会提高，教师职业的专业化努力才能获得社会认可。

目前，尽管教师职业专业化水平与社会期望还存在一定差距，在诸多领域还表现不成熟，但我们不能借此否定教师职业专业化。可以说，教师职业专业化已具备一定的基础条件，只是专业水平尚有待提高，这也是近年来教师专业化相关研究受到国内外广大教育工作者高度关注的原因。全面提升教师专业水平、提高教师职业专业化程度已成为世界各国教师教育的努力方向。

对体育教师专业化含义的理解应结合教师专业化的含义和体育教育的特点，但因看问题的角度和侧重点不同，加上体育教师专业化是一个内涵丰富的、动态的、发展的概念，所以对体育教师专业化含义的界定和阐述也是不同的。

一种观点认为，体育教师专业化就是指体育教师在整个体育教育教学的职业生涯中通过终身体育教育专业训练，获得体育教育专业的体育知识和技能，实施专业自主，表现专业道德，并逐步提高自身从教素养，成为一名良好的体育教育工作者的专业成长过程；另一种基于专业化的观点，体育教师专业化就是指一个半专业性职业不断地满足一个完全专业性职业的标准的过程。认为体育教师专业化就是按照专业化的标准，体育教师教育的专业理念、专业知识素养、专业技能、专业精神、专业情意等不断增强和完善的过程。所以有学者将体育教师专业化归纳为：体育教师在其职业生涯过程中，依托体育教师的专业组织，通过长期的、系统的、专门化的专业练习，习得体育教师的专业知识和技能，并在从教过程中实施体育教师专业自主，表现体育教师的专业道德，并逐步提高自身的专业素质，成为一个良好的体育教育专业工作者的专业化的成长过程。是一个人从“普通人”变成“体育教育工作者”的专业发展过程。不管怎样，体育教师专业化在本质上强调的是体育教师职业成长和发展的历程。从个体层面看，一方面表现这一过程的漫长性，即体育教师个体发展、成长过程在持续不断地进行，是一个贯穿体育教师个人职业生涯的连续过程。另一方面是其生长性，即体育教师的专业化发展具有累积和延续的特性，是在过去所学知识经验的基础上进行的专业化发展过程。

关于高校体育教师专业化，杨惠燕认为，其一，高校体育教师经过严格的专业训练和自身不断主动地学习，逐渐成长为一名专业人员的发展过程，是与其他职业在特性上差异化程度的“量变”积累过程；其二，高校体育教师专业化也指高校体育教师职业成为专门化的职业，高校体育教师成为得到社会承认的专业人员这一最终的发展结果和高度。前者指高校体育教师个体的专业化，后者指高校体育教师职业专业化，二者共同构成了高校体育教师的专业化。其中，高校体育教师的个体专业化是教师职业化的基础和源泉，是高校体育教师专业化的根本方面；高校体育教师职业专业化是高校体育教师群体专业化的发展和社会承认形式，它从根本上影响着高校体育教师个体专业化的进程和水平。目前，多数学者将高校体育教师专业化过程分为职前培养、入职教育、职后培训三个阶段。田磊等结合对专业化以及高校体育教师专业化概念的理解，将高校体育教师专业化归纳为两个过程，即入职教育、职后培训（包含自我“充电”）两个阶段（见图 3-2）。

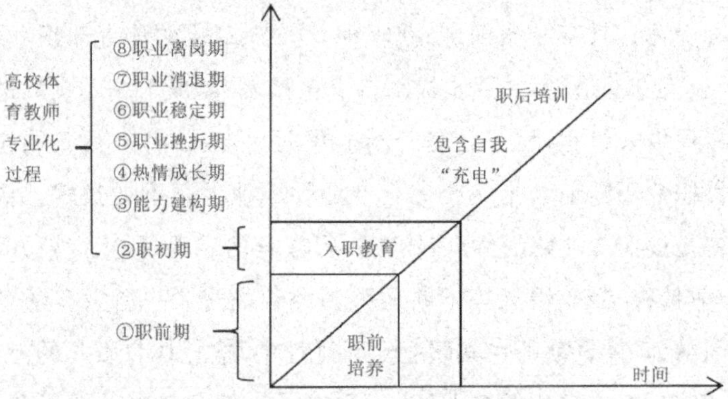


图 3-2　高校体育教师职业专业化过程图

## 二、当前我国高校体育教师专业化的研究现状

“百年大计，教育为本；教育大计，教师为本”。教育的质量高低看教师，教师教学能力的高低主要体现于专业素质。提高教师专业素质的关键在于教师专业化发展。顾明远先生曾在中国教育学会第十五次学术讨论会上强调，教师专业化对教师发展的几大必要性，包括学生发展规律、科技发展、现代师生关系等。教师专业化建设是教师职业发展的必然要求。我国对教师专业化问题的关注直到20世纪末才开始增多，对教师专业化的认识也随之逐渐深刻。

缪锦瑞等对2009—2019年间国内外高校教师专业化发展研究现状的可视化分析，结果显示：①国内本研究领域主要靠国家政策文件倡导，文献数量跟形势走。如国家大力提倡教育信息化发展，重视教学改革，鼓励地方高校创新发展，高校教师专业化发展的研究也随之出现了“教育信息化”“转型发展”“地方高校”等新的研究热点。②国内高校教师专业化发展研究热烈期已过，2015年之后已有降温趋势，且研究热点分散，缺乏延展性。国内高校教师专业化发展研究主要集中在教学能力、教师专业化发展的问题研究、相应的对策或提升途径的研究、英语及体育教师专业化发展研究、教师发展中心等方面，并没有做更深入、更具体、更复杂的研究。这与我国学者“单打独斗”“零敲碎打”和“应对思维”有很大关系。③国内研究技术和方法较国外落后，缺乏科学数据支持。且国内高校教师专业化发展研究大多借鉴国外，尤其是美国教师专业化发展的研究成果。国内学者习惯引进或翻译国外相关研究理论，“照搬照抄”的情况较多，真正内化国外理论、提出创新性见解较少，辅以实证研究支持的更是寥寥。

④国内研究高校教师专业化发展的学者数量众多，却缺乏“术业有专攻”的深入系统研究。学者们在研究高校教师专业化发展的问题时，研究内容虽比较多元化，研究深度却挖掘不够，铺的面较广，收获的多是较低水平、较低质量的浅显研究结果，并未与国外前沿研究相结合。在此对我国未来高校教师专业化发展的研究方向进行展望：未来高校教师专业化发展研究应在横向和纵向方面分别努力，做更宽广、更深入、更持续的研究尝试。

首先，高校教师专业化发展的研究问题要走出“浅显”的圈子，主动探索国外最新、最前沿的理论知识，结合我国目前的国情，批判地思考、反省，进而创新我们的研究内容，在响应国家政策的同时，更积极考虑政策落地实施的可操作性。

其次，尝试寻求相关途径促进不同高校、不同学者、不同学科之间的科研合作，以不同学科的合作促成不同角度的研究问题，积极汲取各个学科的养分，共同推动教师专业化发展。

最后，大力引进相关领域的先进技术，随着我国教育信息化水平的大力发展，高校教师专业化发展研究要依靠“教育技术”走出滞留的尴尬境地，缩小国内外研究技术水平的巨大落差，挑战深度研究。

曹利双等对中国知网 1982—2021 年间国内文献检索数据库，以主题“体育教师专业发展”或含“体育教师专业化”为检索项获取的 682 条数据进行可视化分析，结合突变词的时区分布分析，发现体育教师专业发展基本上分三个阶段：2001—2006 年，对体育教师专业化与专业发展概念的提出与内涵辨析；2007—2012 年，结合基础教育改革背景，对体育教师专业发展价值取向较传统做对比，对教师角色、教学模式、教学工作方式等专业素质提出新要求，试图从实践中架构专业发展空间，开启教育新局面；2013—2021 年，对体育教师对象根据各级教学特征细分，从不同视角解读发展困境，学者从转变高校文化传统、思想观念、保障机制，重构高校和谐文化空间，给予教师专业发展的持续发展动力，并针对教师评价异化现象，分析教师评价目的、内容、主体，构建合理评价机制，引导体育教师的自我反省与监督，实现自我跨越与提升。研究主题主要为以下四个方面。

第一，体育教师专业发展内涵溯源与辨析。从教师内涵演进过程去探视教师专业发展表征，教师从“成词”、学术、行政再到职业、专业化都在不同时期显现不同的属性,其过程的复杂程度也侧面展示了教师专业发展组织的复杂性与结构多样性。

第二,体育教师专业发展模式现状及其困境。体育教师专业发展征程缓慢前进,发展过程受到各类因素阻挠,现在有关体育教师专业发展研究仅停留在理论层面与实验阶段,且与体育学科联系不紧密,研究方法单一,大多是描述性统计与问卷调查法与专家访谈法等,聚类标签中出现高职院校、中小学与农村,这三类教师有相互交叉的特点同时又各有不足。

第三,体育教师专业发展促进路径。现如今世界改革洪流中,教师职后教育被看作提高国民综合实力与国际竞争力的重要手段,引入网络校本培训,强调继续教育时效催生教师专业化发展进程。高校是连接学校体育与社会体育的纽带,其重要性不言而喻,回归哲学反思,从原点解析教师专业发展动因,让高校体育教师主动形成个人教育价值观,在实践中探究与反思,为教师专业发展最大化提供理论依据与参考。探索高校体育教师专业发展与校本课程开发的关系,论开发学校适合学生需要的校本可课程对教师发展的促进作用。同时反思性实践理论使得教师反思自主性成为教师专业发展的关键因素。

第四,体育教师专业发展评价机制。建立教师专业发展评价标准能够剖析问题根源,监督教学工作,及时纠偏,从而调动教师工作积极性,但目前评价方案缺乏专业人员的参与,评价内容未能凸显体育学科特点,阻碍了课程改革的进程。整体来看,并未有新奇的研究视角,研究方法沿袭过往学者,内容不切合实际,未结合体育学科,未来体育教师专业发展评价机制还有待完善。

体育教师的研究领域研究呈现以下三个特点。

第一,结合该领域论文发表趋势,未来有关体育教师专业发展的研究数量将持续增长,但作者与研究比较分散,未形成中心研究基地与网络结构,结合共现词分析与时区可视化图谱,研究热点集中在内涵外延的演进及价值取向、影响因素、促进路径与策略等方面。

第二,研究对象日益精细化,但研究深度不够。研究对象分中小学、高职院校、师范类学生以及农村中学的体育教师,该领域论文对研究现状做了大量调研与探究,内容与观点重叠度比较高,未结合体育学科来深入分析,未来将拓宽研究视角,引入权威丰富的理论,采用科学多元的研究方法对体育教师专业发展研究获取实质性突破。

第三，体育教师专业发展研究整体受国家政策驱动。体育教师专业发展是受时代背景、社会需求、经济发展情况、社会认同感等诸多因素影响，教育改革3.0时代到来，将体育教师信息素质作为新要求，知识更新与人才发展永远会是教育的主旋律，要将终身学习理念贯穿于教师发展生涯中，明晰体育教师角色定位，追求卓越的专业精神，为学生的体育发展提供保障。未来发展趋势将结合时代背景，打造教师专业发展网络平台，实现资源合理配置与效益增进，在体育教师专业发展评价体系标准设立方面以教育性为导向，从技术理性回归到生命创造性，从外部促进式发展路径转向内生式体育教师专业发展的文化，多元主体协商推进评价过程，促成实践—反思—合作—发展—再实践—再反思—再合作，形成个性的螺旋式上升过程，立足于体育教师专业发展的可持续性的长远愿景。

结合笔者在中国知网上在“篇名”的检索项下搜索“高校体育教师专业化”检索到的53篇文献，进行可视化分析后得出的结果与曹利双等人的研究结果相近。首先是相关研究非常有限(其中学术期刊48，学位论文4，会议1)，其次是研究深度不够。高校体育教师专业化研究“尾随性”思维普遍存在，追随西方研究兴趣、研究话语和研究范式，跟在别人身后亦步亦趋。研究多围绕“是什么”，如从研究的必要性、历史发展过程、角色定位等不同角度界定高校体育教师专业发展的内涵，对教育教学能力、教师专业化发展的现状和问题研究、相应的对策或提升途径的研究，大部分研究集中在教师专业化发展的困境和解决途径上，研究思路较为简单，研究方法较为单一，理论研究基础较为薄弱。虽然也有对“专业化”动因有进行事实分析、归纳，但从理论高度或者实践层面的改进措施并没有做更深入、更具体、更复杂的研究，尚缺乏对高校体育教师专业化现实问题的深层探究和实证研究，容易陷入对教育理论简单照抄的泥淖中，难以对我国高校体育教师专业化的实际问题产生真正触动。高校体育教师专业化发展是个长期变化的过程，教师的专业化水平的改变不是即时的，需要考虑更多因素的综合变化，需要研究者用更多的耐心和时间，结合中国特色去研究和发现问题。

## 三、创新高校体育教师内生式成长促进机制

教师成长可以分为两个层次，一是教师作为人的发展，二是教师作为从事教育这一特殊职业的专业人员的发展。教师成长主要经历了从无人关注的“自

然发展”到有组织推进的“结构化发展”，从零星的师范院校的建立到系统的教师教育体系的建立，从注重职前培养到强调在职继续教育。目前，教师成长已成为政府、学校、教育研究者和教师共同关注的问题。教师成长要立足教师和学校的发展，合理开发和利用校内外资源，充分发挥政府、教育研究者、学校和教师的合力。而体育教师作为人的发展，其成长存在着外促式成长与内生式成长两种范式。如果说外促式成长是由外部环境所赋予的一种强制性“被发展”的非自觉获取，那么，内生式成长便源自体育教师成长的内心信念的觉醒，外显于终身学习的坚持，是一种从自在、自发到自觉、自由的发展。下面就如何有效激发高校体育教师成长的内在动力，促进高校体育教师专业成长和体育教师专业化，提出如下方案。

**（一）构建体育教师成长愿景引领自主成长，唤醒体育教师专业成长内在动力**

高校体育教师的成长离不开外在的引领和外部环境的支持，由外而内的动力转化、由上而下的行政推动、讲究实效的外促式成长范式在体育教师成长过程中发挥着举足轻重的作用。但是，体育教师成长绝不是单单依靠培养培训产生的，更依赖于教师自我内心意识的唤醒。唯有如此，体育教师才会主动地成长，不断地超越。怎样激发和调动高校体育教师专业成长的积极性、主动性，这是当前乃至今后较长一段时间里体育教师队伍建设不能回避的话题。唯有体育教师有了内在成长的渴望，才能形成勇于行动的主体意识，产生自我成长进步的动力。为此，管理部门和学校要创设有利于高校体育教师成长的优良环境，加强专业成长评价，激发体育教师内在潜能，实现由外而内的内生式发展，走上励志的专业成长之路。

长期以来，我国的学校体育在整个教育系统中的处境比较尴尬，学校体育经常处于“说时重要，做时次要，忙时不要”的无足轻重的状况。这种状况下，高校体育教师如何看待自己所从事的职业，对自己从事的职业是否还抱有愿景就显得十分重要。愿景是愿望的景象、目标的图景化，在某种程度上是一种希望和宣言，是个人或群体对未来发展预期的一种意象或规划。有研究认为，对于持有愿景的教师来说，未来并不是虚无缥缈的，他们能够未雨绸缪，做好未来规划，这些特点会对其思维、情感和行为等产生影响，由此决定着个人事业，甚至决定着个人的成功与失败。取得较高成就的高校体育教师从入职起，普遍对自己从事的职业怀有良好、清晰的愿景。当愿景通过自身努力逐步实现时，能够为其带来快乐、满足等积极情绪体验，产生高效能感，从而成为其进一步发展的希望和动力。因此，专业愿景是高校体育教师成长重要的内在动力之一。

自主是教师个体的成长驱动力。教师在自主力量的驱动下，可以明确自身的角色定位及信念追求，并将思想层面的自主性付诸实际行动，从而构建“知行合一”的自主发展模式。福柯认为，并不存在自我决定、自我设计和自我控制的独立自主的主体，主体是被话语和权力关系塑造的。高校应从赋予教师设计课程、规划教学活动、选择教材的自主权出发，促使教师形成自我成长意识，从而主动把外在影响转化为自身动力，使教师个体诉求与学校全程推进双管齐下。自主性可以增强教师的责任感，促使教师不断寻找自我成长的机会，逐步获得自我成长的能力。同时通过制定相关制度激励教师结合个人愿景发展“自动力”，触发“自行动”，主动“自适应”，实现“自创新”，实现自我控制、自我指导和自我成长。发挥自主成长驱动力，通过理解与感悟教育的意义和教师职业的价值，主动探求自我成长的路径及策略，积极调整与转换角色以适应新时代体育教育发展需求。实现愿景的过程中，体育教师应清楚地意识到自己过去专业发展的过程、自己现在专业发展状况和水平所处的阶段，具有对未来专业发展的规划意识。能根据自己所处的职业生涯阶段、自己的专业发展需求制定中短期专业发展目标，制定合理的专业发展规划，主动提升自己的专业水平。而当教师成熟度、工作的自觉性还不是很高的时候，高校可用加强学校管理与引导的方法，采取不同的教师专业发展推进策略，最大限度地促进体育教师专业发展。例如，积极创设专门的教师专业发展促进机构，通过教研活动、定期交流个人发展规划、组织申报科研课题与阶段性的验收等路径，强化体育教师的专业自我发展意识，使每位教师自觉地进入专业发展的状态。最后，体育教师要对中短期专业发展规划实施情况进行合理评价，在对自身进行纵向评价的基础上，明确自己在专业发展过程中所取得的成绩和不足之处，以便及时修正和完善自己的专业发展规划，更好地提升自己的专业发展水平，最终在坚持与创造中实现自我完善与超越。

**（二）构建完善教师思想政治教育工作体系，提高教师职业道德与课程思政工作能力**

新时代的媒体环境、社会环境及国际环境发生着巨大的变化，青年一代是在传统思想观念及特色社会文化的感染和熏陶下成长的，受到新时代多元意识形态和价值取向的冲击，使得他们的人格发生从一元到多元、从被动到主动、从传统到现代的转变。在践行我国社会主义核心价值观的过程中，青年体育教师扮演着传播者和被传播的重要角色，其道德规范和理想信念的动摇不仅会影响其自身的专业成长，也会造成学生思想政治教育工作陷入困境。部分青年体育教师的主体价值观念、评价标准及话语体系等如果发生转变，会同时造成教育教学过程中对学生的思想引领能力不足。所以高校需要加强对体育教师的思想政治教育工作，将隐性教育和显性教育紧密结合在一起，提高教师职业道德修养，帮助体育教师端正专业成长态度，提升高校体育教师育人能力。而建立完善思政教育工作体系是对教师进行思政教育工作的关键内容。一是要建立思政工作机制。根据体育教师的发展需求和思想特点，将时间活动和理论教育有机地结合起来，形成组织育人、服务育人、科研育人、管理育人、教书育人、实践育人的长效机制。二是要建立师德师风机制。要对重贡献、重育人、重师德等考评机制进行完善，以此来鼓励体育教师不断奋发向上。三是要举办师德师风建设活动。可以联合校团委、组织部、学工处、教务处等部门，定期确定主题，开展教学名师、优秀辅导员、师德模范、十佳班主任等活动，促使体育教师能够有意识地以德施教、以德立学、以德立身。同时通过文化内涵教育，将奥林匹克精神与体育道德有机结合起来，将中华体育精神融入教师思政工作中，促进体育教师的服务精神、协作精神和大局意识，树立团结协作、自立自强意识，增强体育教师的自我控制能力，形成优秀的体育道德风气。此外，要积极借助网络媒体，研究分析“互联网＋思政”教育工作的方式，对各类资源进行有效整合，壮大主流舆论思想，使体育教师思政教育工作达到情景交融、声像并茂的效果。

基于现代多媒体技术和校园文化建设体育院校思政教育工作体系，不断加强青年体育教师的理想信念，不断提升体育教师的职业道德修养和体育育人意识，真正理解教育的本质在于“育人”，培养什么人、怎样培养人、为谁培养人是教育的根本问题，促使其有效掌握并融入体育教学，提升对学生思政教育工作的能力，并从个人需求出发形成自己的体育教育思想，聚焦于课堂教学实践研究，基于创造性发展而形成一套自己独有的风格或思想，并在体育教学中借助运动技术这一主要手段有效开展课程思政，更好地发挥体育育人的综合功能，引导学生掌握技能、增强体质和健全人格。既“育”受教育者又“育”施教者，教学相长，让优秀的人培养出更优秀的人，在促进学生全面发展的同时，也在不断改造自身，创造自我，更新自我，不断推动体育教师自身的专业成长，实现自我的突破与超越。

**(三)构建政策保障与成长激励机制,加强体育学科建设引导教师专业化发展**

在核心素养背景下,高校体育教师专业化发展是一个长期的过程,高校在引导教师加强专业化发展的时候,应该制定相关的成长激励制度。比如,利用职称评定、晋升、评优等多样化的奖励手段来提高教师在专业化学习中的积极性。在高校中采用激励机制,可以让教师朝着现代化教学的目标不断前进,对教师思想和行动的变化具有重要的催化作用。高校设置教师的成长激励机制是为了鼓励教师强化学识、提高自身修养的有效措施,是教师伦理建设不可或缺的方法,对鼓励教师积极学习、加强自身修养、保持声誉具有重要的意义。在现代高校教学工作中,教师的教学任务量较大,没有过多的时间进行专业理论知识学习,所以,高校应该关注教师心理需要,从精神方面鼓励加强体育教师职业修养。比如,对一些高素质专业能力较强的体育教师进行宣传,也可以组织体育教师定期地进行培训学习,让教师能够积极地参与到培训学习中。

高校体育教学的高质量发展需要高校重视对体育学科建设工作,通过学科建设来引领高校体育教师的专业化发展。体育学科建设既是一个高校教育发展的重中之重,也是体育教师核心素养发展的基本保障。各高校应根据体育学科的实际情况来加强学科的建设,打造适合高校发展的学科,组织相关的教学骨干成立专项教学小组,研究体育学科的教学价值,建设一支高素质的教师队伍,并将教师的专业化发展落实下去。同时高校要积极地采取一系列的措施来提高体育教师的专业化发展。一是成立体育科研小组,融合学校教育特色,确立体育学科带头人,加大体育学科建设的投资力度,针对高校体育学科的薄弱环节,进行有针对性的建设与培养,同时,要加强对体育核心项目的研究,学习先进的教育教学理论,为高校的体育学科建设出谋划策。二是在进行体育学科建设工作中,应该注重对学生的核心素养的把握,在教学中制定对应的发展评价机制,及时了解教师在教学中存在的问题,对自身的问题进行总结与反思,监督教师形成专业反思的好习惯,通过反思,能够改善教师的教学问题。三是在体育学科的建设中,要及时地对教师的教学工作进行反馈,建立反馈机制,及时地了解教师的教学现状,针对教师在教学工作中的薄弱环节,进行有针对性的培养。

### (四)增强体育教师教育科学研究的意识和能力,实现科学研究与教学实践的一体化

高校教育科研是高校教师对教育教学理论与实践的探索,也是高校管理者对高校科学管理理论的研究。教育科学研究是教师必须具备的专业素质,也是体育教师个体专业化的关键。它对转变体育教师的教学理念和行为、提升教育教学智慧和能力、促进体育教师专业发展等方面有着非常重要的作用。但是长期以来,受到传统的学术观与教学观的影响,大部分处于教学一线的高校体育教师对科研工作存有片面性认识,对其重要性认识不足,对高校体育教师教育科研目的有误解,或缺乏教育科学研究的意识,把教育科研当成额外的工作,不愿进行教育教学研究。对科研工作的信心不足,教育科学研究的能力较弱。还有部分高校体育教师轻视教学并一味地追求科研成果论文的数量,使教学与科研成了一种矛盾关系,而不是相互促进的关系,对教学与科研的关系存在认识上的偏差,致使理论研究与实践研究相脱离。

对此,高校需要从增强体育教师教育科学研究的意识和能力入手。高校体育教师从事科研工作主要的动机是想通过科研水平的提高追求自我实现、自我价值,同时也满足自我需要。高校教育科研管理部门要抓住体育教师的心态,采取多种可行的激励机制,搭建科研平台激发教师的科研积极性,在体育教学实践中展开研究,在研究中改善体育教学,以实现高校体育教学质量的持续动态提升,进一步促进高校体育教师教学学术能力的提高,使他们通过教学科研实现自身价值,得到社会认可。

首先,要构建健全的高校教育科研激励机制,制定合理有效的体育科研发展规划,突出实践性。健全的高校教育科研激励机制的构建离不开领导的高度重视。只有领导重视体育科研,加强对取得科研成就的教师的宣传,将物质奖励与精神鼓励结合,营造良好的教育科研氛围,才能调动教师从事教育科研的积极性。教育科研可与高校的体育发展远景规划结合,为其提供决策服务;使教育科研与师资队伍建设结合,积极引导体育教师增强科研的应用研究意识,掌握应用研究的科研方法,树立崇高的科研精神,逐步提高教师群体的教育科研创新能力。教师作为体育教学实践的主体,在实践过程中一定会获得个体的经验,这些经验既包括专业生活经验又包括日常生活经验,体育教师可以通过反思理性整合理论与实践,使经验得到提炼和升华。譬如教育科研与教学改革

相结合，围绕围绕学校体育如何贯彻健康第一的指导思想、推进体育素质教育、提高教育教学质量进行研究；教育科研与大学生心理保健相结合，体育教师在研究学生心理的过程中，能不断充实自身的心理学知识，根据大学生的身心特征和个性心理差异施教，使其身心健康均衡地发展。

其次，要遵循以人为本的原则，切合高校自身实际，加强经费投入，为体育教师搭建科研平台，为体育教师创造科研条件，推动体育教师跨学科进行教学学术交流与合作。同时完善科研项目经费管理自主权以及成果奖励机制。尊重体育科研教师的人格与尊严，创造有利条件给科研人员减负，调动教师积极性和能动性。根据实际情况制定不同的激励方法，建立符合高校体育教师自身的激励机制。

再次，要构建精神鼓励机制。譬如授予年度教育科研工作先进个人称号，作为优先选拔晋升职务的重要参考，使做出突出贡献的体育科研工作者得到社会的认可，获得心理上的满足。同时合理使用竞争激励机制，正面激励与负面激励相结合，激发体育教师参与科研的积极性与主动性。鼓励团队合作，以科研骨干带动后进者向前发展。重视教师教育科研成果的转化，重视体育教师教育科研的应用性，对于富有学术和社会意义，能有效提升教育教学实践效果的科研成果，给予团队奖励，激发每个成员的积极性，进一步提高团队整体的科研水平。搭建体育教学学术成果的展示平台，将最新的教学学术成果分享至更多的同行，督促高校体育教师记录自己的成长历程，让其看到自身的进步，增强体育教师的成功体验，提升他们投入到体育教学学术中的内在动机。此外，高校的出版社，包括校刊校网等地方都可为体育教师开辟专门的体育教学学术专栏，为其搭建更大的展示平台，帮助校内的体育教师分享并学习体育教学学术成果。

最后，要构建公平合理的考核评价体系。坚持实事求是的理念，贯彻按劳分配原则，制订公平竞争的政策，考核评价中要体现出高校科研人员的个体情况，重视结合教学过程评价体育教师的科研水平，不能忽视教学过程和教学质量，一概而论地把科研作为评定体育教师职称和教学成果的重要依据。要对体育教师实施分层分类考核，同时征求科研人员的意见使考核评价简单易行且能体现出公平合理；另外还要体现出教育科研的质量，在重视量的基础上更强调质，不能简单地以文章数量多少来决定体育教师的水平，建立量与质相结合的合理评价体系。

通过以上途径，不断增强体育教师教育科学研究的意识，使其明确科学研究与教学实践二者之间的相互促进关系，加强科学研究的力度与成效，实现科学研究与教学实践的一体化，提升体育教师教育科学研究的能力。并在此过程中使体育教师明白个体经验的局限性。只有不断学习以拓宽自己的理论知识面，不断拓宽理论知识体系和透彻了解自身教学实践，才能理性整合理论与实践，才能有效利用自己所从事的研究方向的已有理论、方法运用到体育教学实践中进行应用研究。只有持续的、系统的理论学习和反复的实践反思行动才能实现对个体经验的有效反思，“经验”和“反思”才称得上促进体育教师专业成长的“两条腿”。从而主动积极参加有关学术活动，充分了解自己所从事的研究方向的研究历史、研究现状、前沿领域、学术动态，结合实际工作情况及实际资料完善并发展自己研究方向的理论和方法，提升科研能力与教育实践能力，推动专业成长。

**（五）创设高校体育教师职后研修革新机制，构建同伴互助的教师专业成长共同体**

现如今世界改革洪流中，教师职后教育被看作提高国民综合实力与国际竞争力的重要手段，职后研修是教师专业发展的关键环节。目前，我们的体育教育培训以理论讲授为主，每次培训各有主题，即便是多期培训，内容上仍缺乏衔接。满堂灌的培训形式居多，案例分析、情景讨论的方式较少。培训目标和教师的实际需要还有一定的差距，制约了高校体育教师的专业成长。高校应革新培训模式，建立适应学校教师发展需要的培训工作机制，采取定期与不定期、短期培训与长期进修、校内与校外、国内与国外培养相结合的多种培训模式，加强实践，注重能力培养。此外，可以把正规的脱产学习、不脱产进修与非正规的专题讲座、学术研讨会等形式结合起来。为了使教师培训更具针对性和实效性，广泛采取课题研究式、案例分析式、情景讨论式、互动参与式、实践反思式、观摩诊断式等新型培训形式，加强开放式培训平台、自选课程的建设，并逐步建立和完善学员自主选择培训项目、培训课程、培训机构的机制，设立学员学习账户，根据实际确立奖励激励制度，建立学员学分累计和培训机构学分互认制度，调动体育教师培训学习的自主性和积极性。开展注重本地特色化的教师专业发展培训，形成基于教师需求的定制化、个性化培训方案，引入网络校本培训，强调继续教育时效催生教师专业化发展进程。

构建专业共同体，打造合作、开放型教学团队，是促进体育教师专业成长的有效实践模式。体育教师成长离不开一个协作、互动、开放、进取的教学队伍。当前许多学校都缺乏这样的团队，教师职业群体的同伴互动缺失，教师专业共同话语匮乏且分享渠道不畅，有些学校体育部门形同虚设，教研活动空乏，势必影响体育教师专业成长。潘凌云等指出："教师专业共同体是建立在教师专业化浪潮的基础之上，基于共同的目标和兴趣而自行组织的，以教育实践为载体，以共同学习、研讨为形式，在团体情境中通过相互沟通、交流、对话，最终实现整体成长的学习型组织。"建构教师专业共同体，其实质就是要营造一种新型的教师合作文化，为教师营造一个资源共享、精神相遇、个性自由表达、身心愉悦、情感流动的生存空间，使教师在"协作""共享"中达到实现自己、超越自己、提升自己的目标。体育教师在体育教育工作中，运用的知识面很广，涉及体育学、教育学、社会学、政治学、心理学等多学科知识。要使这么多的学科知识有机结合在一起，通过教师的行为能力，在体育课中得到充分体现，这是比较困难的。除了教师自身在不断的实践中探索、反思外，还需要在教师同行中去了解自己教学中存在的不足，从他人处获取信息，了解自身的知识缺陷，以完善自己的知识结构及提高教学能力。所以，构建专业共同体对高校体育教师来说是一种十分有必要的专业成长实践模式。

首先，需要构建信任、互惠、合作的教师文化。把孤立、冷漠、猜忌、疏离的教师文化转型为关怀、对话、信任、分享的教师文化，把教师关系由"同事关系"升级为"伙伴关系"是推动体育教师专业共同体建设的一项重要任务。

其次，要培养专家型体育教师，推动群体内部互动学习。以制度形式，经由教师之间的相互影响确立专业支援制度鼓励，鼓励一部分较为先进的教师尽快地成长为"专家型教师"，更好地发挥引领、示范辐射作用，更好地推动群体内部的社会互动学习，进而促进体育教师群体的专业发展。

最后，可构建合作、开放型的教研组织，强化教研室的学术职能，缓解教学与科研对立的矛盾。譬如成立体育教师合作研讨小组，将骨干教师与一部分较优秀的青年体育教师组合在一起，寻求新老两部分优秀教师的共同发展；针对教龄较短的青年体育教师组建青年体育教师专业发展小组，邀请专家型教师进行指导；与其他学科教师组建开放型教研组，借助体育学科与其他学科教师间的交流与协作，促进科研工作中的学科交叉融合，共享借鉴、相互补充。各类体育教研室实际上就是高校体育教师教学学术共同体的初始形式。构建专业共同体，需要体育教师在人文素养、科学素质、运动知识和技能、教学理性、科学研究等方面有共同的信念和假设，有共同的意愿和追求。高校体育院系可以优课竞赛的形式，引入以问题为中心，以诊断为手段，给全体教师提供一个经验交流、知识建设共享、相互促进的平台。通过捆绑式团队合作与评价，使每位教师在团队互动中互助，在反思评判中成长，实现自我反思、同伴互助、专业引领。从而摆脱个人困境，实现自我超越和整个团体共同进步。体育教师专业共同体是一个漫长的磨合过程，需要依托互相信任、彼此关心、民主平等、鼓励合作的体育教师群体文化，还需要全面的计划、教师的参与、行政的控制、持续性的政策支持等，这既是体育教师的美好愿景，也是高校体育教师群体素养改善的长远目标。

## 第三节　高校体育教师专业成长路径研究

### 一、高校体育教师的职前培养策略

高校体育教师职前培养是教师队伍高质量建设的重要组成部分，也是推动我国高校体育工作顺利开展的重要路径。2017 年，中共中央国务院颁布了《关于全面深化新时代教师队伍建设改革的意见》，其中提到要建设高素质的教师队伍，建立健全教师发展机构与专业培训者队伍，使教师培养体系基本健全。因此，如何保障高校体育教师职前培养的质量成为当前我国高校体育发展的重要命题。

当前我国高校体育教师培养体系可以划分为职前培养、入职培训以及职后再培养三个连续的阶段。职前培养阶段作为体育教师职业生涯的起点，是体育教师在走向工作岗位前接受专业系统的教师教育，从而获得教师基本素养的重要时期，在体育教师培养体系中具有基础与关键作用，决定着未来体育教师职业生涯的可持续性。虽然职前培养阶段是高校体育教师培养体系的初级阶段，但是其不仅具备改变学生思维模式，塑造体育教师职业价值等方面的工作，还承担着培养职前体育教师专业能力、专业知识与技能、专业情感等作用，教师“职前培养”工作不是单一的、抽象的理论建构，而是系统论、重点论的结合，是理论与实践的产物，是推动高校体育教师职前专业化成长的重要途径。就体育教师培养过程的阶段性而言，职前培养阶段比较强调体育教师培养的基础性、标准化以及专业性，因而高校体育教师职前培养要从整体上综合考虑培养目标、课程设置、培养方式、培养内容、教学方法以及考核评估等环节，优化教师教育人才培养方案，确保未来高校体育教师的培养质量，提高培养对象服务社会、适应社会发展的能力。通过高校体育教师职前培养的专业化，推动高校体育教师培养的整体化，促进各培养阶段的衔接与融合，进而整体化、专业化地培养符合社会与高校需求的体育教师专业人才。

### （一）培养目标中的设定

培养目标是一切教育活动的出发点和归宿，集中反映了一定社会的需求。明确体育教师培养目标对于学校体育教育工作来说具有十分重要的意义。为适应终身体育教育的需求，体育教师的职前培养应当夯实专业基础，拓宽专业口径，突出体育实践与体育创新能力的培养，符合素质教育的要求，具备的关键能力和核心素养，培养"通才型""复合型""一专多能型"新型体育人才。

培养目标受一定的社会范畴和一定的社会层级的需要影响，不同的教育层次也会衍生出各自的培养目标。社会需要是多方位、多层次、多角度的，因此必须建立各类学校与之相匹配。在社会市场需求的引导下，各类教学单位担负着培养合格人才的重任，而当务之急便是制定相应的培养目标。以华南师范大学为例，体育人文社会学专业的培养目标首先要求学生应具备基本的文字写作和阅读能力，通过培养过程达到逻辑思辨能力的提升；在运动人体科学专业方面，重视学生设计、操作、控制实验的能力。在此基础上，要学会各种统计方法以对结果进行分析和提炼；在体育教育训练学和民族传统体育学方面，这两个专业首先注重的是学生术科基础技术的掌握。在此基础上，强调学生的教学及训练能力。体育（专业）硕士的培养目标基本与学术型研究生的目标相差不大。具体的实践是专业硕士更为强调的方面，这集中体现在学生的示范能力。

从社会期望角色角度出发，传统意义上的高校体育教师是促进学生全面发展的教育者，体育健康课程的开发者和设计者，学生学习的引导者、合作者和促进者。根据体育教师教育职前职后一体化策略，"活到老，学到老"的"终身从教"原则，将"职前培养"作为教师终身成长的一个重要环节，基于不同的时代不同的背景，高校体育教师被赋予了不同的角色和定位，因而设定的目标有所不同。譬如:王莹在“课程思政”视域下基于素质理念、课堂教学和个人成长三个层面认为,“职前培养”作为教师系统成长的一个重要环节,为推进高校教师教育教学工作的有效开展设定高校体育教师的“职前培养”目标为以下三个:①国家育人方针的忠诚贯彻者,高校体育教育事业的宣传者和体育文明和体育精神的传递者;②体育教学工作的创新者,教学知识的优化者和教学理论的引导者;③个人成长的规划者,身心健康的疏导者及其学校工作的协作者。郭宇轩指出,随着信息化社会进程的不断加剧,新时代对高校体育教师提出了新的要求与新定位。高校体育教师承担着如下角色。①学生层面:体育教师有着体育教学的学生自主学习的引导者、学生多元发展的评价者、学生心理与情感的咨询者等角色。②教学层面:体育教师有着体育教学目标的执行者、体育教学环境的创造者、体育教学内容的设计者、体育教学方式的甄选者。③自身层面:终身学习的示范者、体育教育的研究者、教学实践的反思者等角色。王石峰等基于教育信息化2.0对高校体育教育的变革背景,要求大力提升教师信息素养,加强学生信息素养培育,体育教师要以建构主义理论、多元智能理论、最近发展区理论和教学过程最优化理论为教学原理,重塑自我角色,提升体育信息化教学能力。将高校体育教师角色目标设定为教学知识体系的建构者、教学信息环境的建设者、教学信息资源的整合者、学生个性化学习的引导者。张爱国基于新时代背景全民健身运动和体育强国目标,认为应对高校体育教师角色定位为高等体育教育的引领者、社区体育活动的辅导者、学区体育项目的监管者。

### (二)科学优化课程设置

我国教育部颁布的《教师教育课程标准(试行)》指出,我国教师教育的三大理念是育人为本、实践取向、终身学习。当前我国高校对体育教师的基本要求大多是研究生及以上学历,高校体育研究生课程的设置对培养优秀的高校体育教师具有重要的作用与意义。科学设置课程在落实“职前培养”层面往往起到事半功倍的效果,因此体育教学课程构建应以体育教育教学为目的,体育课程相关知识、体育教学策略、体育教学中有关学生理解的知识、体育教学评价知识、学科育人知识等若干要素为抓手,帮助学生理解体育教育是以教学实践为本质的目的。

1. 高校体育教师职前培养课程设置要坚持基础性和前沿性的统一

专业基础知识是体育课程的根本,学科前沿动态是体育课程的灵魂。研究生课程内容设置既要注重夯实学生的专业基础知识和基本技能，又要及时紧跟体育专业学科最前沿的理论研究动向，推动培养课程基础性与前沿性的统一。一方面，基础不牢地动山摇，高校体育教师职前培养的对象主要是研究生，必须要具备扎实而宽广的专业理论知识，对学科发展史、基本观点、基本范畴有清晰而透彻的了解，这样才能为进一步展开学习奠定基础。另一方面，随着我国体育事业蒸蒸日上，为提高体育事业国际竞争力，必须紧跟时代的发展对课程内容进行动态更新，及时将学科的国际和国内研究成果充实到课程之中，增强课程的前沿性，拓展研究生的思维，开阔研究生的视野，适应高层次、国际化体育人才的培养方向。

2. 高校体育教师职前培养课程设置要坚持专业化和多样化的统一

在我国高等院校中，体育学科所开设课程大体包括公共基础课、专业必修课、专业选修课以及跨学科选修课四类，个别学校可能存在些许差异。公共基础课一般包括政治和英语，应该着力提高这两门课程的教学实效性。政治课要注重培养学生的政治认同和信仰生成，牢牢把握思政主战场，坚持"为党育人，为国育才"，积极践行立德树人初心，为学生注入体育强国的理念；英语课要增强专业英语的学习，为学生熟练阅读体育相关英文文献和对外交流提供帮助。专业课是课程的主体内容，其中专业必修课是重中之重，要开足开齐以满足学生的专业学习需要，体现学科专业性。选修课包括专业选修课和跨学科选修课，要从尊重学生多样化发展需要出发，调整课程结构，开设品类丰富的选修课程，特别要增强与新兴学科、交叉学科、边缘学科的联系，满足学生个性化发展需要以及社会对综合性人才的要求和终身学习的需求。

3. 高校体育教师职前培养课程设置要坚持完整性和层级性的统一

要按照学科培养理念和学生发展需要，构建完整系统的课程体系，避免因为学校教学资源有限而舍弃一些重要课程或者按照教师擅长的领域来开设课程，坚决杜绝忽视学生主体地位，窄化课程设置领域的做法，要从一切为了学生的角度出发，克服困难，保持课程设置的完整性。在追求完整性的过程中，注意保持课程设置的层级性，避免界限不清、包罗万象。本科课程、硕士课程和博士课程是一个由浅入深、循序渐进的过程，三者既具有前后相继的关联性，又各自具有特殊性。要加强高校体育教师职前培养课程之间的横向与纵向联系，按照高校发展需求以及体育学科专业化发展要求，加强培养课程横向的内在联系，构建完善的培养课程体系。在体育学科研究生课程设置中,要体现课程设置的层级性,研究生课程不能是本科课程的重复,博士课程更不能是硕士课程的覆盖,不同阶段的课程内容不仅要体现知识的纵向延伸,更要凸显知识的深度拓展,要展示出课程设置的差异度。

4.高校体育教师职前培养课程设置要坚持理论性和实践性的统一

研究生课程设置要匹配社会实际需求,课程设置要改变过于重视理论教育而相对轻视技能培养的现状,增加应用指导型或实践类课程,包括体育专业能力课程,课堂教学管理课程,教学基本功课程,体育研究课程指导,跨学科理论与体育实践课程,增加教学理论和方法类课程等 PE-PCK 相关课程,落细落实毕业实习。比如,对于体育教育专业的学生,要培养学生运用所学知识创造性地解决实践问题的能力,避免师范性缺失,安排去各级各类学校实习,提前实现角色转变,使学生的能力和素质能够与社会需求接轨。在强化准教师实践意识的同时,使课程设计更加关注现实问题,在实践中不断修正、补充和完善有关教育教学的认识,从而获得在体育教育现场运用各种理论和实践知识去解决实际教育教学问题的能力,提升准教师自身的专业情意,推动教育的改革与发展。

**(三)合理设置培养方式**

要落实好"职前培养"的系列课程规划,需要建立起与之匹配的培养方式,可采取三种形式进行。一是线下培养与线上培养相结合;二是定期培养和临时培养相结合。培养过程中注意确定核心课程与核心成员,对这部分学员进行定期培养,从而发挥成员带动成员的作用,以此将培养的理念和技能辐射开来。同时,也要积极关注国家政策的变化,关注高校发展的变化,与时俱进进行临时培养,让学员掌握与体育相关的理论与技能;三是实行校内校外的双导师制度。职前培养对学生进行分组,分导师,建立起信息交流平台,由导师定期分配任务,指导教学开展。同时学生所在学院也开展导师制,由本学院老师根据学院实际情况,对学生提出不同的发展目标和要求,以此督促其进步。

**(四)重视开展实践教学**

职前培养不是简单的理论建构,而是将理论与实践相统一,注重实践教学的开展,改善职前准教师执教能力缺失的问题。只有不断地进行实践,才能发现更多的问题,进而推进准教师的进一步成长。就职前培养而言,其实践教学可以分为三个层面。一是假设性教学情境。通过预设情景,提前进行演练,以此培养学生应对实际教学问题的能力；二是成员之间的案例分享。职前培养的研究生或多或少都有一定的实际教学经历，可以借助成员之间的互助分享形成经典案例，以此指导其他成员实际教学的开展；三是教学实践反思。实际教学中，往往会因为学生家庭背景差异、学生受教育层次的差异、教师工作环境的差异，以至于某些职前培养的理论和实践呈现出不协调性，因此实践反思极为必要，这既是推进实践教学优化开展的必要途径，也是未来高校体育教师持续成长的内在生命力。

## 二、高校青年体育教师初入职阶段专业成长路径研究

高校青年教师是一个占全国高校教师总数比例超过60%的群体，可以说青年高校体育教师承担着高校体育教科研和大学生健康成长的时代重任，是推动高校体育教育改革的生力军。青年体育教师专业水平的高低与专业成长途径的选择密切相关。因此，通过研究探讨高校青年体育教师初入职阶段专业成长的途径，加强对青年体育教师的培养与帮助，不仅对当前高校体育教师专业成长有现实的意义，而且对高校体育教育的未来发展意义重大。对发展体育教育事业，促进全民健身运动开展也有着重要意义。

### (一)立足教学，努力学习，认真上好每一次课，提高教育教学能力

上好体育课是高校青年初入职体育教师的首要任务，而通常高校青年体育教师刚上岗就需要承担大量的教学、科研任务，有的还要担任班主任、辅导员等工作，不仅需要加强学习，进修深造，而且又要当助教、助手，拾遗补阙。因其教学经验的不足，以及专业知识掌握深度的缺陷，在备课、知识与技能学习、课前准备上往往需要花大量的时间，才能达到较好的教学效果。

作为青年体育教师，入职时间短，教学经验匮乏，最显著的短板就是教学技能的欠缺。对此，一是要吃透大纲，钻研教材，要结合本校场地、器材、学生具体情况等，以学生的运动基础为现实依据，从学生的“现有知识水平”为出发点不断提高学生的“最近发展区”水平，认真仔细准备好教材内容与所要采取的教学方法。在教学内容中各种知识难度控制应以大纲要求能力层次来界定。特别是在写援课计划时，要在每个课时计划中安排一定的备用内容，以备在客观条件改变时把课上完整，完成教学任务。因地制宜、因时而变地合理利用已经掌握的教学理论和运动技能。二是要树立终身学习意识，向同行学习，认真听课，合理借鉴优秀教师教学方法。多向经验丰富的老教师请教，加强交流与探讨，

再结合自身情况在实践中探索与创新，不断提高教育教学业务水平。经验优秀的教师对新教师的指导帮助会使新教师的成长少走一些弯路，这对新教师来说具有指导意义。我们知道，体育教师的知识结构由显性知识和隐性知识组成，其中显性的知识与技能通过职前阶段系统的学习与训练可以获得，隐性知识诸如教学经验与技巧、教育智慧、思维方式等只有通过面对面的交流才最有效。譬如，学校可以开展"师徒结对"活动，为高校青年教师指派指导教师，进行一对一的指导，发挥"传、帮、带"作用，促进高校青年体育教师的成长。青年教师自己同时也要积极参与各种教学研讨活动，以及听课、评课活动，通过教学研讨活动、示范课、公开课的学习、交流，积累教学经验，这是让自己快速进步的捷径。此外，有条件时要积极参与各级各类教学评优活动与教学竞赛，通过比赛的过程，以及学习、交流与展示的深刻体会，有效地促进自身教育教学技能的提升。三是要认真落实体育新课改精神，牢固树立"以学生为本"的思想。认识到体育教学不单单是传技强体，而是育人。要及时了解最新教育教学改革动态，通过多种学习方法，例如听讲座、研读最新论文书籍、读报纸杂志、浏览教育网站等，尽量做到学以致用。同时结合实践活动及时进行教学反思，经验和反思相互联系、相互影响，经验制约反思，反思提升经验。"经验诚宝贵，反思价更高。"只有不断总结课堂教学成功与不足，如教学内容安排是否恰当，技术动作重点与难点处理是否妥当、教法选用是否符合学生身心特点等，并将其及时记录下来，开动脑筋，并向指导教师与同行请教，使自己的教学经验与教学水平不断改进提高，理论联系实际，在后期的教学中加以改进，才能不断完善，提高自身教学水平。

要上好体育课，还要把握好课前、课中和课后三个时段。课前的关键是了解学生和备好课，课中是调控教学过程，课后重点是进行教学总结与反思。备课的重点之一是教学目标的制定要有针对性，突出本节运动知识与技能的传授和加强对大学生自主探究的引导，正确运用讲、练、评方法引导学生学习，突出重点，突破难点，精讲多练，以练习为主，及时讲评，充分发挥学生主体作用。教学方法的难点是促进大学生形成终身意识和良好的体育习惯。课后要及时总结，努力使每一堂体育课都能贴近大学生生活实际，确保以学生发展为中心的教育理念，为日后教学研究积累经验。

### （二）做好角色转换，树立教师形象，正确处理人际关系，享受职业乐趣

高校青年体育教师形象分为外在形象与内在形象。外在形象包括体魄形

象、仪表形象、教态形象和语言形象；内在形象包括师德形象、学识形象、能力形象和创新形象。当下社会对体育教师还存在刻板印象，有关体育教师的负面报道时常占据新闻头条。作为新入职的青年教师，要适应学生身份到教师身份的转变，以《新时代高校教师职业行为十项准则》严格要求自己。对待学生既要平易近人，和蔼可亲，以身作则，为人师表，又要明白教师身份，体态、仪表要庄重，言行雅正，专业用语规范，体育教师应内外兼修，一招一式，举手投足之间彰显出区别于其他专业教师的独特魅力，彰显新时代体育教师的良好风范，树立“体育文化人”教师良好形象，在学生中树立威信，产生亲师信道的向心力。体育老师要充分发挥体育教学特有的肢体语言展示，一招一式，精准干练、飘逸洒脱，既起到示范作用，又树立体育教师的专业形象。

同时，良好的人际关系是高校青年体育教师专业成长的前提条件，也是体育教师高质量完成教学任务的关键。可以从以下三个方面入手：①处理好与领导的关系，学会常换位、多沟通，及时将教学工作向领导汇报，获取领导的理解和支持。工作中要正确对待领导的批评与表扬，要有经受挫折与自我调节的能力，在工作中发现问题要及时解决，关注学校与院系工作，树立团队意识；②处理好与学生的关系，在日常体育教学中，体育教师务必要减少师生间的冲突，少批评，多鼓励，以平等的姿态与学生沟通，与学生建立融洽和谐的师生关系；③处理好与同事间的关系，主动融入师生群体，以合作促交流促发展，将教学工作中的困惑与他们交流，勤请教、多关注，加快个人专业成长。

### （三）正视工作艰辛，提高职业素质，保持职业热情

#### 1. 充分认识教师职业生涯的最初艰辛

做任何一项工作最初都会很难，青年体育教师首先需要树立高度事业心与责任感，以良好精神状态与工作热情，利用所学专业知识认真设计好最初一段课，克服心理障碍，形成坚定的自信心理。作为一名体育教师要经常面对风吹日晒，因此要做到站得、晒得、吹得。其次要明白教师肩负着育人重担，是教育教学工作领导者、管理者与监护者，是学生的引导者、发展者和促进者，是学生效仿的对象，所以新教师工作可能会遇到许多跌宕起伏，要承担诸多责任与压力。

#### 2. 树立并坚定自己的教育理想

青年教师专业成长过程中最首要的一个环节就是要树立自己的教育理想。

在当代中国，受市场经济的影响，人们普遍面临理想与信仰的缺失危机，教师的教育理想就显得弥足珍贵。教育是培养人的事业，是一种更需要信仰支撑的事业，信仰的崩溃和理想的缺失会导致生活意义的丧失。教师的教育理想像一盏“指路灯”引领青年体育教师专业成长的方向。有了教育理想，青年体育教师就可以避免在琐碎的日常工作中迷失方向。在树立教育理想的过程中，青年体育教师逐步形成自己对教育的正确看法和充分认识，实现自己专业成长中教育理念和专业精神的更新与重构。体育教师的专业成长不是一蹴而就的，而是要经历一定的时间积累才能实现。教师在自身教育理想信念的激励下，会不断地去思考，去行动，提高自己的各种能力。即便在工作中遇到挫折，教师们也会很快整理好心态，重燃对于教育事业的激情。而教育理想缺失的教师，则会把自己当成教书的工具，工作中会出现消极怠工的现象，丧失主体意识。

3. 重视教师道德修养的培养

职业道德素养包括乐于奉献，热爱学生，以及正确的价值观、人生观和世界观。师德是教师的灵魂，体育教师也不例外，特别是青年体育教师，必须德才兼备。在新历史时期，传统教师道德面临着前所未有的挑战。对青年教师道德修养培养刻不容缓。新教师要通过多种渠道学习活动，狠抓师德师风建设，要建立以校为荣，爱岗敬业，积极向上，比成绩、比贡献的良好思想品德与教书育人新风尚。“为人师表”强调的是教师的榜样与示范作用，也是对一名合格教师的最基本要求。体育教学训练不仅是教授学生锻炼的专业知识与技能，还肩负着育人的重要责任。实现育人的重任，教师的言传固然重要，但身教则更为直接。一个乐于奉献、富有爱心、责任心强、公平公正的体育教师会对学生有着深刻的潜移默化的良好影响。所以在平时的体育教学、课外活动、业余训练时，要时刻提醒自己是一名为人师表的教师。

4. 自我激励，保持教育教学工作热情

在社会主义市场经济条件下，人们的价值取向发生了巨大变化，新入职的青年体育教师待遇相对较低，很容易造成心理失衡，这就需要新教师树立牢固的专业思想，深化职业认同，保持工作热情。如果新教师不能全身心地投入到教学中，将会使自己的工作很被动，职业发展也就无从谈起。所以要时时告诫自己，努力钻研业务，虚心请教，汲取别人好的经验，保持坚持不懈的学习精神，积极进取的工作态度，健康乐观的生活方式。开拓思维，扩展知识，认真努力做好每一件事，不断激励自己，保持职业热情。

**（四）提高科研认识，正确处理教学与科研的关系，积极参加体育教育科研活动**

高校青年体育教师需要树立终身学习的意识，不断加强文化知识学习，提高对教育科学研究重要性的认识，提高教学与科学研究能力。加强当前高校体育教育科研不仅能够提升高校体育教师的科研精神，还能获得科学的方法和技巧，也是高校体育教师驾驭教学工作的重要依托。高校青年体育教师可通过大量阅读教学论、体育教学论等专业书籍；积极外出参加各种专业培训，以及教育教学理论的培训，积极参加教研活动如体育教学改革、教学方案修订、课程设置研讨会等，拓宽其知识面。如果仅靠教学实践，而不借鉴别人的经验，体育教师很难开展教育科研。参加各种体育教师科研活动有利于教师及时掌握体育学科的发展动向，开阔视野，特别是教研活动中的专家讲学、论文交流，更有利于青年体育教师增长知识，提高发现问题和解决问题的能力，通过研究革新教学手段、提高教学艺术逐步形成自己的特色。所以要正确处理好教学与研究的关系。青年体育教师不仅要认真完成体育教学工作，而且要积极开展教育科研，科研反哺教学，才能使教学工作不断提高和创新。如果教师只传授现成的知识，而不在学术上开拓创新，就很难把知识传授好，更谈不上教学内容的更新。青年教师只有在教育科学研究的广阔阵地上不断开拓前进，才能增长才干，提高学术水平，不断以研究的成果来丰富体育教学内容，跟上飞速发展的形势。教育科研着眼于教育领域发展的细微处，从具体问题出发，实现对专业领域的理论丰富与实践探索，这种基于原有知识框架体系，不断修正与改进的工作模式正好与教师的专业成长模式相一致，既服务于当前工作又实现自我知识与能力的更新。因此，青年体育教师必须在搞好教学的同时，积极开展教育科学研究。

除了以上个人层面的努力外，学校层面和学院层面也要在真正了解初入职青年体育教师群体需要什么的基础上及时提供必要的支持帮助。在学校层面，第一，要充分发挥已有优势，着力改善不足之处，譬如实施“青年教师成长档案袋”“传帮带”“助教工作”“青年教师授课准入制度”“学校或学院开展的教学改革”“教学督导”等，改善教学条件等。第二，要积极开展需求分析，保证措施强劲有力。积极为青年教师构建成长平台，强化基本功。青年教师是独特的个体，只有真正了解青年教师群体需要什么才能对症下药。例如积极提升基础设施服务，保障教学改革水平；积极“走出去”，大力“引进来”，为青年体育教师创造更多外出研修与学习的条件；尤其是向东部高校学习他们先进的教学理念与手段，开展名师指导活动，聘请校外知名专家到校讲学为主，发挥名校优势积极开展名师指导活动；落实好现有有利政策，创新帮扶形式，让“教育专家联系学校”和“教学督导制度”真正落到实地发挥作用，避免形同虚设。第三，要尊重教师发展个性，充分挖掘个体潜力，量才使用，让每一名青年体育教师站在适合自己的讲台上。第四，要健全多元评价体系，提高教师待遇水平。“重科研轻教学”的最大弊端在于无法保证教学质量。青年体育教师首先是社会中的普通一员，当前其基本生活来源与职称提升无不与科研能力挂钩。单以科研作为评定职称、荣誉和薪资待遇的标准无疑会使青年教师一头扎进科研的案牍而无暇顾及教学技能水平的提升，更不利于落实“立德树人”的根本任务。因此要进一步完善对青年教师的评价体系，将教学作为评价教师综合能力的重要指标，教学与科研可以各占一定的考核比例，如研究型大学科研比例略高，教学应用型大学教学比例略高，各类高校可以根据自身的发展定位适当调整确定教师评价体系。在评价体系上要注意青年教师专业发展中的过程性评价，切实发挥学生评价的作用。同时注意为青年教师解决后顾之忧，特别是提升教师薪资待遇水平和解决住房等生活实际问题。就学院层面而言，二级学院作为学校的下设部门，很大程度上直接承担着教师专业发展的具体事项，学院的具体执行情况在很大程度上影响着教师专业发展水平和职业认同感。第一，应注意严格贯彻学校的各项措施，坚决摒弃阳奉阴违、急功近利、揠苗助长的思想，积极发挥自身的主体能动意识，从院领导班子到青年教师自身都要树立强烈的教师发展意识，积极结合体育学院自身的学科特色探索小范围内教师专业成长活动措施。第二，广泛组织大家开展交流学习活动，共同分享教学与生活中遇到的困难和问题。严格落实“传帮带”的要求。第三，权责明确，主动为青年体育教师降压减负。减少行政事务带给他们的工作压力，帮助他们平衡教学工作与专业发展之间的时间冲突，鼓励他们聚精会神搞科研，一心一意谋教学，最大限度地为广大青年体育教师营造良好的专业成长环境。

## 三、高校体育教师职后教育策略研究

### （一）高校体育教师职后教育的内涵

“职后教育”一词最早见于我国改革开放初企事业单位发展中的职工培训。这些针对企事业职工工作的需要而进行的某种类的培训是职后的教育，属于职业技术教育。起初“职后教育”并没有特定的定义和词义，所谈“职后教育”比较多的是强调职工就职后“时间”的划分。随着我国社会建设发展的需要和我国各类教育发展，尤其是继续教育与成人教育的发展，人们逐步关注到职后教育的问题，很多学者开始探讨职后教育作为专用名词并赋予其定义或词义。有代表意义的是在词典中出现“职后教育”。如关世雄主编的《成人教育词典》中认为，职后教育是对从事某一职业后人员进行的在职培训，是区别于就业前的教育，目的是提高在职人员的工作能力。在林崇德主编的《中国中学教学百科全书教育卷》和谢新观等主编的《远距离开放教育词典》等都出现了对“职后教育”的解释。从上述学者对“职后教育”的定义来看，到20世纪末，“职后教育”在我国已逐步形成一个具有特定含义的专有名词。

高校教师职后教育就其内涵而言，有广义和狭义之分。广义的高校教师职后教育不仅涵盖狭义的高校教师职后教育的内容，而且还包括高校教师参加国内外学术会议、岗前培训，甚至是自学提高。就其实施地域而言，高校教师职后教育可分为校本培训和校外培训、国内培训和国外培训。狭义的高校教师职后教育主要指高校教师从业以后通过某一具体的培训项目，以课程学习、参加科研和研讨、教学和生产实习等具体的培训方式来完成自身专业水平和学术水平提高的一种学习过程。因此，高校体育教师职后教育是指在岗的高校体育教师面对高等教育发展的新趋势和人才培养的新要求以及自身专业发展的需要，参与各类有助于转变其教育理念，增长学科知识和专业能力，改变教学行为，提升教育教学能力，提高育人效果而参加的教育培训活动。

### （二）高校体育教师职后教育的意义和必要性

2022年，党的二十大报告中独立成章重申科教兴国战略，并首次将教育、科技、人才作为一个整体进行论述，有着特别的意义，充分体现了我们党对教育、科技、人才的高度重视。科教兴国，人才兴邦。高等教育培养的高素质人才是科教兴国的基石，高校体育作为高等教育的重要组成部分与其他学科一起承担着全面发展人、培育人的重要职能，在强健身体、德行规范、脑力提升、激励引导等方面对学生的身心健康发展、思想人格完善、综合素质提升等发挥着重要作用，在科教兴国战略中具有独特的地位，是提升学生综合素质的基础性工程。体育教育水平和人才培养质量的提升关键要靠一支具有先进教育理念、高素质、专业化、肯于奉献、充满活力的体育教师队伍来完成。面对高等教育发展的新要求，有的高校体育教师素质能力难以适应新时代人才培养的需要，思想政治素质和师德水平需要提升，专业化水平需要提高，因此，在此背景下加强高校体育教师的职后教育，不断提高高校体育教师职后教育质量，构建体育教师职后教育体系显得尤为必要。

### 1. 新时代人才强国战略背景下高等教育发展新趋势对职后教育的要求

坚定实施科教兴国战略、人才强国战略是新时代中国特色社会主义事业发展的重要战略部署。全国教育大会提出要构建德智体美劳全面发展的育人体系，大会上对体育提出了“要树立健康第一的教育理念，开齐开足体育课，帮助学生在体育锻炼中享受乐趣、增强体质、健全人格、锤炼意志”四位一体的具体要求，高校体育作为学校体育的最后阶段，是体育知识、技能、习惯、意识等最终形成的关键时期，而体育教育目标的实现关键要靠教师的教学活动来转化到学生的学习效果。《高等学校课程思政建设指导纲要》要求在全面推进课程思政建设落实立德树人根本任务的战略举措推进过程中，要紧紧抓住教师队伍“主力军”、课程建设“主战场”、课堂教学“主渠道”，让所有高校、所有教师、所有课程都承担好育人责任，守好一段渠、种好责任田，使各类课程与思政课程同向同行，将显性教育和隐性教育相统一，形成协同效应，构建全员全程全方位育人大格局。高校体育教师作为体育课堂教学环境的主要构建者，是实现体育综合育人功能的主要实施者，其教学价值观，立德树人意识、课程思政意识、专业教学技能与思政工作的结合能力等都对高校体育教师将体育教育理念转化为教学行动起着制约作用。而当前因为种种原因，高校体育教师素质参差不齐，尤其是很难将新时代体育教育的理念转化为教学行动。高校体育教师必须通过学习培训等教育活动转变唯体质、唯技术等传统教学观念，应体育教育教学改革要求，加强师德师风建设，增强教师教书育人的责任担当，转变教育观念，不断与时俱进提升教育教学能力和综合素质。拓展体育在健全人格、锤炼意志、团队精神、合作意识等方面的独特作用，提升体育课的价值引领作用，切实通过高质量的体育教育来提高大学生综合体育素养，提升高校体育教学质量。因此，职后教育也是高校体育教师适应改革发展的必由之路。

2. 新时代科教兴国战略和人才强国战略对教师队伍建设的需要

科技发展靠人才，人才培养靠教育。党的二十大报告提出，“我们要办好人民满意的教育，全面贯彻党的教育方针，落实立德树人根本任务，培养德智体美劳全面发展的社会主义建设者和接班人，加快建设高质量教育体系，发展素质教育，促进教育公平”“坚持为党育人、为国育才”。《中共中央、国务院关于全面深化新时代教师队伍建设与改革的意见》中指出：“全面提高高等学校教师质量，建设一支高素质创新型的教师队伍。着力提高教师专业能力，推进高等教育内涵式发展。”高素质专业化创新型教师队伍建设是新时代党和国家对教师队伍提出的总体要求。而面对高等教育发展的新要求，有的高校体育教师素质能力难以适应新时代人才培养的需要，思想政治素质和师德水平需要提升，专业化水平需要提高，因此，必须通过高质量的高校体育教师职后教育，不断提高高校体育教师专业化水平。尤其是部分高校体育教师专业化程度不高。譬如，新入职的年轻教师刚走出大学校门，虽然掌握了较为全面、系统、先进的学科知识，掌握了一定的教学方法的理论知识，但是教学效果未必好，教学质量未必高，理论联系实际的教育科研工作未必做得好。原因在于他们缺乏教学实践经验，缺乏将学科知识和教学方法理论在实践中运用的能力。而老教师虽然有丰富的教学经验，能够较为熟练地根据学生知识和技能掌握的情况来选用不同的教学方法和组织形式，但是他们的学科知识更新较慢，甚至跟不上时代的发展速度，也不利于对教学效果的提高，这两个群体都需要通过职后教育来使教师专业性不断得到强化和提升。通过健全培养培训体系，对新入职年轻体育教师和现有在职体育教师开展富有成效的职后教育，才能适应新时代人才培养的需要，切实提高思想政治素质、师德水平和专业化水平，主动适应信息化、人工智能等新技术变革，积极有效开展教学科研工作，发挥职后教育对教师队伍整体素质提高的促进作用。

3. 新时代高校体育教师专业化发展和角色转变的需要

在国家产业升级的趋势下，对于教师角色转变的要求越来越高，体育教师是实现课程标准的决策者，学习过程的指导者，学习活动的设计者、组织者，体育与健康课程内容资源的开发者，体育教育研究者，等等，集多种角色特征于一身。高校体育教师需要转变教育理念，改变以往传统的教学方式，不断完善教学方案，借助职后教育进一步开发教学资源和学生潜力。尤其在教育信息化2.0背景下，体育教师不再是传统的知识与技能的传授者、课程的执行者，而是更多地扮演专业知识学习的引导者、运动技能学习的引领者，要求教师在体育信息化教学过程中以自身信息化素养带动学生的主观能动性，激发学生自主、反馈、非线性学习能力，强调开放、合作、共享性学习。在运动技能教学中，以自己高超的运动技能水平激发学生潜在能力，重视学生的心理和情感发展，做学生个性化学习的陪伴者。高校体育教师作为高校体育教育的实施者，受到来自外部的和内部的各种要求的影响，社会的发展、课程改革和实施素质教育等都要求教师不断地更新知识，其知识结构、能力结构等各个方面需要不断地完善和提高，因此高校体育教师有必要不断地进行职后教育，来充实提升自己，满足社会和学校以及自身发展所提出的新要求。

**（三）高校体育教师职后教育发展的举措和建议**

1.高校体育教师职后教育工作开展应科学制定高校体育教师职后教育发展规划

高校体育教师作为教师队伍中重要的组成部分，职后教育是提高其综合素质的主要环节。《教师教育振兴行动计划（2018—2022年）》中指出："落实立德树人根本任务，主动适应教育现代化对教师队伍的新要求，遵循教育规律和教师成长规律……以提升教师质量为核心，以加强教师教育体系建设为支撑，着力培养造就党和人民满意的师德高尚、业务精湛、结构合理、充满活力的教师队伍。"由此，教育行政部门和高校要克服现有的体育教师职后教育中出现的组织随意性、内容零散性、形式理论化等弊端，杜绝高校认为体育教师职后教育可有可无的思想，建立完整的、固定的职后教育发展规划。高校要把体育教师职后教育纳入学校整体师资培训当中，坚决杜绝参加职后教育只是体育教师自己的事的错误思想，统筹处理好职后教育与教师教学工作的冲突，给予相应的经费支持，区别对待教师的专业特点。发展阶段特点，结合教学工作实际来考虑教师职后教育需求，有选择地、有目的地派出教师参加攻读学位、短期培训班、裁判等级晋升班、科研能力提高班等，切不可一刀切、齐步走，要使职后教育发展规划切实可行，真正地为教师能力提升服务。

同时要树立高校体育教师职后教育的系统观，科学认识高校体育教师职后教育次数、形式、内容这三大构件内涵，理清三者之间关系，优化构件配置。次数是职后教育的数量要求，是职后教育的前提保证；形式是职后教育的组织实施具体方式，是职后教育的运用手段；内容是职后教育的质量要求，职后教育的最终落脚点。制定高校体育教师职后教育发展规划时不能单一地从某一个构件出发或以某种构建为主来建构职后教育体系，而是次数、形式、内容三大构件按照一定的比例综合构成的一个系统，并且这三者之间的比例因对象、时段等不同还应有一定变化调整，达到一个动态平衡的高校体育教师职后教育系统。

2.高校体育教师职后教育工作开展应健全高校体育教师职后教育的保障机制

教师教育是政府行为，教师教育经费应该以政府财政拨款为主。各级各地政府必须明确界定教师教育的经费拨款项目和数量，并及时落实。终身体育教育的思想直接影响着体育教师教育的发展，要使体育教师职后培训不断发展，以适应终身体育教育思想下的学校体育教学，就必须使之制度化、科学化。一方面，要转变领导的体育教育观念，重视学校体育教育改革，把教师的职前培养和职后培训贯穿起来，健全和完善职后培训制度；另一方面，要继续加强职后培训的立法建设，完善职后培训的有关政策配套，把职后培训落到实处。

作为高校应从关怀、激励、公平的角度调动体育教师参加职后教育的积极性，对体育教师尤其青年体育教师给予关怀和激励。了解体育教师能力提升所需要的教育知识与教学实践能力，消除对体育教师职后教育的不公正态度，对体育教师之后教育过程中出现的态度不端、学习不认真等现象要及时给予批评与指正，合理统筹传统体育教育培训与远程体育教育的关系，要在经费、人事政策上给予倾斜和支持，保障教师在参加职后教育期间的福利待遇和教学工作量酬金。同时制定教师职称评定与年度绩效考核政策，一方面，鼓励体育教师积极参加职后教育，另一方面，对于知识落后又不参加职后教育的教师要通过考核政策建立起必要的教师降级、降职、轮岗、调离甚至免职制度也就是为教师自觉进行知识更新，主动接受职后教育提供前提和制定保证，增加体育教师的危机意识。

3.高校体育教师职后教育工作开展应转变高校体育教师对职后教育无意识的现状

未来体育教师的专业发展将进一步内化为体育教师的“专业自觉”，专业自觉是教师专业化成长的理想境界，是教师教育的终极目标，是教师变“被动教育”为“主动教育”、变“被专业化”为“主动专业化”的表现。而针对高校体育教师自我满足、对职后教育缺乏自觉意识和责任意识的现状，教育行政部门和高校要制定相关政策和举行教育理念讲座等形式，让体育教师意识到参加相应的职后教育是每位教师应有的权利和应尽的义务。由于高校教师职后教育具有大量相关政策法规的保护，教师应该注意利用好自身的权利，全方面配合学校的工作，确保教师职后教育工作的运行能够顺畅开展，以取得预期的效果。使教师参加职后教育成为一种常态，变成体育教师自觉行为。通过形式多样的脱产、不脱产、短期、中期培训方式，来改善体育教师知识结构，为提高教学质量奠定基础。促使体育教师形成专业发展的自觉。体育教师一旦达到专业自觉的境界，就会主动进行自我学习、自我教育，进而更加高效地促进个人的专业发展与成长，实现体育教师的职后教育由目标不明的自然、无序状态向目标明确、步骤清晰的有序状态转变，最终达成体育教师专业成长的有序化、体育教师教育目标的明确化、教育过程与结果的有效化。

4. 高校体育教师职后教育工作开展应坚持针对性和实效性原则

职后教育的目的之一是提升教师教学的效果，要达到教育效果职后教育必须坚持时代性、先进性、针对性、实用性和实践性等特点，分层分类开展职后教育工作。教育内容要体系化、系统化，既要包括教育政策、体育理论、科研方法等通识的教育内容，职后教育还要考虑体育教育的实践性特点。要立足于教育本身的基础，重在解决教师在体育教学工作过程中遇到的实际问题，重在进一步提升高校体育教师的信息素养水平，重在给教师更多的支持，重在关注教师本身教学经验的作用与联系，重在解决教师自身体育教学中的问题与任务，重在充分发挥教师的积极性、主动性和创造性，因此合理的培训内容、培训模式、培训方法极为重要。高校体育教师具有极强的差异性，为此在进行职后教育中应该做好统筹规划，并设立相关的标准，将不同类型、学科和专业，不同发展阶段的体育教师重新划分，最终选取最为贴合的职后教育理论和实践培训模式。

体育教师的职后教育应该比传统的教育更加具有个性发展的特点，坚持针对性和时效性原则，提高体育教师职后培训的效率。按照教师的需求“清单”，制定课程“菜单”，提供培训“订单”。无论是教学目标的确定、课程内容的设置还是教学方式的选择，都要针对培训教师自身情况的需要来进行确定。将教师的实际需求作为培训的出发点，进行有针对性的教学安排设计。要广泛开展调研，细致分析培训需求，征求不同生涯阶段的一线体育教师的意见，了解他们在教学实践中最急需的知识和技能是什么。坚持学用结合，注重实效，细化项目设计，真正地把职后教育与教学实践相结合，真正为人才培养服务，提高培训针对性和实效性。例如，可以以任务为载体，使参训教师的思维伴随着任务实施，在真学实做中经历“提升认知——唤起经验——批判反思——理性构建——行动质变”的过程，实现理论与实践、专业技能与教学能力的螺旋式上升。

5.高校体育教师职后教育工作开展应建立高效体育教师职后教育的效果反馈机制

职后教育的效果反馈是在教师参加职后教育以后对职后教育的组织、实施以及成效进行有效的、科学的系统反馈，以便对职后教育工作开展进行全面评估。因此，为提高职后教育的效果，不仅应建立“职后教育课堂即时反馈”“体育教师需求反馈”“体育教师职后教育效果单位反馈”等多渠道反馈途径，还要及时改正并修正职后教育目标体系、内容体系，切实提高职后教育的效果。并且延长反馈时间让职后教育的新理念、新方法充分在实践中得以运用，检验职后教育的实践效果。这就要求必须建立科学合理的职后教育的评价体系。评价决定着教育的导向，不同的评价目标、评价标准、评价方式将引导继续教育向着不同的方向发展，体育教师职后教育应该充分发挥好绩效评估体制的优势，在基本素质、教学能力、科研能力方面不断提升。而评估模式应该以此为内容，规范培训标准，提高职后教育质量，凸显职后教育绩效评估的规范化、制度化、科学化作用。

对高校体育教师进行职后教育是一项系统工程。各高校应高度重视教师的培训工作，在健全体育教师职后教育的保障机制的基础上确立以教师为中心的职后教育理念，增强职后教育目标的具体化和可操作性，注重内容的科学性和实效性，分类分层开展不同类型高校体育教师的职后教育，持续完善促进体育教师执教能力提升的长效机制，扎实开展形式灵活、内容充实的培训和教育教学研讨等教师教学发展项目，利用多种方式组织广大教师积极学习更新知识，把握体育新的基本理念，探讨新的学术前沿知识，使参加教育培训的教师在参与实践、研究和学习中逐步提高对新的理论、新的技术、技能的理解和认同，从而使体育教学更具有新颖性、丰富性和时代性。使体育教师教育的全过程真正能满足教师不同成长阶段的需求，从而促使教师具备能满足人的不同时期的多种需要的专业教育素质，持续提升教师落实立德树人根本任务的能力，使教师成为终身体育的先行者，成为终身体育思想、体育文化的传播者和终身体育的实践者，成为学生终身体育的启蒙人和指导者，成为学校体育改革与发展的实践者和体育工作管理者，成为一个具有探索和创造能力的研究型体育教师。适应教师个人专业发展和角色转变的需要，适应国家对高等教育人才的需求，适应学校教育改革与发展的需要，始终与体育科技前沿接轨，提升体育科研能力，全面落实立德树人和科学发展观，立足本职工作，在高校体育教师岗位上实现个人发展与超越。

## 第四节　高校体育教师专业成长的实践研究

教师是教育和教学活动的直接参与者，其专业水准对教学效果有直接影响，对学生学习的积极性、体育兴趣的产生、自信心的树立有着重要作用。同时，教师也作为教育改革的实施者，其专业能力与水准也直接影响着就教育改革进程。因此，教师必须成为研究者，不断反思、实践，提高自身专业性，为紧跟时代发展、达到教师标准与要求做充分的准备。当前，我国体育教师正处于专业化发展阶段，教师的专业知识和技能、专业理解、专业能力等在不断提高，但与教育现代化对体育教师的要求还存在差距，引领体育教师专业成长是一个非常重要的问题。

### 一、高校体育教师专业成长的“五项修炼”

受传统体育教育观念根深蒂固的影响，部分高校体育教师对专业成长概念模糊、自身发展动力不足是影响高校体育教师专业成长的主要因素。有研究者从教师的教学行为与课堂教学效果相结合的角度出发，提出促进高校体育教师专业成长的教师专业成长的“五项修炼”观点。认为体育教师自我修炼实质是体育教师的个体充分发挥自身的内部力量，根据体育教学实际需要，并基于教学中存在的问题，对体育的专业知识和专业实践进行自我提升、自我完善、自我反思的专业化过程，以取得体育教学实践能力的显著提升。

#### （一）高校体育教师专业成长五项修炼的路径设计

教师专业成长的五项修炼，是从教师的教学行为与课堂教学效果相结合的角度出发的，是对教师专业成长总体的自我规划，五项修炼包括“学、思、研、评、超”五个方面，同时，也是相互联系、相互依存、可持续循环发展的五个阶段，以体育教师专业发展规划为例，体育教师专业成长从学开始，学习基础理论、学习教材、学习健康知识、康复与保健等等基础理论和背景知识。从而加强教师基础知识的厚度。思，即反思。对已形成的教学行为进行反思，对隐藏在教学事件背后的问题进行反思。不仅是自我反思，同时还要进行同事间的交流反思，专家点评，从而提升反思的效果和深度。研则是研训结合、教研结合、课研结合。在教育培训中，对新理念、新思维的研讨，在教学中，对教学事件的研讨，在课程中，加强课例研究，从而提升教科研能力，并指导教学实践的不断改进和完善。评，是自评与他评相结合，创造自评环境和他评的氛围。从而在评讲、评价过程中，提升教学能力。超，即超越，超越原有的教学经验，形成新的教学行为，一旦完成超越，教师的专业成长初见成效。五项修炼是教师基本的教学行为规划，是教师自我修炼的起点以及教师专业成长的原动力（见图 3-3）。

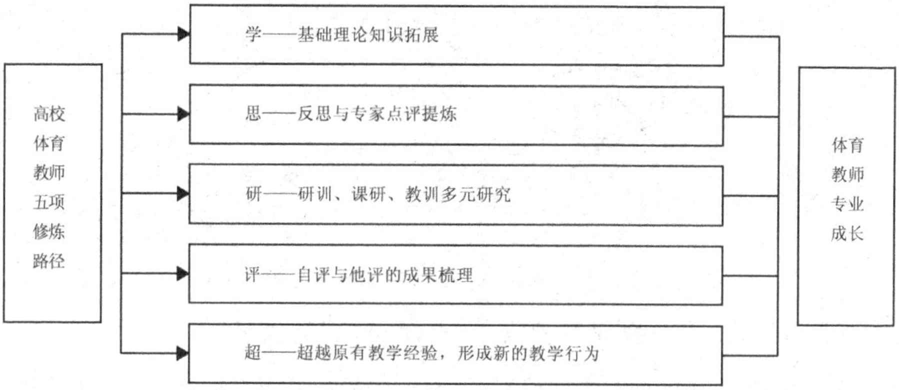


**图 3-3　高校体育教师专业成长五项修炼路径设计**

### （二）促进高校体育教师专业成长的“五项修炼”实施流程

如图 3-4 所示，高校体育教师专业成长的“五项修炼”规划是在分析自身优势与劣势的基础上，结合高校体育工作规划要求，寻找教师在体育教育工作中的定位，合理设计专业成长的路径与相关策略。从而使体育教师把自己的职业生涯规划、体育教育工作规划以及个人发展优势条件统一到同一方向，从而建立明确的奋斗目标。①制订规划，关键在于清晰了解自我优势和劣势，并正确理解高校体育教育目标和工作任务。对于体育教师来说，自身专长、擅长的运动项目、个人对未来职业规划愿景，能否同体育教学工作发展方向一致，对学校体育教学环境、体育发展氛围是否认同等,都必须认真思考和反思,并及时与院系领导或校领导沟通,达成共识,准确把握自我发展轨迹,制订切实可行的成长规划方案。②分解目标,是对个人职业规划目标愿景进行细化,对每一个阶段或每个步骤需要完成的任务加以标明,达成每个阶段的任务、目标,才能很好地完成规划的总目标。因此,细化目标是总目标中的一个关键要素,不能脱离总目标。③实施规划,是沿着规划目标前进的行为。④研训和课研,是在实施规划中,每一名体育教师都必须不断提升自身课研能力。⑤测评修正,是对实施规划过程中出现的偏差进行修正,对规划制订中不切合实际的部分进行测评,从而更切合实际工作的需要。如果出现较大偏差,则说明原规划制订中存在较大问题,经过修正,按照步骤重新实施。如果规划方案切合实际,则完成教师专业成长的一次飞跃。⑥超越自我是规划的最高目标,规划方案切合实际,符合教师发展的要求,才能促进教师专业成长实现超越。

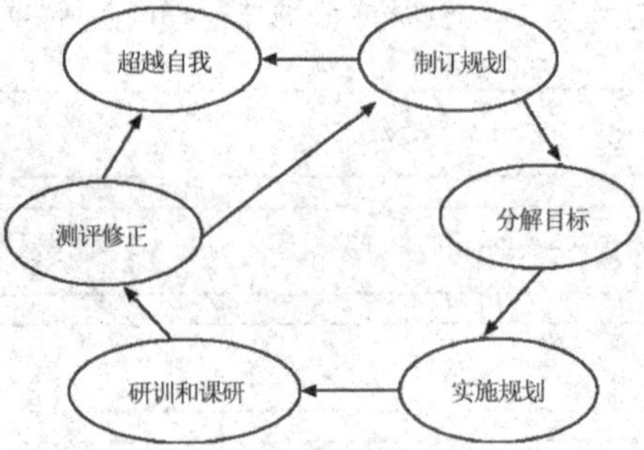


图 3-4 高校体育教师专业成长五项修炼规划实施流程

### (三)对高校体育教师专业成长"五项修炼"的思考

实现体育教师专业成长五项修炼,是一个螺旋式上升的轨迹,在实际教学行为与课堂效果的评测中,会出现反复和倒退,这就需要学校管理者加强专业成长五项修炼的运行体系建设,完善支持保障体系,才能不断促进体育教师专业成长有显著变化。

1.校园体育文化氛围的形成

有更多的体育教师不把课堂作为任务,而是把体育作为自身修养提升的渠道。他们每日进行体育锻炼,在体育运动中,感受体育所带来的快乐,形成现代体育教师最基本的生活方式。

2.立足体育课堂的课例研究,成为教师自觉行为

从新型教师到专业教师,发展到名师,成为导师。是教师专业成长的基本

目标，而参与教学研究是成为导师的最重要标志。让更多体育教师在体育教学实践中，学会观察、思考、发现问题，并运用科学的方法解决问题，最终落实到教学行为当中，从而不断提升体育教师专业素养。

3.体育教师成为学校体育共同愿景的参与者和实践者

体育教师在教学实践中得到价值体现，在学校体育发展中不断展示自身才能，让教师以开放的胸襟、坚强的意志和超强的自信迎接专业成长和教学研究的挑战。用肯定的、欣赏的态度去欣赏同事的成长和发展，这是教师专业成长的最好愿景，是学校体育发展共同实践者的心声。

## 二、构建高校体育教师内生式成长范式

体育教师成长存在着外促式成长与内生式成长两种范式。如果说外促式成长是由外部环境所赋予的一种强制性“被发展”的非自觉获取，那么，内生式成长便源自体育教师成长的内心信念的觉醒，外显于终身学习的坚持，是一种从自在、自发到自觉、自由的发展。高校体育教师的成长既离不开外在的引领和外部环境的支持，由外而内的动力转化、由上而下的行政推动、讲究实效的外促式成长范式在体育教师成长过程中发挥着重要作用。但是，卓越专家型体育教师的成长绝不是单单依靠培训产生的，更依赖于教师自我内心意识的唤醒。唯有如此，体育教师才会主动地成长，不断地超越。

### （一）建构一种有利于体育教师内生式成长的学校文化

体育教师内生式成长是在学校文化的推动、濡染和改造下从“工匠型教师”成长为“专家型教师”的过程。所谓体育教师内生式成长范式，是一种坚持以促进体育教师成长为本的理念，尊重体育教师的主体地位，唤醒和激发体育教师的生命自觉，激励和支持体育教师自主建构知识、习得专业技能，获得丰富情感体验和价值感的文化模式。

首先，要创设一种尊重文化。“尊重”是人的一种需要；“尊重”是人的基础道德品质，包括既尊重他人，也尊重自己；“尊重”表现为在面向他人、面对自我时所表现出来的一种发自内心的接纳与认同。体育教师受尊重的需要的满足表现在能够享受同等的职业地位，同工同酬，取得的成绩能够获得认可，自身的身心健康、对幸福生活的向往和专业发展的需求能够获得管理者的支持等。体育教师受尊重的需要的满足程度直接关系到其对工作的信心、教育生命意义和价值的认识以及生活的幸福。

其次，要创设一种激情文化。激情是学校发展的活力资源。从大的方面讲，校园激情文化的构建就是在学校大力弘扬拼搏、竞争、奉献、追求卓越的文化理念，追求更快、更高、更强；从小处讲，就是人人有目标、人人有舞台，开展丰富多彩的校园文化、艺术、体育、科技等活动，尽可能地激发每位教师的创造意识，发挥每位体育教师的个人专长。

再次，要创设一种团队文化。从体育教研组向体育教师专业学习共同体的转型将是一条行之有效的路径。

最后，要创设一种创新文化。创新是体育教师社会价值与个体价值统一的基点，是体育教师从专业工作中获得尊严与价值的源泉。当学校管理者和所有教师都认识到体育教学不单单是传技、强体而是全面育人不可或缺的组成部分时，体育教师就会不断审视体育教学与全面育人的关系，为了完成育人的目的，解决好体育教学与训练中的“疑难杂症”，就会不断地向自己的智慧、人格、能力发出挑战，这也将成为推动其学习、思考、探索、创造的动力。在这一过程中，会给体育教师生命增添成功和欢乐，将生命的奉献与生命价值的实现有机统一。

**（二）强化体育教师主体性**

体育教师内生式成长范式并不完全否定外促式教师发展的作用，而是从外促式逐渐过渡到内生式的过程。在这一过程中，体育教师的主体性不断加强，从客体性到主体性（“内在主体式”）再到主体间性（“交互主体式”），对应的教育实践样态主要是系统培养与培训——系统反思——交流分享。这条线索也大致反映出体育教师在教师教育改革背景下其成长范式的基本转向。当今，教师教育改革中热词不断涌现，诸如对话、反思、合作、共享、协同、开放、校本、建构、探究、学习、行动、实践、主体间性等，这些词汇集中大量的使用也在很大程度上预示着体育教师教育改革的现实诉求，即体育教师成长应从外部促进式转向内生式，将体育教师的自我实践、自主学习、自主探究、自我反思、自我更新、自我超越放在更加突出的位置。

体育教师的生命自觉和自主成长，并不是说体育教师成长是“单兵作战”和“孤军奋战”。相反，体育教师的成长需要交流、合作、共享和共生。主体间性（也称“交互主体性”）理论提出，“自我”与“他者”是并存的主体，是共生性的存在，强调对话、互动、交往对于主体间发展的意义与价值。体育教师的知识结构由显性知识和隐性知识两部分组成，如果说显性知识与技能通过系统的学习与训练方可获得的话,隐性知识诸如教师的教学经验与技巧、教育智慧、思维方式等只有通过面对面的交流才是最有效的方式,而且"新知识的创新都源于个人的隐性知识"。主体间性理论启示我们,体育教师之间的交流合作是主体间的平等关系,不存在专业霸权、专家权威和话语霸权,体育教师生命的多样性和个人教育智慧资本的独特性决定了体育教师在不同主题形式的交流中都有成为专家的可能性,他们应该在合作中平等的交流;体育教师之间的交流合作是交往对话和积极互赖的关系,通过真诚的交往与对话,清晰地表达自己的认识,同时倾听他者的意见,在质疑、批判中促进新的知识意义的生成,达成"视域融合"。因此,如果说体育教师"内在主体式"成长是当今的主导型范式的话,那么,"交互主体式"成长就是改革的方向,共同促成体育教师成长处于"实践——反思——合作——发展——再实践——再反思——再合作——形成个性"的螺旋式上升的过程之中。

### (三)促进体育教师内生式成长的策略

#### 1.在自我导向学习中自我更新

体育教师外促式成长因坚持标准本位、技术理性、被动发展、专业生活与日常生活的割裂等饱受诟病。该范式坚持以理智智慧为主的导向,是一种企图将"公共教育知识内化为个人实践知识"的工作场域之外的教师成长方式。客观地讲,外促式成长范式是刻有明显中国特色的体育教师成长方式,在解决我国体育师资短缺问题上功不可没。该范式的作用具有两面性,一方面,对发展体育教师理智智慧、改变体育教师观念有积极作用;另一方面,虽说观念可以内化为行为,观念是行动的指南,但源于体育教学实践的情境性、复杂性、不确定性、不稳定性的特点决定了理智智慧的增长和观念的转变与体育教师教学行动的改观并非简单的线性关系,借以通过制度化安排来提高体育教师素质进而提升体育教学质量的旨意难以成真。究其缘由,任何一项为了人的发展的制度安排最终还得依靠人来实施,人是手段与目的的统一体。然而,作为"主体的人"的体育教师却在制度化培训实践中成了"客体",体育教师生命的独特性、主体性和创造性被遮蔽,生命自觉意识日渐淡薄,生活幸福指数和生命质量日趋下降。当前,无论从宏观层面的国家教育战略部署、中观层面的体育课程改革,还是从微观层面的体育教师成长的现实诉求和理性选择来讲,正在从技术崇拜回归到尊重教育规律,寻找我们已经丢失了的"教育灵魂"。体育教师成长范式期待转型，体育教师成长呼唤“生命自觉”。

在此背景下，以“生命自觉”为核心价值观的体育教师内生式成长范式应运而生，该范式强调体育教师的自主学习、自我反思以及个体价值与社会价值的统一，实现生命自觉成长，这与近年来在成人教育领域广为推崇的自我导向学习理论的主要观点不谋而合。舒宗礼将“体育教师自我导向学习”界定为体育教师自觉负责设计学习计划并寻求外部支持来实施该计划，以在实践中不断获取知识与技能，发展能力，形成学习品质，促进个性和才能全面发展的学习过程。在体育教师自我导向学习活动中，将作为教学过程的外在特征与作为学习者主动承担学习责任的内在特征融合起来，将自主的学习与借助外部支持结合起来，将学习的责任与学习的过程融为一体，表现出内在激发、自我引导、经验建构、问题中心、情境学习、反思学习、转化学习和共生性成长等与“自学”和“自主学习”完全不同的特征。自我导向学习的特征决定着体育教师自我导向学习能力的提升依赖于内在的自我导向学习意识的觉醒与外在环境支持的有机结合。从内部归因来看，权利意识、激情和自我管理能力是提升体育教师自我导向学习能力的关键。不言而喻，体育教师有着自我更新、自我发展的内在需要。学习是满足这种需要的有力“武器”，更是体育教师的一种基本权利。然而，只有以“主人”身份自主、自为、自由的学习，才体现了权利意识，才可能得到来自生命发展需要的内在、持续和强大的动力，达到学习的最高境界。当强烈的意识与激情碰见低下的自我管理能力便可能导致自我导向学习半途而废，因此，体育教师独立发现问题的能力、寻找资源解决问题的能力以及自我调控的能力是体育教师顺利进行自我导向学习需要具备的基本能力。从外部归因来讲，在学校场域下创设一种合作共生的教师文化，从“控制”到“赋权”，回归体育教师在专业成长中的主体地位；从“补偿”到“支持”，形成多元的体育学习资源；从“内在主体式”走向“交互主体式”，促进体育教师生命“共在性”的成长。

2.在实践经验中自我反思

经验和反思相互联系、相互影响，经验制约反思，反思提升经验。学校生命自觉体育教师文化的建构离不开体育教师的经验和反思，经验赋予文化以宽度，反思赋予文化以高度。美国心理学家波斯纳提出“教师成长＝经验＋反思”这一公式来说明“经验”和“反思”对教师成长的重要性。体育教师成长与经验和反思之间绝非简单的线性关系，会因教学生活情境的差异而大为不同。体育教师作为体育教学实践的主体，在实践过程中一定会获得个体的经验，这些经验既包括专业生活经验又包括日常生活经验。人的生命的独特性决定着每个体育教师的经验各不相同。事实上，经验具有两面性。一是个体经验的向上性和向前的主动性与可能性，体育教师可以通过反思使经验得到提炼和升华，促进自身成长；二是个体经验的局限性，如经验零散、情境化、缺少特定知识联系点等，必须依赖于体育教师不断拓宽理论知识体系和透彻了解自身教学实践，理性整合理论与实践。由此不难看出，持续的、系统的理论学习和反复的实践反思行动才能实现对个体经验的有效反思，只有这样，“经验”和“反思”才称得上促进体育教师专业成长的“两条腿”。

但是教师反思意愿和能力不可能个体地形成，教师的发展离不开一定的社会和文化环境，尤其是合作文化的支撑。学校文化是教师信念的母体，教师信念是学校文化的基础。学校文化与体育教师文化的建构应坚持分享理念，关注每位体育教师独特的生命体验和有效的实践反思范式，充分发挥体育教师的教育智慧、激情与真情，实现人人有目标、人人有舞台。这样既可以提高体育教师参与学校文化改革与提升的主动性，在参与的过程中享受成就感和生命意义的彰显，也可以使体育教学效果提高成为自然而然的事，使体育教师在“不经意”间获得提高和发展。

### 3.在专业学习共同体中自我拓展

中华人民共和国成立以来，以“体育教研组”为基本单元的校本研训是我国体育教师成长的重要组织形式，在促进体育教师群体专业化成长方面发挥着不可替代的作用。然而，由于受种种因素的制约，现如今体育教研组的实际运作过程和功能的发挥差强人意。体育教师专业学习共同体合作模式是基于校本环境实现教师专业自主发展的模式，是保证体育教师专业成长的有效途径，也为体育教研组回归专业组织的属性指明了前进的方向。重建体育教师专业学习共同体并不意味着另辟蹊径，而是在体育教研组这一场域内对其赋权、增能和提供支持性条件，可以从以下八个方面进行改革：①明确体育教研组的专业组织性质，赋予其在组织目标、活动主题、活动方式、教研组长推举等方面充分的自主权和生存空间；②提高体育教研组长素质，增强其专业领导力；③树立体育教研组长在专业领域的绝对权威，赋予其在体育课程建设、运动队管理、教学促进、人员聘用、职称评定等方面的决策权；④围绕“教”与“研”的有机衔接开展多样化的教研活动，校际，学科之间，虚拟与现实之间，专家与普通教师之间，校领导、教师与学生之间建立形式丰富的若干教研群组，拓宽教研活动空间；⑤学校着力构建一种民主、平等、合作的教师文化；⑥体育教研组要努力营造自由、开放的学习文化，尊重教师个性，发挥教师特长，培养独具特色的教师教学风格与艺术；⑦学校应为体育教师教研组提供良好的外部支持，主要包括活动经费、活动场地、考核激励制度、专家引领制度等；⑧体育教研组建设应因地制宜、因人而异，坚持本土化，注重实效，反对“拿来主义”。

4.在个人特长中自我超越

所谓“专业素质”是指与体育教育紧密相关的“专项”“专长”或“一技之长”。该“专长”可能是突出的运动技能、裁判技能、教育教学技能与艺术、课程开发能力、科研能力、管理能力等中的一种或几种。“专业素质”是普通体育教师能否成长为专家型体育教师的基础和关键，缺乏突出的“专业素质”的复合型体育教师只能是普通的。根据“长板理论”，一所学校体育的发展乃至整个体育事业和体育产业的发展，既需要“全能型”人才，社会分工的细化更需要在某一方面有专长的杰出人才。正是由不同专长的人才融合在一起，组织的效益才会更佳。就一所学校而言，学校体育工作的开展就需要教学型、训练型、活动型、科研型、管理型专业人才，如果体育教师在某一领域具有杰出的能力完全可以大展身手，发挥其用武之地。作为学校体育管理者，要想推动学校体育的全面发展和可持续发展，就该考虑到每位体育教师的优势与不足，实施差别定位，建立“扬长”评价机制，实行分类管理，最大限度地发挥每位体育教师的“专长”，使其努力实现自我超越。在体育教师专业成长过程中，最好的能力成长策略就是：“一专多能零缺陷”。“一专”是指让自己在教学、训练、科研、活动、管理的某一“专长”上形成核心竞争力，具有别人无法替代的地位；“多能”指有可能多储备几项能力可以搭配着使用；“零缺陷”指没有致命短板，通过自我努力以及在“专业学习共同体”中的交流、合作和共享，使自己的“短板”达到及格水平即可。

就体育教师教育改革而言，一要增强体育教师的特长意识，形成合理的特长发展规划。认识到体育教师专业特长是建立在个性特长和专业能力基础之上的，遵循着“个性特长——专业能力——专业特长”的连续成长路径，为此，每位体育教师都可能形成自己的专业特长，关键在于及早认识到自我个性特长并着意培养，在系统的专业学习中培养教师专业能力，在入职之后自觉规划自己的专业特长并努力实践和超越。二要形成支持体育教师专业特长发展的适宜教学环境和制度环境。基础教育阶段注重个性化教育，专业教育阶段注重能力教育，职后教育阶段注重特长规划教育，与此相对应，深化教学内容、教学方法、教学过程、教学评价、教学管理等“一揽子”有利于体育教师专业特长发展的改革。

# 第四章

# 高校体育教师专业发展阶段研究

## 第一节　教师发展阶段论分析

### 一、教师专业发展阶段探析

教师作为教育教学的专业人员，要经历一个由不成熟到成熟的专业发展历程。教师的专业历程是一个动态发展的过程。在这个总体上呈“渐进”趋势的发展过程中，每一个发展阶段都会呈现出某些变化特征，如专业信念、专业需求、教学关注和课堂教学行为等。这些变化特征为判断其专业发展阶段提供了重要依据。从20世纪60年代开始，教师专业发展阶段引起教师教育界的广泛关注，随着研究者从不同视角对教师专业发展的过程及其规律进行研究，涌现出了丰硕的理论成果。

#### (一)国外教师专业发展阶段研究

国外教师专业发展阶段研究中，傅勒、卡茨(Katz)、伯登(Burden)、费斯勒等人的研究成果产生了很大的影响。美国得克萨斯大学的傅勒(Fuller)是教师专业发展阶段理论的最早研究者之一，他采用问卷调查的方式，提出了职前教师专业发展阶段理论。他认为，职前教师的专业发展要经历四个阶段，即任教前关注阶段、早期求生存阶段、关注教学情境阶段和关注学生阶段。之后经过研究、修正，使教学关注进一步概念化、模式化，称之为“教师关注模式”(Teacher Concerns Model，TCM)。TCM有三个教学发展阶段，即自我关注、教学工作关注、学习影响关注。美国学者卡茨以学前教师为研究对象，采用问卷调查和访谈方法，提出教师专业发展要经历求生存时期、巩固时期、更新时期、成熟时期等四个阶段。美国俄亥俄州立大学伯登组织俄亥俄州立大学的一批学者采用访谈的方法，对处于不同生涯发展阶段的教师进行研究，提出职业生涯循环发展理论（职业生命周期阶段论），把教师专业发展阶段分为生存阶段（Survival Stage）、调整阶段、成熟阶段。美国约翰霍普金斯大学的费斯勒从生命的自然老化过程和周期的角度研究教师专业发展的过程，通过对处在不同生涯发展阶段的教师观察、访谈、调查，结合成人发展和人类生命发展阶段等研究的文献分析，提出整体、动态的教师生涯循环理论。把教师专业发展阶段分为职前教育阶段、引导阶段、能力建立阶段、热心和成长阶段、生涯挫折阶段、稳定和停滞阶段、生涯低落阶段、生涯退出阶段八个阶段。

司德菲也采用观察、访谈、调查的方法，在费斯勒等人的研究成果基础上，提出教师生涯的人文发展模式。他把教师的专业发展划分为五个阶段：预备生涯阶段、专家生涯阶段、退缩生涯阶段、更新生涯阶段、退出生涯阶段，着重探讨了教师进入成熟期以后有可能出现的低落、停滞、重新进入发展阶段的问题。

休伯曼总结前人研究成果，也从教师职业生命的自然老化的视角提出教师职业发展五阶段理论，即入职期、稳定期、实验和歧变期、平静和保守期、退出教职期的“教师职业周期主题模式”。

心理学教授伯林纳根据教师“教学专业知识与技能的学习和掌握情况”把教师专业发展划分为“新手阶段、进步的新手阶段、胜任阶段、熟练阶段和专家阶段”五个阶段。本纳（Benner）则提出教学专长发展阶段理论，他认为教师从新手发展成为专家，一般要经过“新手、高级新手、胜任者、精熟者和专家”五个阶段，本纳的划分与伯林纳不谋而合，但两者对处于不同教学专长发展阶段的教师教学行为等描述上差异很大。

国外学者的教师发展阶段划分研究，无疑拓展了我们的学术视野与研究思路，启迪了我国学者的研究学理与思维方式，提升了我们对此领域再思考、再探索的层面。但“他山之石”毕竟不是“我山之石”，虽然都是教师，但社会环境、文化传统、价值观念、行业制度、从业规范等差异悬殊，因此，彼教师发展阶段不能直接套用于我国教师发展实际。国外关于教师发展阶段论的研究多偏向于对教师实际上所经历的发展情形或实际上所表现出来的发展情形的描述，而对教师最理想的发展历程与发展情形的描述未做应有的关注。我们如能对理想的教师发展进程予以勾勒描述，无疑对构建完善教师发展阶段的理论与实践具有重要的参考价值。

### (二)国内教师专业发展阶段研究

教师发展的过程根据不同的理论视角可以被分为不同的阶段。国内众多学者亦关注教师专业发展阶段的问题,并以基础教育阶段教师为主要研究对象,取得了许多有价值的研究成果。

中国台湾学者王秋绒在其出版的《教师专业社会化理论在教育实习设计上的意义》一书中发表了自身对教师发展阶段问题的详细看法。在她看来,师范生阶段、实习教师阶段与合格教师阶段是教师专业发展的三个关键阶段。她将每个阶段又进行了详细划分,第一阶段为职前师资培育阶段,包括探索适应期、稳定成长期、成熟发展期。根据学生的入学年限,将师范生阶段分为探索适应期,即入学的第一年;稳定成长期,即入学的第二、三年;成熟期,即入学的第四年级;根据学生对教师工作的情绪情感状态,将实习教师阶段分为蜜月期与动荡期;根据教师的工作状态又将合格教师阶段分为新生期、平淡期和厌倦期。饶见维也将理想的教师专业发展进程分为三个阶段六个时期,即职前师资培育阶段,包括探索期、奠基期;初任教师导入阶段,包括适应期、发奋期;胜任教师精进阶段,包括创新期、统整期。

叶澜、白益民采用思辨的研究方法,以"教师自我专业发展意识"为指标,把教师专业发展过程划分为非关注、虚拟关注、生存关注、任务关注、自我更新关注五个阶段。

申继亮教授等主要研究中学教师职业专长的发展阶段,他们以20名具有高级职称的中学教师为访谈对象。先是证实了教师职业专长的发展具有阶段性这一特征,并将其划分为学徒阶段、成长阶段、反思阶段及学者阶段。他进一步强调职业专长发展的主要动力为职业能力,教师职业专长发展并不是直线上升的,或许会存在高原现象。

罗琴和廖诗艳以教师群体专业发展为假设,以职业成熟度为标准,把教师专业发展过程划分为适应期、发展期、成熟期和持续发展期四个阶段。涉及教师专业发展阶段的时间界定、专业发展需要、教学关注和教学行为特征等几个重要方面,其中对各阶段的教师专业发展需求的研究最为细致。

傅树京在傅勒和伯顿的研究基础上,把教师专业发展阶段划分为适应期、探索期、建立期、成熟期、平和期五个阶段,全面描述了不同专业发展阶段的教师能力和教师需要。启示教师培训要以各个阶段的特征为依据来确定培训方案，使其与教师各阶段的发展需求相符。与此同时，教师培训要贯穿于其专业发展的全过程。

卢真金认为，教师专业发展要经历适应与过渡、分化与定型、突破与退守、成熟与维持、创造与智慧五个时期，其对应的结果是教师分别成为适应型、经验型、知识型、混合型、准学者型、学者型和智慧型七类教师。

裴跃进从教学系统、自我系统和组织系统等角度来梳理探究教师发展阶段的基本内涵，并把教师的专业发展阶段分为准备期、初始期、适应期、胜任期、成熟期、创造期、稳定期、退隐期八个阶段。

连榕将教师发展分为三个阶段：新手型教师（0～5 年）、熟手型教师（5～15 年）以及专家型教师（15 年以上）。

钟祖荣、张莉娜按照教师素质、能力表现，结合教龄，将教师专业发展划分为五个阶段：初步适应期（工作第 1 年）、适应和熟练期（工作第 3～5 年）、探索和定位期（工作第 10 年左右）、教学成熟期（工作第 15 年左右）、专家期（工作第 20 年左右）。其他研究成果还有：针对教师整个发展经历进行的八阶段划分、六阶段划分和五阶段划分；针对在职教师的职业经历进行的四阶段划分、五阶段划分、四阶段划分。限于篇幅，具体教师专业发展阶段名称不再一一列举。

**（三）国内外关于教师专业发展阶段研究状况的对比**

国外针对教师专业发展阶段的研究早在 20 世纪 60 年代业已开始，傅勒开辟了这一新研究领域，为后继研究奠定了基础。70—80 年代是教师专业发展阶段研究的黄金时代，出现了卡茨、伯顿、费斯勒、休伯曼、司德菲、伯林纳和本纳等多种成熟的教师专业发展阶段理论。90 年代开始，随着美国 PDS 政策（建立教师专业发展学校，促进教师专业发展的政策）的推行，关于教师专业发展的研究重心转移到探索教师专业发展途径上，美国建立了许多“类似于 PDS（Professional Development Schools 专业发展学校），旨在促进教师专业发展的机构，如 PPS（Professional Practice Schools 专业实践学校）、PDC（Professional Development Center 专业发展中心）、PS（Parterner Schools 合作）、CS（Clinical Schools 临床学校）等”。对教师专业发展阶段的研究逐渐淡出。相比之下，我国对教师专业发展阶段的研究起步较晚，20 世纪 80 年代仅有零星研究，主要以引介国外的研究成果为主。90 年代以来，关注我国教师专业发展阶段的研究渐多。进入21世纪,随着教师资格准入制度的实施、教师职称体制的不断完善以及教师职前和在职教育一体化,针对教师专业发展阶段的研究逐渐升温,成为研究热点。

此外,关于研究方法,国内外对教师专业发展阶段的研究实质上是从两个不同角度进行的。一是从教师专业素质形成和发展过程来划分阶段,研究教师的教学关注、职业追求、教学信念、专业发展需要和教育教学能力发展变化过程的阶段性发展规律。二是从把教师作为一种职业的整体发展过程来划分阶段,按照从教年限来探讨教师在经历职前、入职、在职以及离职的整个职业生涯发展过程中所呈现的阶段性发展规律。虽然教师专业发展应划分为几个阶段,但分别是哪几个阶段,在国内的已有研究中还没有形成定论,尽管教师各阶段时间跨度尚存争议,但教师专业发展会经历新手型教师、熟手型教师、专家型教师几个阶段在学术界是被广泛认同的。纵观发现,已有研究都是遵循这一总体思路来研究教师专业发展的相关问题。

关于划分维度,国外关于教师专业发展阶段划分多从一个维度进行深入系统研究,如傅勒的教师关注阶段理论,费斯勒的教师生涯循环理论,伯林纳和本纳的教学专长发展阶段理论。研究视角的单一和不同研究者选择不同的视角进行研究,直接导致教师专业发展阶段划分理论的多样化,也引起了教师专业发展阶段划分的混乱。而国内学者对教师专业发展阶段的划分有别于国外学者的划分方法。他们一般选择借鉴国外研究成果,从多个维度进行研究,由于受研究对象、研究维度和具体国情等因素制约,国内外关于教师专业发展阶段的划分差异较大。

## 二、教师专业阶段划分的依据和意义

### (一)教师专业阶段划分的依据

1. 教师专业发展的整体性

部分学者在进行教师专业发展阶段划分时,从职后教师教育开始划分,即把教师进入教师职业作为专业发展的起点。职前教师教育阶段是“准教师”阶段,也是预期专业社会化阶段,是教师专业成长和发展的重要时期,教师专业阶段的划分要考虑到教师的整个职业生命周期。傅勒的教学前关注阶段、费斯勒的职前教育阶段、休伯曼的入职期、王秋绒的职前师资培育阶段、裴跃进的准备期等都是从职前教师教育阶段开始划分。

2.教师专业发展的复杂性

教师专业发展不是一个简单的、线性的递进过程,较为理想的教师专业发展应该表现为某种持续性的螺旋上升。不同的教师在专业发展过程中,所经历的发展阶段也不完全相同,教师专业发展在每一时期都有其应面对的挑战。教师的知识、技术和伦理不可能一经获得便终身受用,是一个复杂的演变过程,有时是质的变化,更多时候体现为量的变化,其发展过程是教师个人需要、能力、价值取向和周围环境不断互动的过程,与每一位教师个人化的专业生活息息相关,蕴含着难以计数的偶然性和不可测因素。所以,教师的专业发展具有复杂性的特点,某种程度上可以说,每一位教师的专业发展道路都是不可复制的。所以,要深入全面把握教师专业发展的总体规律,进行合理的专业发展阶段划分。

3.教师专业发展的针对性

不同教师的专业发展阶段不同,不同教育阶段的不同教师专业发展阶段不同,不同社会背景下教师的专业发展阶段也不一样。在进行教师专业发展阶段划分时,既要借鉴已有研究成果,更要关注当前教育改革的背景及其对教师提出的新要求。

**(二)教师专业发展阶段划分的意义**

教师专业发展阶段是教师教育研究中的重点问题,国内外学者从不同视角进行研究,形成了教师关注阶段论、教师发展时期论、职业生命周期阶段论等丰富的理论成果。关注教师的成长历程,加强对教师专业发展规律性和阶段特征的研究,具有重要而积极的意义和价值。对教师专业发展管理者、培训者而言,明确教师的发展阶段,可以确定教师能力需求,帮助教师进行自我定位,制定职业生涯发展规划,并基于教师专业发展阶段存在的问题,提高教师培训的科学性和实效性,对不同层类的教师采取有针对性的引导措施,有的放矢地提供发展协助。如基于教师专业发展阶段理论,依照分层施教、分类指导的原则开展教师教育、培训等工作,对教师需求进行科学评估,并选择实施恰当、更具针对性的发展策略以收到更好的效果。对教师自身来说,通过对教师发展阶段的了解,以专业发展阶段理论为依据,可以确认自己所在的发展阶段、发展水平,评估自身优势与不足,思考下一步努力的方向,对自己的专业发展预做规划,以一颗平常心和积极的态度回应各阶段的变化和需求。正如有学者所言:如果具有自我专业发展意识的教师又了解教师专业发展的一般阶段理论，那么，他就会对自己的专业发展保持一种自觉状态，有意识地将自己的专业发展状况与教师专业发展的一般路线相比照，追求理想的专业发展成为自觉行为，及时调整自己的专业发展行为方式和活动安排，以至最终真正达到理想的专业发展。让“准教师”尽快实现角色转变，缩短适应期，迅速成长成熟；让处于“高原期”的教师尽快走出这种状态，进入专业创造期；让每一阶段的教师都能够有目标、有规划地发展。这既是教师专业发展阶段研究的价值取向，也是加强教师队伍建设的重要内容。

## 第二节　高校体育教师专业发展阶段性特征

教师作为教育教学的专业人员，都要经历一个由不成熟到成熟的专业发展历程。教师的专业历程是一个动态发展的过程。在这个总体上呈“渐进”趋势的发展过程中，每一个发展阶段都会呈现出某些变化特征，如专业信念、专业需求、教学关注和课堂教学行为等。我们参照国内众多已有研究结果，按照“新手—熟手—专家”发展思路，参考国内高校体育教师职称评定制度，结合教龄、职称、教研情况等，从角色定位的角度将高校体育教师职业生涯专业发展阶段分为新手型体育教师、熟手型体育教师和专家型体育教师三个阶段，并对高校体育教师不同发展阶段的专业发展特征进行归纳与总结。

### 一、新手型高校体育教师发展特征

虽然学术团体对高校教师专业发展阶段的划分研究莫衷一是，但都不约而同地道出了最初几年对高校教师生涯发展的重要影响。关注初入职教师/新手教师（beginning teacher，novice teacher）的成长与发展变得尤为迫切。学界对新手教师的内涵界定基本达成共识，但在时间节点界分上存在诸多分歧。在已有研究中，李娇娜将高校新手型教师限定为刚刚走上工作岗位 1～2 年的教师，并限定在博士毕业生范围，是与专家型教师相对应的概念。靳亮理解的高校新手型教师界定为刚进入高校从事教学工作，尚处于成长阶段的教师群体，具有区别于其他教师群体的特征。而高校教师的教学能力是一个与科研能力相对应的概念，是高校教师为实现特定教学目的、开展特定教学活动体现出的一种能力。张俊超等认为初入职 3～5 年是高校教师的一个最佳发展期，这个时期的发展奠定了学术职业发展的基调,早期形成的研究习惯将影响随后的职业生涯,往后成功或失败的模式在此阶段以极快的速度形成。根据教师生涯周期理论,结合以上观点,我们将新手教师界定为初入职 3～5 年,处于生存关注期的教师(以青年教师为主)。

新手型体育教师是处于由学生向教师过渡时期的新教师,对于新手型体育教师来说,这是一个身处学校系统中的社会化时期。他们会因新的工作环境以及自身角色的转换而激动,具有极力表现自己并期待被接纳的强烈动机。这种心理表现在他们对工作较高的积极性上,即努力提高自己的能力,寻找在新环境中处理日常事务的合适方式。新手体育教师密切注视外界对其教学水平的看法,迫切想知道自己的能力是否被认可,能否在新的工作环境中立足是其关注的核心问题。他们将课后的认真备课视为影响其教学效果最为重要的一项教学策略,往往会将上课中所说的每一句话进行斟酌和思考。基于这种情况,新手型体育教师上课时往往就是将课前的准备过程进行有序地展示。他们不太会把控课堂的节奏,不能灵活结合学生的实际情况调整自身的教学计划,而是以提前准备的内容为中心来开展教学,注重“授之以鱼”而难以达成“授之以渔”。教师教学成长深受外部因素的影响,诸如学校的办学条件、文化氛围及同事关系等。针对这些外部的因素,新手型体育教师相较于熟手型体育教师而言,得到的支持和帮助更多。他们因新入职不熟悉环境而被领导、同事等多加关照,因此新手教师的积极情绪、主观幸福感均略好于熟手教师。

新手型体育教师在入职后的前两年时间内,因为角色的转换,会非常注重自我的外在表现,具有强烈的外部动机,工作态度端正,富有积极性,正处于初级发展阶段,对教育教学有着初步的认识;随着时间变化,在后续的 2～3 年中,新手型体育教师在不断的体育教学实践中,逐渐度过适应期,开始掌握基本教学技能,胜任教学工作。对学校、学生、教学实践有了比较深入的了解,对体育教师的职责、规范和高校体育教学要求都较熟悉和适应了,自我意识和效能逐渐增强,对体育教师职业的认同感初步形成。同时也在教学工作中体会到掌握教学技能的高难性,意识到想成长为一名优秀的体育教师其过程是异常艰辛的。总体看,经过积累工作后 3～5 年的教学实践经验,绝大多数教学新手都能够顺利成长,逐步迈入熟手型体育教师阶段,并朝着新的目标不断前行、发展。但是由于此阶段青年体育教师对学校整体环境有了深入了解,与其他学科同阶段的青年教师也有了横向间的比较，在学科发展、职称评聘、工作待遇等方面难免形成比较，心理会产生一定的失落感和挫折感。当然，在这一过程中，也会有少量新入职教师不能完全适应自身的角色，存在不熟悉、不适应、焦虑、茫然、敏感、冲动等情绪问题，导致专业热情下降，开始怀疑自身职业选择的正确性，个别教师甚至因为无法适应教师专业成长这一艰辛的过程而早早地脱离这一岗位。

因为这一时期往往是高校教师职业生涯最困难、面临压力最大的时期。在专业需求方面，他们需要丰富的教育、教学经验和紧张适度的教学环境，还需要开始科学研究；在精神需求方面，他们初为人师，有一定的积极性，渴望在新环境中得到领导的赏识，同事和学生们的认可；而在情感需求方面，他们面临着成家立业，需要爱和归属感；在物质需求方面，他们有强烈的物质需求，用以满足自身及家庭的基本需要。在此期间，一些教师能很快适应新的工作环境和工作需要，进入能力建构期。他们展示出一种活力、开放和积极上进的心态，愿意更多地学习，从而越来越精通教学。而有一些教师则出现烦恼、苦闷和消极的心态。表现出对理想的幻灭，故步自封、拒绝改变，对工作和专业的持续发展缺乏热情。

新手期体育教师如能在这段时间顺利完成从学生到教师的角色转换，获得较好的教学与科研体验，并且初步融入所在高校的学科与组织文化，得到学生和同事的认可，则会增强自己的职业认同感与信心，为今后的发展奠定一个良好的基础。所以这一时期正确地认识自我，增强自信并获得认可，了解校园文化并建立良好的人际关系至关重要。同时，新手老师十分关注自我发展，对教学充满热情和好奇，职业发展需求最旺盛，如果能好好抓住这个成长期，把职前教育阶段的专业技术和先进的教学理念迅速转化为教学生产力，必定能促进个人专业能力大幅度提升。因而，如何从外部完善对新人的培养机制，帮助新人尽早结束混沌的求生阶段，规划成长路径，是需要关注的问题。

## 二、熟手型高校体育教师发展特征

经过长期的教学实践后，经验得以积累，教学智慧逐步生成，职业理想与现实之间的矛盾变得日益缓和，教师进入了职业发展期，这也被称为熟手型教师阶段。这一阶段的教师具备较高水平的教学技能与技巧，初步形成自己的教学特色和教学风格，并通过教学实践达到自我实现；教师的职业目标基本明确，专业理想提升为职业信念，具有切合实际的职业期待。

大多数体育教师利用职业生涯的前3～5年时间，会成长为熟手型的体育教师。表现在课堂教学方面，他们的教学策略显著高于新手型教师，在对课堂教学行为的调节和控制方面要优于新手型教师。熟手型体育教师经过前期的积累过渡，开始逐渐注重挖掘课程教学本身的价值和培养学生的认知、理解能力，对教学过程中出现的问题有了一定深度的理解，不会像新手一样仅关注到表面现象，其关注重心可以转向情景化知识学习、技术能力等方面的提高。熟手型教师的课堂教学策略显得流畅、熟练，能根据课堂情境和学生的反应及时调整教学计划，关注教学时间的交流与沟通，能够根据学生的需求而不断追求并尝试新的教学方法，能在教学过程中根据实际情况穿插一些有效的方法，如声音、动作的调节，重要信息的提醒等，在实践中不断总结一些学习方法并用于课堂教学中传授给学生，初步形成自己独特的教学风格。

但相较于专家型体育教师而言，他们发展的过程更多依赖外部动机，而强大且稳定的内部发展动机是成为专家教师的标志，这正是二者之间的本质区别。因为熟手型体育教师还未能形成强大的内部动机，导致对自身定位还不确定，随时会发生动摇。所以，熟手型体育教师难以在常规工作中拥有足够多的“收获”，如教学中的乐趣以及内心的满足。熟手型体育教师与学校的关系也是十分微妙的，并不能形成与专家等同的心理契约。与单位领导、学校同事等社会关系，还有相关物质条件，都很难使其获得更高的认同感，甚至还会比新手型体育教师和专家型体育教师产生更多的消极情绪。大部分体育教师在职业生涯的第6～10年，自我满足感逐渐开始饱和甚至下降，没有入职期的关照、同情与宽容，在情绪上由单纯的消极情绪转化为对教学工作重复、单调、繁杂、责任重大、超负荷，科研压力大等消极感受。时间、精力、情感等方面的高投入与客观收益、发展机遇等方面的低回报，加之绩效的不确定性、内隐性及滞后性，教育评价的非严谨性及研究对象的强烈个体性，都可能让这一时期的体育教师遭遇困惑并表现出倦怠麻木。由于各种条件所限，高校体育教师相对其他教师而言，面临着社会地位不高、工作不受重视、进修晋升机会少、有边缘化趋势的困惑，越来越多的体育教师开始感到自身发展方面的压力。由于大多数体育教师的职业发展需要得不到满足，因此普遍存在较大的心理压力；另外，由于工作聘任、职称评定和进修机会等在教师之间会引起竞争，也容易引起教师之间关系紧张，在一定程度上也会增加体育教师的职业压力。这是困扰体育教师专业成长最为严重的心理障碍时期，在科研这条路上还处于初级水平，熟手型体育教师对如何上升一步搞好教学和科研，如何把职称评上去，有非常迫切的要求。

到职业生涯的第10年左右，体育教师的专业发展会到达一个相对平静的状态，发展速度也逐渐平缓，我们将这一时期统称为高原时期。这时体育教师已经完全适应了现实环境，并与之形成了一个相对平衡的状态，从体育教育教学能力的角度来看，该阶段的体育教师已经具备了较高的教育教学水平。但是这也是一个高校体育教师成长逐渐缓慢甚至出现停滞现象的时期，教师个人如果不通过其他方式保持继续发展的态势，就很容易出现教育水平停滞的问题。在此阶段，教师同时会产生这样一种感觉：接受新知识、新挑战已感觉吃力，甚至有些麻木；满足于自身职业的日常成就状况，不思进取，带有明显的职业倦怠倾向，这便是"教师职业高原现象"。"高原期"是专业发展过程中一段相对平寂、止步不前的时期，能否突破高原期是熟手型教师专业发展的关键。对于拥有先天素质优势的高校体育教师而言，这种稳定期的时间稍微长一些；而对于那些先天素质差的教师而言，稳定期的时间就很短暂，非常有可能出现体育教育水平日渐下滑的问题。即使是保持住了自身状态，也只能在这一能力水平线上结束自己的教师职业生涯。体育教师必须清醒认识到，他们现有的知识和经验难以面对未来的发展，必须在整个生存期间不断地更新自己的知识，改进自己的技术，才不会在职业"高原期"止步不前。部分高校体育教师由于职业倦怠感，会试图重新评价自身，进行职业选择判断。若发现目前事业已基本上完成过去所定目标，就会产生自我满足感，否则会产生工作倦怠感。在专业需求方面，他们往往内心渴望得到教学和研究上的突破，获得进修的机会，与同行进行不同教学经验和成果的交流；在精神需求方面，渴望得到足够多的尊重，取得成就感；而在物质需求方面，需要的多是家庭范围内的福利。

如何给这一阶段的体育教师提供校本之外的高质量培训进修，使他们不断丰富知识体系，提升能力素质，适度降低工作量，以让其有充足的时间精力和动力投入到科研中，提高学术水平，使其向专家、学者型转变，增加其获得感和满足感，追求自我价值的实现，是高校相关部门需要考虑的问题。

## 三、专家型高校体育教师发展特征

教师专业发展的更高层次，就是成长为专家型体育教师。相较于其他阶段的教师，专家型教师所呈现出的一个重要特点就是能够通过自身的理解，对常规教学工作进行评估和反思，并内化成属于自己的教育教学智慧，用来反馈教学、改进教学工作，拥有丰富的专业知识以及有效运用这些知识的专业技能。能用发展的眼光对待体育知识和技能，将体育知识和运动技术的传授转换到对学生身体素养能力的培养，通过运动项目文化和竞赛规则的传授，来促进学生体育学习思维和态度的转变，从而提高体育学习的效果。教学策略更为多样，富于创造性。在体育教学实践与教育反思不断反复的基础上，碰撞出创新教学的火花，善于整合核心素养、学科素养和身体素养，使自身的教育教学水平不断提高。出于对体育教育事业发自内心地热爱，专家型体育教师在实际教学工作中能获得极大的幸福感；人生追求也变得异常明确，就是成为一名真正的教育工作者，将其作为自身的毕生追求，乐在其中的同时且能在专业上不断成长，实现自我的人生价值；在教学实践工作中有较高的自觉性，不仅能够发现其中出现的问题，而且还能通过自我研究来尝试解决问题；在整个教学活动中，对于与学生交流沟通有非常强烈的意愿，希望成为学生的良师益友；同时也能够取得各方面的成功，获得学校、教师、家长、学生等多方面的认可，从而在工作中产生强烈的成就感，成为教师专业成长的无限动力。并且他们能建立起强大的自信心，对工作、生活都有积极的评价。工作上取得的成就转化为自我成长的内在驱动力，提高了他们对自我的要求，也增加了他们对工作的热爱。概括起来，专家型体育教师具有积极的从教情意、合理的从教知识、过硬的从教技能、突出的从教能力和独特的从教智慧等主要特征，具有理论优势和前瞻意识。

在职业生涯的第10～15年期间，普通教师成长为教育专家，拥有丰富的教学经验和极其专业的教学技能，能够解决教学过程中出现的各种问题，而且具有极高的效率，善于对教学实践中出现的问题进行归纳分析；在职业生涯的第15～20年后，他们可以成长为更高层次的体育界“教育人物”，其影响力甚至会覆盖所在学校乃至整个地区，对体育教学改革和发展有着高度的话语权，成为体育学科的地区级教学“领军”人物。但与此同时，专家型教师处于职业成熟期和消退期，想法也呈现分化。一部分教师职业倦怠表现明显，他们在自身发展的需求上明显落后于年轻教师，往往比较满足现状，躺在功劳簿上不愿再从事艰苦的开创性工作，专业行动表现为保守；有一些“教而优则仕”，成名后便担任行政管理职务；还有一部分教师树立了终身发展理念，秉持自由、开放、创新思维，注重专业发展内在品质而非外在形式，其成就感已不仅来自教好书，而是将激发学生学习主动性，培养学生就业成才作为职业信条，有积极从事“传帮带”的想法；个人专业发展也不再局限于教师岗位，而是放眼专业发展、同行发展和行业发展，对教学和学情的研究也颇有层次。学校管理层应加强管理并出台有效的激励制度给予特殊政策让专家型体育教师积极投入对后辈教师的“传帮带”之中，否则只会让这种资源随着退休的到来而白白浪费。

综合以上高校体育教师的三种不同职业发展阶段的特征分析，不难发现新手型体育教师通常处于职业调整期和生存期，熟练型体育教师处于职业发展期和成熟期，而专家型体育教师处于职业成熟期和消退期。他们所关注的焦点存在明显差异，对问题认识的广度和深度发生着横向和纵向变化，有每个阶段不同特质、优势和问题。目前大部分地方高校的体育教师都是在相对封闭的学校环境下，各发展阶段的教师很多都是在孤立无援地独自谋求发展，成长过程缓慢，要打破这种现状，必须有学校层面的干预和支持，才能让处于不同职业生涯阶段的老中青体育教师发挥各自的特长，为高校体育教育事业的发展贡献更多力量。

教师职业生涯的高质量发展是教育事业高质量发展的重要驱动力。成长为专家型教师不是教师专业发展的终极目标。对体育教师专业发展的考量应放在对专家型教师典型的素质结构和行为特征的追求上，放在特定的、复杂的社会和文化背景下对职业问题及相关问题解决的成效上。从生涯发展的视角承认教师在专业发展中的主体地位，转变刻意追求外在地位提升的态度，增强教师的职业幸福感，破解职业倦怠的难题，才能助力真正实现教师专业的内涵式发展。

## 第三节　高校体育教师不同阶段专业发展方式

近年来，教师专业发展研究成果显著，较大地增强了教育行政部门管理和教师培训的实效性，为教师个人成长指明了发展道路，对教师的职业生涯设计提供了有效的指导，加速了一体化的教师教育培养模式的构建和完善。

教育既是一种实践活动，又是一种生活方式，教师的专业发展是教师个体的专业知识、专业技能、专业情意、专业价值观、专业发展意识等专业特性的提升，这些专业特性的提升，贯穿在教师的整个职业生涯。对于以“教书育人”为终身职业的教师来说，整个职业生涯是一个发展变化的过程，不同的阶段面临不同的发展任务。上一节我们已对高校体育教师不同职业生涯阶段专业发展特征、优势与问题进行了详细分析。下面就教师各个生涯阶段的主要发展需求结合以人为本的分层培训理念，探讨不同的职业生涯阶段促进教师专业发展的措施和路径。

## 一、不同职业生涯阶段高校体育教师专业发展的主要任务

### （一）新手型体育教师专业发展的关键：积累实践经验、增长实践智慧

新手型体育教师处于职业生涯进入期，这一时期，教师所面临的主要任务是对实践环境的适应，熟悉教学内容、教学过程、教学对象、教学任务，适应学校环境，积累实践经验，为未来专业发展奠基。同时，新手型体育教师要完成从学生角色向教师角色的转变。所以对于新手体育教师来说，关键是如何通过这一阶段的教学实践，尽快完成所学教育理论与实践的初步结合，在实践中积累经验、增长智慧。

#### 1.确立教师职业目标，树立专业理想

面对全新的工作环境，面对人生角色的转变，一方面，新手型体育教师具有较高的热情和职业理想，对所从事的职业具有一定的新鲜感；另一方面，当发现职业理想与现实存在距离的时候，新手型体育教师容易对自己的职业选择产生怀疑和动摇，有学者称之为现实冲击(reality shock)。因此，在这一阶段，新手型体育教师除了要尽快熟知职业规范和体育课堂教学的基本要求之外，更要确立职业目标，通过岗前培训，师德师风、学风建设等活动培养教师职业责任感，坚定职业信心，树立专业理想。专业理想是教师对成为一名优秀的教育教学工作者的向往和追求，是教师的奋斗目标，是推动教师专业发展的巨大动力，对教师的专业发展具有不可低估的重要作用。树立专业理想是教师职业生涯的第一步，也是教师专业发展的开始。

#### 2.“教育反思”是新手型体育教师专业发展的原动力

教师的专业发展其实质是个体自然发生的过程，许多认识、体会需要时间沉淀，这要求教师具有反思的意识并能时时处于反思状态。“教育反思”是在自然情境下对教师教育工作、生活的日常运作进行思考，要求教师对所发生的事情进行整体的、关联式的考察，这种考察建立在实践的基础上。“教育反思”最

大的特点就是教师在日常状态下将专业发展根植于自身的实践活动。反思使体育教师的教育教学经验不断生成，并获得个体体验，从而将积累的实践经验提升为实践智慧并运用于实践。就体育教师职业而言，运动技能技术并不能成为体育教师专业发展的终极目标，否则优秀运动员就是最好的体育教师。教师专业的特殊性要求教师以"'怎么教'的知识和能力的发展"作为基本出发点。体育课的质量好坏很大程度上取决于体育教师"'怎么教'的知识和能力"，这种"教"的教学知能正是体育教师的专业性所在。"教育反思"将贯穿体育教师职业生涯发展的整个过程，也是新手型体育教师专业发展最原始的动力。叶澜教授曾说过："一个教师写一辈子教案不一定成为名师，如果一个教师写三年反思有可能成为名师。"可见，自主反思有助于教师专业发展，强化自主反思是教师走向专业自主发展的必经之路。具体而言，新手型教师反思的内容主要来源于教育教学实践中最原始的心得、体会等，于教学实践中反思，于运动训练中反思，于体质健康测试中反思，于教育研究中反思，于师生互动中反思，于同伴互助中反思，于以体育人中反思，于立德树人中反思，不断发现、分析与改进现存问题，总结教育经验，并汇聚成文进行再反思，促进自主反思的常态化。因此，写教学反思日志是新教师专业发展的最基本有效的手段。

3. 积极参与校本教研，学习先进经验

积累实践经验、增长实践智慧不仅仅是个人体验的反思，对于他人经验的间接感受与反思也是促进新手型体育教师专业发展的有效途径。新手型体育教师专业发展的传统方式就是"传、帮、带"，这就要求以学校为基本场所，课堂为主要阵地，基于教学实践的校本教研为此提供外在平台。校本教研充分利用学校本身的优质教学资源开展校内培训、研修、新老帮带、教学观摩、教学研究等活动，便于新手型体育教师向他人学习并吸取他人经验，并且在这一过程中可以密切新手与其他教师之间的关系，校本教研以伙伴合作为主体，形成学习型组织，建立良好的人际网络及情境，为新手型教师专业发展创造良好环境。

**（二）熟手型体育教师专业发展的关键：克服职业"高原现象"**

经过长期的教学实践后，经验得以积累，教学智慧逐步生成，职业理想与现实之间的矛盾变得日益缓和，教师进入了职业发展稳定期，被称为熟手型体育教师阶段。这一阶段的教师具备较高水平的教学技能与技巧，初步形成自己的教学特色和教学风格，并通过教学实践达到自我实现；教师的职业目标基本明确，专业理想提升为职业信念，具有切合实际的职业期待。然而，体育教师同时会产生这样一种感觉：接受新知识、新挑战已感觉吃力，甚至有些麻木；满足于自身职业的日常状况，不思进取，带有明显的职业倦怠倾向，这便是“教师职业高原现象”。专业发展的懈怠、职位晋升的迷茫、决策成就感的缺失，是直接造成民办高校体育教师职业生涯高原现象产生的主要原因。“高原期”是专业发展过程中一段相对平寂、止步不前的时期，能否突破高原期是熟手型体育教师专业发展的关键。

1. 为体育教师提供职业咨询帮助

体育教师专业发展，需要教师具有内驱力、毅力和持久力，更需要具有自主专业发展目标、途径和策略，要在创造自己人生价值的基础上，提升教师专业素质，在体育教师专业发展奋斗中，追求体育教师的职业目标。有条件的高校可成立职业咨询部门，对教师实施系统的、长期的援助，为处于职业高原期的体育教师与咨询专家进行交流提供场所。教师的职业情感和职业成就感是维系教师和学校关系的桥梁，在教师职业生涯高原现象形成的过程中起到至关重要的作用。通过与专家等外在相关人员的沟通和情感上的交流，讨论自己面临的问题，寻找应对策略，教师能体验到学校的温暖和关怀，提高自我价值的认同感，增添对工作的热情和战胜职业困境的信心。还可以使体育教师获得身体与心理上的放松，摆脱负面情绪的干扰，提高其工作绩效。职业咨询专家协助教师根据发展现状，重新确立现实的职业生涯目标，判断职业生涯目标的合理性，寻找达成职业生涯目标的差距，制定切实可行的实现职业生涯目标的新计划。使个人的专业发展目标、努力程度，与学校提供的条件与机会的最佳配合。帮助体育教师实现高层次发展需要，挖掘体育教师自身的潜能，有助于体育教师消除职业倦怠的“高原现象”，增强实现专业发展目标的自觉性，同时有助于教师抓住主攻重点，少走弯路，增强专业发展成功的概率。高校也要帮助广大体育教师树立终身学习的理念，坚定信念，增强职业认同，把体育教学看作是一门具有较高社会地位、社会价值和个人意义的专业，将体育教学从一门相对稳定的职业、一种谋生的手段提升到为学生的终身健康服务的事业的高度，增强专业发展内驱力。让教师认识到他们现有的知识和经验难以面对未来的发展，必须在整个生存期间不断地更新知识，改进技术，提升专业技能，才不会在职业“高原期”止步不前。只有以良好的工作态度与钻研精神，在教学、科研、训练中勤奋工作，努力探索，才能实现自己崇高的专业发展的理想。

2. 适度竞争，增强熟手期体育教师发展动力

高校具有相对独立性和封闭性，竞争意识与社会发展还有一定差距，如果学校过于强调体育教师队伍的稳定，会在某种程度上造成教师缺乏职业危机感，造成“谋生型”体育教师对自己的专业发展目标定位不高；加上突破高原期需要不断充实和调整知识结构，确定新的职业目标，这需要长时间艰苦的劳动及坚强的意志，所以必须给体育教师一定的外在压力，让教师产生危机感。激励制度能够增加教师之间的竞争性，但反对过度竞争，过度竞争容易降低教师忠诚度。同时，要正确认识教师职业生涯中存在的“职业高原期”现象，优化学校工作环境，给体育教师提供展示自我的平台，改革教育、教学评价体系，建立有效的教师发展激励机制，借助外在评价机制敦促体育教师坚定信念，矫正发展中的浮躁、焦虑等不当情感、态度与价值观，激发体育教师的自我发展需求，给其更多的环境支持，调动教师主动进取的积极性，防止教师产生疲惫和厌弃的心理而陷入职业停滞。高校体育教师的发展依赖学校，学校的激励方式左右着教师的前进方向，如果与自身的需求、优势和职责结合起来，更利于将来发展。优化人力资源，将有才能的人安置在适合的位置，发挥每一位体育教师的积极能动性，发挥体育教师的潜能和创新能力，进一步重视体育教育对学生综合素质的养成的密切关系，克服体育教育的“边缘化”。赋予教师更多的专业发展自主权和自由度，倡导教育教学研究，提供参与学校决策的机会，建立平等对话制度，引导教师参与学校管理，让教师从工作中找到责任感、使命感和自身价值，并使之成为促进教师职业发展的动力。从普通高校体育教师专业的发展目标出发，构建发展性评价指标体系，包含教师素质指标、职责指标和绩效指标等评价目标，使体育教师充分了解学校对他们的期望，同时满足体育教师的个人发展需求，从而促进体育教师专业的未来发展。

3. 鼓励熟手型体育教师接受继续教育

职业“高原期”的教师存在一定程度的倦怠情绪，这种情绪如果难以在工作岗位上克服，则可以通过教师外出学习、交流获得一定程度上的缓解。一方面，学校要创造体育教师专业发展的支持条件。随着知识经济、信息化时代、人工智能时代的到来，新知识、新观念、新技术层出不穷，教育改革也不断深入发展。广大体育教师也必须克服时间、经济、身体及精力等方面的诸多困难，尽最大努

力丰富和发展自己。高校体育教师专业发展主要形式是实施与专业有关的继续教育、培训和参加学术活动，鼓励教师申报承担各类课题，积极支持教师参加各类学术交流活动等。减轻教师工作负担，使教师有更多时间和精力去学习、去思考、去探索，更新知识，使教师的劳动真正成为具有创造性的脑力劳动，提高业务能力和教育教学质量。对于以教学为乐，喜欢和学生在一起，基本不从事教学研究和科学研究的"快乐型"教师，要帮助其树立终身学习理念，加强学习，建立适应教师发展需要的培训工作机制，加强实践，注重专业反思和创新能力培养，避免边际效应。鼓励和支持教师外出参加研修性的理论学习与培训，进行各类教学观摩学术交流活动，通过观摩和学术交流，开拓教师的视野。另一方面，要从全员培训的实际出发，结合地方课程和校本课程的开发建设，以校本培训为主要形式，唤醒教师的个体意识和教书育人的荣誉感与责任感，激发教师进行专业发展的自觉性。通过多种形式的培训进修，采取定期与不定期、短期培训与长期进修、校内与校外、国内与国外培养相结合的多种培训模式，引入外部前沿信息或先进专业资源，既提高了教师的理论水平，丰富了教师的实践经验，同时又使教学活动规范进行，连续运转，将有效克服教师专业发展的障碍。最后，高校要重视教学团队建设，提升体育教师群体专业素质。一是高度重视以课程建设为平台的优秀教学团队建设，旨在通过团队合作机制，改革教学内容和教学方法，开发教学资源，促进教学研讨和教学经验交流，推进教师队伍的"传帮带"，提高教师的教学水平；二是高度重视以专业理论建设为平台的学习型教师队伍建设，旨在建构一个能熟练地创造、获取和传递知识的组织，创建团队氛围，提高体育教师的理论水平；三是高度重视体育教师改善学历层次结构，把引进高学历教师与提高现有教师学历结合起来，鼓励体育教师在职攻读研究生或专业学位，提高整体教师队伍学术水平。

**（三）专家型体育教师专业发展的关键：以科研为途径，专业自觉成就自我**

当体育教师最终追求摆脱"高原期"的麻木之后，中青年教师就会继续成长，他们的学识不断丰富，教学监控能力和反思能力进一步提高，已经完全掌握了教学的主动权，他们开始由固定的、常规的、熟练化的工作进入到探索创新阶段，在教学实践中能够不断发现问题、提出问题，对自己的教学经验进行科学理性的思考，逐步形成富有个性化的教学模式，教学活动、实践活动等方面有了自己独特的稳定的表现。专业扎实、基础知识丰富、懂得教育教学规律、富有教学经验和教育机制、能灵活高效地解决教学种的各种问题，且教学富有成效和创造性，能够成为其他青年教师特别是新手型教师效仿的楷模。

在教育科研上，他们开始总结自己的教育观点和教学经验，并能写出具有一定见解的教育教学论文，在不断开展科研的过程中使研究能力达到自主发展的地步。专家型教师的专业发展在于以科研为途径，实现自主发展为最终追求。自主发展从某种意义上说是所有教师专业发展的终极目标。自主发展意识也是专家型教师基于现实的需要，对照阶段任务而形成的自己发展目标的系统化、理论化的认识，是教师自觉的专业发展规划意识，是一种规范化的精神追求，也是教师最终完满实现专业发展和自我实现的基础。这是一个与主体性密切相关的复杂过程，要经历从认知到实践、再到反思并最终内化的复杂过程。因此，自主发展意识是教师专业发展的本质所在，它对于专家型教师不断自觉地促进自我专业成长至关重要，是教师自我专业发展的内在动力。学校要创造条件，鼓励和支持专家型教师继续自我唤醒，形成宽松的氛围，尊重教师专业自主发展的权利，激发教师专业发展的持续自觉性，从专业发展意识的“本我”或“自我”层面，走向把专业发展“内化于心，外化于行”的“超我”层面。

对专家型教师而言，以长期积累的实践经验、形成的实践智慧为基础，通过教育科研将这些教学实践经验和智慧提升为系统的理论知识，形成个体的教育哲学，进而使教学型专家继续成长为体育学科领域的研究型专家、学者型专家、卓越型乃至教育家型教师。Boyer 在《学术水平的反思》中提出，学者必须具备四种学术能力。一是探究学术，能力学者应具有发现问题和探究问题的意识，特别是高校教师应针对教育科研过程中所存在的问题进行探究学习，不断地深入反思。二是整合学术能力(Scholarship of Integration)，学者要有灵敏的资源判断能力，及时洞察市场的最新技术需求，能够识别对市场发展最有利的教育资源，获取相关教育资源，根据自己的专业背景进行教育资源整合、配置和运用。三是应用学术能力(Scholarship of Application)，指的是高校教师把自己的学术研究成果转化应用到实际的教育工作中去的能力。四是教学学术能力(Scholarship of Teaching)，指教师所独具的传播知识、培养人才、教书育人的能力。对此，国内做过许多相关研究，如田杰建议借鉴美国高校实行的教授终身制，努力培养科研骨干教师和学科带头人，并从人才引进和在职培养两方面采取措施打造一支高素质的教师科研队伍。熊坚建议优化科研管理制度和激励机制，制定科学的评价体系；注重校企合作，为地方培养应用型人才；构建科研共同体，提高科研工作效率；利用高校自身的优势资源，建立科研共享交流平台，进一步提升教师综合研究能力。顾玉军提出“科研能力提升”培训助力教师走向校本教研之路。建议学校和专家型教师可以从基础研究能力、应用研究能力、学术交流能力、协同创新能力、成果转化能力、国际科技合作能力、团队写作能力等不同方面，结合学校类型和体育教师个人实际情况打造教育科研共同体，创新教育科研模式进行发展提升。除此以外，可以通过担任导师等角色，带领扶持后辈发展，开办专题讲座、经验分享交流会、公开课、观摩课等，分享其专业发展智慧，继续发挥引领作用，借助榜样的作用带动学校体育师资队伍整体教育教学、科研能力的提升；通过各种途径，如通过加强体育学科学术研究，参加高端教育科学论坛、学术会议，撰写科研论文，出版书籍，举办讲座，与地方合作，等等，积极推广体育文化，为体育学科争取更多的学术话语权和更高的学科地位，在教学、学术科研和服务社会方面做出自己的积极贡献，提高体育在社会上的地位和影响力，达成人生价值的最大“自我实现”。

## 二、不同职业生涯阶段高校体育教师培训方式

“坚持以人为本，树立全面、协调、可持续的发展观”是我国各项事业的指导方针，体育教师专业发展作为国家教育事业的有机组成部分也应该以此为指导思想，从而促其成功转型。“以人为本”也是教师教育分层培训模式的中心思想，选择教师培训方式应该以不同专业发展阶段教师的现实情况以及需要为依据，在把握高校体育教师不同职业生涯发展阶段特征和主要发展任务的基础上，开展有目的、有计划性的教师教育，实施不同发展阶段的教师培训，最大限度地提升教师专业发展水平。作为体育教师的继续教育，应以具有高尚的道德情操和思想品质、良好的身心素质和扎实的体育技能、严谨的教学态度和工作作风、提高教学组织能力等，作为继续教育的主要价值目标。

### （一）新手型体育教师培训方式

在技术理性的指导下，新手型体育教师的培训，要强调教学方法与技能的学习，注重培养教师作为一个执行者的角色及其能力，主要可以采取让高校体育教师进行观察、模仿并实际操练的方式来进行；为破解教学实践难题寻求解决办法、以增加教学经验为重点。基于交往理性、实践理性的需求，在培训中以

问题为出发点，强调教师作为实践者的角色及其能力的培育。可以通过提供与主题相符的、形象生动的案例引发其思考，并采取让小组合作的方式进行讨论。培训者也可以围绕具体出现的问题进行实践指导。

尽管规范的入职培训存在许多优势，但倘若过于注重统一的模式和规则，认可传统方式方法，将对新体育教师的个性化发展产生消极影响。要在灵活和信赖的环境下寻求适宜的教学方法，提升教师的专业自觉性。作为新教师既要尽快熟知基本体育教育教学要求，也要全力维护自身的独立探索精神，逐渐形成适宜的个性化教学模式。

### （二）熟手型体育教师培训方式

熟手型体育教师的培训应当以交往理性、解放理性为思想引领，以反思、整合实践经验为核心手段，着重培养教师作为反思者角色的能力。关注体育教师身心健康和发展权益，促进教师通过线上线下相结合、自主学习与几种培训相结合等多种方式培训，实现自主选学机制和规定学习模式相结合、自主探索与小组合作相结合，可采用项目引领，任务驱动的模式，提高教师钻研能力，实现真学实做，将培训成果转化为教师发展能力，促进教师个性化成长。

为持续提升教学的成就感及专业素养，教师务必要形成对自己的教育行为进行批判性提问的习惯，以突破自我。具体而言，可以采取案例反思研究的方式为开端，逐渐地转变为自觉的“反思实践者”。第一层面是个体性的反思行为。作为最关键的一类反思行为，特指教师自觉、自发的一种反思行为，它要求教师力争做到以课改中的先进理念为总体思路，结合实践问题、有关事件以及亲身感受的经验教训，及时地调节教育策略、教育观念。例如，由于现有条件设施相对简陋，学生人数太多，师资缺乏等因素，使一些与新课程标准相适应的更新的组织形式难以实施。体育教师在现有的条件下寻找符合实际的组织方式，使新课程标准的功能得到最大限度的发挥与运用。又如处理教学中的偶发事件时，教师如何准确迅速地做出判断，根据具体情况见机行事，妥善应变。这种反思的前提条件在于教师处于长期的实践历练之中，并在反思基础上提取精华，上升高度，形成教学的智慧。第二层面是群体性的反思行为。群体性的反思行为指以教学实例评析为载体组织群体共同参与的反思活动。在反思中，群体成员就案例各抒己见，发表观点，在实践性反思的基础上进一步追问隐含在教育教学目标及过程背后的假设。包括关注教育所存在的道德、伦理和社会的背景，以及就解决问题的方法相互探讨，相互沟通，产生思维与想法之间的碰撞，相互借鉴有益的经验、想法，并将其转化为自己的教育行为，提升自身教育观念、教学能力及反思能力。整体而言，循着“实践—认识—实践”这一循环往复思路，持续地突破创新，促进体育教师专业成长，确保体育专业的可持续性发展。体育教师一旦形成主动自觉的问题意识、反思思维方式，就能学会梳理经验及建构自己知识框架的方法，能在教学实践中主动运用所学的反思思维方式不断解决实际问题、认识和理解自我及教育，并不断实现自我完善。以更丰盈的知识储备和更积极的精神风貌从事体育教育教学科研，全身心投入到立德树人的体育教育事业中去，克服职业倦怠。逐渐成长为一个自觉的、能动的、批判的和探究的教育实践者，甚至成长为一名引导者，从而去唤醒更多的青年学生和青年体育教师。

### (三)专家型体育教师培训方式

对专家型体育教师的培训要以交往理性、解放理性为价值引领，以创建教育教学理论和深化总结经验为主要内容，着重培养教师作为创造者角色的能力，应采取以教研作统领，以研修作主体的培训方式。

专家型教师主要是以高水平“教”的能力为标志的。知识经济的时代的发展、追求更高目标的学校以及不断追求进步的个体均亟需一批集高水平知识、高超技能于一身的专家型教师。首先，树立终身学习观。教师不仅要学好自己的专业知识，更要具有广博的科学知识。其次，擅长做科学研究。通过多样化途径增强科研能力，在实践中不断探究，不断斟酌，形成坚决的教研意志，主动将研究与教学而相融合；钻研教育研究方法及理论知识，自觉地在研究中应用。最后，善于创新。是否具有创新性是区分教育家与教书匠的主要标志。作为一名教师不能只做知识的传声筒，要有开创新思想、新教学模式、新教学方法及新教学内容的信心和决心，潜心研究，巧妙地融合新思想、新观点及新方法，将其应用到深化思维结构和更新工作形式中去，成为一名教育家。

综上所述，不论处在何种职业生涯阶段的高校体育教师都要明确体育教师专业发展应以教师为中心，以内驱力为主导，在复杂的动态环境中通过终身学习和规划，实现教师专业技能之知情意行的提升及与外部和自我的和谐。职后教育培训需要关注动态交互，回归生命历程。体育教师专业发展并非处在物理时间的固定序列中，而需要考虑个体生命阶段、家庭生命周期、组织动态、自然社会环境的演化与专业发展的交互影响，考虑体育教师专业发展的动态本质、教师队伍结构的调整变化、早期教师的可能性流动、女性教师的伦理关怀，等等。总之，对于不同成长阶段的高校体育教师，学校应给予个性化的专业发展关怀和支持，不断完善教师专业发展的激励机制和支持体系，帮助高校体育教师勇闯教学关、科研关、育人关、职务晋升关和生活条件关，提高体育教师自我发展的积极性，不断探索教师体育教学工作与专业发展之间的平衡，帮助体育教师制定适合自身发展需求的专业发展规划，使体育教师胸中有大局、奋斗有方向，找准发展定位，树立坚定的职业理想信念。支持高校教师通过职后教育不断发展和完善核心素养，把体育教育的继续教育与其学习和研究、创造和发展同社会需要和自身主体的建设结合起来，努力实现社会价值和主体自我价值的统一。踊跃投身教育创新实践，切实提高体育教育教学质量，提升利用自身专业进行教育科研的能力，以及为地方经济发展培养人才，献计献策提供服务的社会服务能力，朝着“四个相统一”“四个引路人”的“四有”好教师的方向潜心教书育人，成就自我，最大程度实现自我人生价值。

# 第五章

# 高校体育教师专业发展有效路径研究

## 第一节　明晰高校体育教师专业发展方向

### 一、价值取向的含义和作用

#### （一）价值与价值取向概述

马克思曾指出："'价值'这个普遍的概念是从人们对待满足他们需要的外界物的关系中产生的。"这表明，价值形成源于主体需要，价值形成的条件是客体具有满足主体需要的属性，价值的实质是在实践的基础上主客体之间需要与满足关系的不断生成，是主体和客体之间相互作用的某种结果。主体的需要与客观自身的属性是构成价值的两个基本前提，价值所反映的是两者之间满足与被满足的关系和程度。价值观与价值取向是受众多人文社会学科重视的重要问题，在教育学和心理学领域里对价值取向的研究由来已久。对于价值取向的本质认识，当前研究中主要有"心理倾向说""客观标准说"和"行为趋向说"三种观点。"心理倾向说"认为，价值取向是主体在需要的驱使下，在价值选择时表现出来的一种心理倾向性。如"价值取向指主体在价值选择和决策过程中的一定的倾向性"。"客观标准说"认为，价值取向是主体在价值选择时共同遵守的客观标准。如"价值取向是内化于人们意识之中的公认的判断事物的标准。它决定着所有具体的外在行为准则之间逻辑上的一致性，使人们在具体的文化场景中做出'正确'的选择和判断，它也是文化的核心"。"行为趋向说"认为，价值取向是价值主体在价值选择过程中所表现出的行为趋向。如"价值取向就是人们在一定场合以一定方式采取一定行动的价值倾向"。

价值取向与价值观有联系又有区别。价值观是“一种外显或内隐的，有关什么是‘值得的’看法，它是个人或群体的特征，它影响人们对行为方式、手段和目的的选择”。而价值取向则“在一个有关‘值得的’看法背后，是一整套具有普遍性的，有组织的构念系统，这套构念系统是有关对大自然的看法，对人在大自然的位置的看法，人与人的关系的看法以及在处理人与人、人与环境关系时对值得与不值得做的看法”。价值取向一般认为具有动机功能，对个人和群体的行为、态度具有评价、规范、禁止和指导的作用。

**(二)体育价值取向是教育价值取向的构成部分**

体育价值问题在20世纪80年代成为体育教育理论界的热点，从理论渊源上看，可以说是哲学价值论在学校体育理论界的延伸，但更主要的是对人的发展，社会进步的回应。“体育价值是体育对主体所呈现出的意义，既有静态的体育价值现象，也有动态的体育价值冲突和体育价值变迁；既有手段性体育价值，也有目的性体育价值。”由于时代的变革，社会的转型，社会需求和学生的需要都发生了变化，因此必须重新审视学校体育价值。学校体育价值必须以学生的生成为终极目标，从学校体育对学生、对社会的“意义”“需要”，学生和社会的“接受”“满足”出发。但是根据教育的规律，学校体育受社会政治、经济、科技、文化的制约，并为其服务，这决定了学校体育应该具有其社会价值。学校体育的个人价值和社会价值是相互联系、相互依存的。

体育价值取向属于教育价值取向的组成部分，实质上就是从事学校体育工作的体育教师的教育价值取向。一般意义上的教育价值取向是“教师所具有的一套关于教学内容、教学方法、教学进程的信仰体系”。美国学者在20世纪80年代对体育教师的体育价值取向进行了深入研究，确定了体育价值取向的内容是体育教师关于体育课程的目标、内容和方法取舍的有序观念。他们还以教育价值观和信仰在体育课程决策中的作用为理论框架设计了体育价值取向量表，对体育教师进行测试，发现体育教师确实有自己的教育价值偏好和与其价值偏好相一致的课程目标及教学行为方式。个体的信仰和价值观对行为具有重要的调节作用。因此，体育教师的体育价值取向将决定其认同和确定什么样的体育课程教学目标，选择什么样的教学内容，采用什么样的教学方法，最终期望学生学到些什么、得到什么样的发展。

## 二、体育价值取向的内容分类

体育价值取向被确定为一套有结构的信仰体系，在体育领域中这样的价值取向是多样化的。目前关于体育价值取向内容的研究多是在教育价值取向内容的框架中开展的。国外有研究人员研究确定了五类教育价值取向：①知识技能传授和掌握的取向；②培养学生运用知识技能能力的取向；③促进学生成长和个性发展的取向；④培养学生认识和改造社会的意识的取向；⑤兼顾个体、集体需要和课程要求的取向。

各类体育价值取向将决定体育教师在体育教学中采取与其价值取向偏好相对应的教学策略的行为方式。在体育教学中，培养学生运用体育知识技能能力取向和体育知识技能传授的取向都强调运动技术技能本身的学习及其学习能力。其中，培养学生运用体育知识技能能力取向更强调体育知识、技能的独立学习和运用。在促进学生成长和个性发展取向中，运动技能和体能发展不是目的，而是作为手段，通过精心组织各种活动使学生体验成功感。在这里，发展个性是通过为学生创造愉快、成功的运动机会来实现的。而兼顾个体、集体需要和体育课程要求的取向强调尊重学生的独立人格，使其达到个体、集体需要和体育课程要求之间的一种平衡。

## 三、新时代学校体育的价值取向

在不同历史阶段，学校体育价值取向不是孤立存在的，而是随着政治、经济、文化发展变化选择形成的，具有鲜明的时代性、特殊性，且随着时代的发展不断地进步和完善，最后回归本真，呈现出从单一取向到多元取向的发展演变，更加注重人本主义的教育价值观和关注学生生命意义的实现。追根溯源，学校体育价值取向是时代对教育的期望，受限于政治、经济、文化影响，在遵循社会、学科与人的发展诉求中，呈现螺旋上升的发展态势。培养什么人和如何培养人成为新时代背景下教育面临的首要问题，而不同的教育价值取向决定着未来教育的发展方向，对教育的本质、目的、内容等多方面产生重要影响。

尹作亮等通过回顾建党百年我国学校体育经历了民族主义价值取向、功利主义价值取向、工具主义价值取向和人本主义价值取向的变迁历程，指出社会的发展是学校体育价值取向选择的根本遵循、学科的发展是学校体育价值取向发展的内在动力、学生的发展是学校体育价值取向考量的重点内容等特征。提出新时代学校体育的价值取向四条路径选择：①应贯彻“立德树人”的价值取向,满足新时代对教育的诉求;②围绕“四位一体”的学科目标,实现学校体育本位价值;③以“核心素养”作为价值引领,推动学校体育课程改革;④践行“以体育人”的本质属性,推进体教深度融合发展。

## 四、体育课程价值取向对大学生和体育教师的影响

### (一)体育课程价值取向对大学生的影响

课程价值取向是指课程价值主体按照当前的认识水平,以一定的客观价值标准为依据,在课程价值实践过程中表现出的心理倾向与行为趋向。课程价值取向主要有知识本位、社会本位和学生本位三种类型。课程价值取向随着时代发展而变化,其趋势是既要满足社会现实和长远需要,又要促进学生个性化、全面化发展,大学体育课程的价值取向也要遵循同样的逻辑。首先,在过去较长时间内,体育课程仅注重知识技能本位,以发展学生体质和提高技术技能为目的,将体育教育建立在体育知识和技能发展的逻辑上,而忽略了人的自由全面发展。其次,大学体育课程的社会本位思想浓重,以满足社会总体需求作为课程价值的基本取向,体现着国家意志的统一标准较多,难以做到以人为本、以学生为中心,不利于学生的个性化发展。最后,还有部分高校开设体育课程仅仅为了满足学生的学分要求,甚至将体育课程的学时压缩,高年级阶段几乎取消了体育课程。由此看出,目前部分大学体育课程的价值取向发生了异化,没有充分体现人的主体性和能动性,难以健全学生的人格发展。从人的全面发展来看,罗素认为,有四种特质共同构成了人的理想性格的基础,它们是活力、勇气、敏睿和智慧。这些特质可以通过有效的体育教学而获得,正是学校体育教育的价值体现。那么采取什么样的体育课程才能达到这种效果,则是体育课程改革的主要研究课题。从根本上讲,体育课程要结合时代和人的发展需求,切实把握好体育课程的价值取向,这是顶层设计和政策制定的依据和出发点。

### (二)体育课程价值取向对高校体育教师的影响

学校体育课程实施是在一定条件和方法下,体育教师能动地传授课程内容,调动学生学习积极性,以实现课程教学目标的过程。课程实施的一个核心要素就是教师主体,教师是掌握教学方法、了解教学对象需求、制定课程实施方案的主要创造者。因此,必须要重视体育教师专业成长,加强体育教师业务素质,提高教师团队协作能力,促使体育教师从“能手型”发展到“智慧型”,从而最

终提高体育课程实施的效果。

首先,体育教师要加强体育理论素养,用发展的眼光对待体育知识和技能,要整合核心素养、学科素养和身体素养,完善体育课程体系。其次,体育教师要将单纯的体育知识和运动技术的传授转换到对学生身体素养能力的培养,通过运动项目文化和竞赛规则的传授,来促进学生体育学习思维和态度的转变,从而提高体育学习的效果。最后,体育教师要具有跨学科思维的教学理念。从传统体育教学观看,由于体育课程价值取向的局限性,体育教师较注重实践教学技能的提升,体育教师发展局限于专业技术技能的提升。而当课程价值取向随着时代的发展发生了变化,体育教师却因没有跨学科理论视野,不能整合相关学科知识和运用现代科技来促进体育课程教学,从而无法保障高质量的体育课程教学效果。

“教育的过程实质上是不断提高个体生命质量的过程,生命教育应成为教育的永恒主题。”人是活动的生命体,对人的教育最根本的就是生命教育,生命教育是培养学生提高生命意识、发展生存能力、实现生命价值的过程。体育教育是一种生命教育的有效形式,它注重人的生命活力与张力,增强人的意义世界的建构,实现人的终身发展价值。体育教师要注意教学要从简单的生理生化指标、技术技能指标以及课程学分或绩点指标的“指标性”要求转向为注重学生内在“生命性”的培育。一是要注重学生的身体体验性。教学内容的设置应当让学生能够体验到运动的强度以及参与过程的“热度”。应尽量设计具有竞争性和协作性的内容,增强学生的学习动机。二是要发挥学生的主体能动性。教学内容安排应尽量调动学生的积极性和主动性,让学生主动参与建构课程内容,改造相关课堂教学内容,使学生发挥主体能动性,提高体育学习效果。让学生融入体育,喜欢体育。三是尊重学生的个体差异性。学生的个体差异是生命存在的特殊性,要充分考虑到学生的这种差异性,完善教学内容以满足学生的多元化需求。在实践中,可以从身体差异、能力差异和兴趣差异等方面入手设置体育课程教学内容。将身体体验、能动性发挥和个体差异性有机统一,以增强课程内容的“生命性”,从而培养学生的身体素养,促进学生完整生命价值的实现。

### 五、体育教师的价值取向对学生体育课程学习的影响

学生能在学习中“建构”出什么样的意义,直接受教师的言行的影响。如果

学生总是体验到强迫、被动和失败的不愉快，则他们必然会不喜欢体育课，从而关闭意识中的学习通路，只是机械地完成规定的任务，甚而连规定的任务也会逃避。国外有关资料显示，教师的体育价值取向在长期的教学过程中通过教学行为方式为学生所体验。学生年龄越小，体育教师对他们学习体验的影响就越大。中小学阶段，学生对体育教师的印象就代表着他们对体育课程的体验，学生们也许还记得学过的那些内容，使用过的器材设备，活动的形式，但他们体验最深的是体育教师的教学风格和行为方式。因此，可以说学生对体育课程的知识及意义的“建构”是从对体育教师的人格特征体验作为起点的。

以高校体育教学为例，要想实现高校体育价值取向，一定要高度重视发挥大学生的主观能动性，应将互动教学作为重要的体育教学策略。但部分体育教师在开展体育教学的过程中，没有将互动教学作为重要的教学方法，导致大学生的参与度不强。有的体育教师在开展体育教学的过程中，不注重运用科学的方法和策略；有的体育教师则不注重坚持“以人为本”，在体育教学的过程中缺乏对培养大学生核心素养的科学设计和安排，如不注重将体育教学与培养大学生文化素养、团队精神、吃苦精神、思想政治素质进行有效结合等，不注重将“教、学、做”一体化应用于体育教学中，传统的灌输式教学方法仍然占据主导地位，大学生的积极性、主动性和创造性无法得到有效的发挥；有的体育教师则不注重培养大学生的学习兴趣和自信心，如不注重“分类教学”的应用，不能根据不同大学生的不同情况进行有针对性的教学，且在教学评价方面也缺乏针对性和特色等；有的体育教师不注重将理论教学与实践教学、体育训练与技能教育等紧密结合起来，大学生的体育核心素养受到较大的限制。所以说，体育教师的体育价值取向及相应的行为方式对大学生关于体育课程学习意义的领悟、体育核心素养的培养和终身体育锻炼意识的养成具有不可忽视的影响。

## 六、从价值取向看高校传统体育教师专业发展的局限性

### （一）过于强调“忠实执行”的局限性

以往的体育课程观，多强调课程实施的忠实执行取向，要求体育教师严格按照课本和教学计划的既定安排执行教学任务，至于课程的设计理念是什么，课程内容选择的标准和编排方式等并不需要教师进行太多的思考。体育教师被禁锢在课程或者教材的内容和框架之下，未对学科知识进行深层次的理解和分析，习惯于照本宣科，只考虑教师如何教，不设计学生学习的过程，在教学中

缺少互动，成为“一言堂”。体育教师若无法享有体育课程中关于学习目标、内容和方法的决策上充分的自主权，会促使其成为一个被动的“中转站”，只负责把专门设计的体育课程内容根据专门的要求转达给学生。当教师只起“中转站”作用时，体育课程的目标、学习内容和方法是由外部力量决定的，体育教师的教学特征是被动的，完成任务式的。教师为了完成教学大纲规定的教学内容，不得不把主要精力集中在技术传授和技能提高上，而学生锻炼身体的能力则服从于对技术细节的掌握。教师自己的教育价值取向就得不到展现，或者即使展现了，也会被外部力量所抑制。教师失去了教师职业本来应该具有的自由创造性，学生成为机械式标准化教学模式的标准化产品，丧失了对体育的主动“建构”机会。教学显得死板沉闷，学生的活动也处于被动的状态，缺乏师生、学生与学生之间的交流与对话，教与学不能良性互动，忽视了学生的道德、心理、认知、交往等目标的培养。

这种“忠实执行”的倾向不仅会影响日常的教育教学工作，也会作用于教师的专业发展领域。具体而言，就是在体育教师专业发展的过程中，从观念方面来看，多要求教师完整地再现课程，而不是根据自己的经验或者意愿改造课程；从内容方面来看，多要求教师要重视对既定教材、教学大纲的反复研读，要非常熟悉大纲中所规定的教的内容、教的方式、教的进度；从能力方面来看，多注重对教师教教材、问教材、考教材能力的培养，强调体育教师在教学中能准确、高效地向学生传递大纲规定的体育知识和体育技能。这种体育教师的“半专业属性”不仅不能实现有效的体育教学，而且还让体育教师专业发展缺少实现的可能性。

基于“忠实执行”观念的体育教师专业发展价值取向，让体育教师的独立性、个性、创造性都无法发挥和张扬，“体育教师和学生在课程与教学中的主体地位的丧失，不仅否定了教学过程中知识的主观属性，也否定了教学过程作为师生共同的生活过程和人生过程的现实性，而且最终把教学过程窄化为‘教教材、学教材、考教材’，甚至滑入‘考什么，教什么；教什么，学什么’的怪圈”。另外，由于缺少专业自主，导致师生的主体意识缺失，体育教师的专业发展的意愿和能动性也会被逐渐削弱，其专业发展经常会陷入“被人推着走”的尴尬境地。反之，如果尊重体育教师的专业地位，赋予他们在课程、教学方面较高的专业自主权，使其不仅会教课程，而且会设计、优化课程，能够将自己的意识和观念真正引入课堂，会在一定程度上解决体育教师专业发展动力不足的问题。因此，基于自主，激发主体意识，注重个性、倡导自觉的专业发展取向，是新时期体育教师专业发展应坚持的一种基本取向。

**(二)过于强调“运动技能”的局限性**

长时间以来，学校体育实践中一直存在着“体育”与“教育”的争论，前者主张以“体育”为中心，强调体育知识、技能在体育课程中的重要性，认为体育课的目的就在于对体育知识和技能的传授，后者主张以“教育”为中心，强调体育活动的教育价值，认为体育知识、技能是体育课中达成“育人”目的的手段而非目的本身。

将“运动技能专业化”作为体育教师专业发展的价值取向，是当前部分体育教师培养和发展的主流。体育课特别是大学生体育课，作为一项区别于其他专业课程的特殊课程，其培养目标应区别于专业课程，这是人们的共识，但对于教师专业与否的评价却更加趋向于“运动技能”决定论，即专业的体育教师应该具备一项以上较高水平的运动技能。当前我国体育教师培养以及体育教师招聘中仍明显体现“运动技能”导向，在体育师范专业的教学培养过程中，对学生的培养重点强调技术的熟练掌握和动作的规范性，对于学生的考核主要考核动作完成情况，而对于学生是否能够在教学中合理运用，是否能够熟练运用技术组织教学缺乏足够重视；在体育教师的招聘中，招聘学校对体育教师招聘的首要标准往往都是运动技能水平，甚至直接将运动员等级作为招聘条件，因此一些其他专业的体育特长生在招聘中更具有优势。体育教师专业化的“运动技能”取向，对体育教师专业化发展具有明显的局限性，它将体育教师局限于学科专业化却忽视了职业专业化，并且将学科局限于单纯的运动技能也是非常狭隘的。体育教师教育专业化的“运动技能”取向显示出我们的体育教师只是具有学科专业化却不具有职业专业化的群体，而且是一种将“学科”局限于“运动技能”的狭隘的学科专业化。

对这一问题的辨识，可从明确学校体育和体育课程的概念着手。根据《学校体育教育手册》对学校体育给出的定义，“学校体育是指在以学校教育为主的环境中，运用身体运动、卫生保健等手段，对受教育者施加影响，促进其身心健康发展的有目的、有计划、有组织的教育活动”。

教育部2002年发布的《全国普通高等学校体育课程教学指导纲要》中在

“课程性质”中明确说明:“体育课程是大学生以身体练习为主要手段,通过合理的体育教育和科学的体育锻炼过程,达到增强体质、增进健康和提高体育素养为主要目标的公共必修课程;是学校课程体系的重要组成部分;是高等学校体育工作的中心环节。体育课程是寓促进身心和谐发展、思想品德教育、文化科学教育、生活与体育技能教育于身体活动并有机结合的教育过程;是实施素质教育和培养全面发展的人才的重要途径。”

2014年,《教育部关于印发〈高等学校体育工作基本标准〉的通知》中更是明确“全面贯彻党的教育方针,服务立德树人根本任务,将学校体育纳入学校全面实施素质教育的各项工作,认真执行国家教育发展规划、规章制度及各项要求。创新人才培养模式,使学生掌握科学锻炼的基础知识、基本技能和有效方法,学会至少两项终身受益的体育锻炼项目,养成良好锻炼习惯。挖掘学校体育在学生道德教育、智力发展、身心健康、审美素养和健康生活方式形成中的多元育人功能,有计划、有制度、有保障地促进学校体育与德育、智育、美育有机融合,提高学生综合素质”。

2020年,中共中央办公厅国务院办公厅印发《关于全面加强和改进新时代学校体育工作的意见》中指出“学校体育是实现立德树人根本任务、提升学生综合素质的基础性工程,是加快推进教育现代化、建设教育强国和体育强国的重要工作,对于弘扬社会主义核心价值观,培养学生爱国主义、集体主义、社会主义精神和奋发向上、顽强拼搏的意志品质,实现以体育智、以体育心具有独特功能”。并在“指导思想”中进一步明确“以新时代中国特色社会主义思想为指导,全面贯彻党的教育方针,坚持社会主义办学方向,以立德树人为根本,以社会主义核心价值观为引领,以服务学生全面发展、增强综合素质为目标,坚持健康第一的教育理念,推动青少年文化学习和体育锻炼协调发展,帮助学生在体育锻炼中享受乐趣、增强体质、健全人格、锤炼意志,培养德智体美劳全面发展的社会主义建设者和接班人”。从中可以看出,无论是宏观层面的学校体育,还是作为学校体育微观构成要素的体育课程,其实都在强调“身体练习为主要手段”“身心和谐发展是目的”“体育课程是教育过程”等观点。因此从本质上来说,尽管学校体育的内容要素中包含着大量的体育技能、体育知识,但它的落脚点依旧在教育而不是体育(尤其不是竞技性质的体育),它不应以追求“更高、更快、更强”的竞技体育观为指导,也不应过于强调体育运动的技巧、难度,而要重视所选择的知识、技能和活动，能否对受教育者产生积极的教育意义，能否有效地促进受教育者的身心健康发展。

由于学校体育是以“教育”为基本要义的，所以体育教师的专业发展不能像运动员那样，将运动知识和技能的提高作为核心任务，而是要兼顾“教育”和“体育”两方面的素养，并以“教育”为中心。然而，在现实中，体育教师的教育素养并没有受到足够的重视，在选拔和评价高校体育教师时，反倒更加看重教师运动技能水平的高低、参加比赛成绩的好坏，往往人们评价一位体育教师是否“专业”，主要就是看其是否具有或曾经具有相对较高的运动技术技能水平。可以说体育教师是在以健身专家或职业教练的职业定向来提高其专业地位，而不是将专业发展领域放在针对学生体育课教学。

当然，体育教师的特殊性，决定了他们必须掌握较高的体育运动技能才能胜任体育教学，但是过于偏重体育技能的评价标准，使得“运动技能”的价值取向在我国高校体育教师专业发展中长期占据着支配性地位。高校体育教师或许有着规范和熟练的技术动作，但往往缺少或不够重视对体育教学、如何构建良好的师生关系、如何将体育知识和技能以更符合学生身心特点的方式传递给学生、如何在体育教学中促进学生的全面发展等问题的深入思考。关于学科教育教学知识也了解甚少，专业性不强，这样使得他们把自己视为体育教学学术的局外人，很少开展学习。对于一些新思想、新观念难以内化为自己的内在行为准则并在教育实践中结合自己的实际教育情境经常性、自觉性和创造性地加以运用，更难以对新的理论进行丰富、改造和完善。使得他们的教育观念、教育教学技能这类教育素养无法得到更新和提高。体育教师专业发展的“运动技能”取向，对体育教师专业素养的理解略显狭隘，将体育教师的职业技能局限为“运动技能”。在这种价值取向下，体育教师往往热衷于各种形式的体育技能训练，且容易把运动训练的过程与方法直接套用在体育教学上，导致体育教学表现出“严格的纪律性”“运动负荷中心的教学设计”“‘达标’为主的体育教学评价”“单一的运动技能训练”等特征，学校体育本应具有的趣味性、文化性、多元性难觅其踪，教学过程僵硬枯燥，学生爱体育但不爱上体育课。

**(三)过于强调“个体本位”的局限性**

相对于中小学体育教师，高校体育教师的管理方式比较松散，很少会有集体备课、集体教研、统一的教学进度等要求，教师只要保质保量地完成教学任务，就基本达到了学校的工作要求。这样的管理方式，为教师专业发展的个性化、多元化提供了自由宽松的空间，教师可以根据自己的需要和意愿选择专业发展的内容与方式，而不必拘泥于特定的要求和统一的步调。但与此同时，在这种管理方式的影响下，高校体育教师的专业发展逐渐形成了一种侧重于“单兵作战”的“个体本位”取向，即教师专业发展几乎成了与教师共同体没有太多关联的个人事务。教师有没有专业发展的意愿，具体要发展哪些素养，需要用怎样的方式达成专业发展的目标，都由教师个人决定和实施，在此过程中很少借助和使用群体的力量。目前高校体育教师的教学基本处于隔离状态，是体育教师的私人活动。体育教师没有将体育教学视为“共同财富”而分享的习惯，而是保持着一种封闭状态。

不可否认，体育教师的专业发展，确实是在教师自主意识驱动下展开的一种专业行为，教师个人的所想、所思和所做也确实在很大程度上决定了他的专业发展所能达到高度和水平。然而，教师在专业发展中所需要的自主性和独立性，并不等于就是要让教师完全依靠一己之力去“闭门造车”，体育教师交流与反思不足也会阻碍发展体育教师教学学术能力。毕竟，面对现在这个知识更新速度不断加快的时代，一个人的能力和视野是极其有限的，我们总是需要借助集体的智慧和力量去博采众长，克服个体思维的有限性。同时，也总是需要借助集体的共同思考，去发现、弥补教师个体在专业发展中的存在的不足。因此，“个人本位”的体育教师专业发展取向，尽管给了每位教师以很大的自由发展空间，但也会导致教师之间缺少交流与合作，每个人的专业发展，很难得到来自体育教师共同体内部的专业支持和帮助，长此下去，可能会给教师的专业发展带来一定的消极影响，且容易使体育教师产生懒散的情绪和心理，造成发展水平偏低的问题。

## 七、新时代高校体育教师专业发展的主要取向

教师职业不仅具有“育人”的职能，同时也具有高度的“育己”精神。只有教师具备高度的“育己”能力，才有可能更好地达到“育人”目的。教育是一个复杂的系统工程。教师专业发展在教育这个系统中，深受整体系统的影响。教师专业发展不是教师个体的事情，而是与教育系统紧密联系的，深受复杂的教育系统中各种因素的影响和制约。如何使各种不利因素转为有利因素，更好地促进教师专业发展，使教师的“育己”精神和“育己”能力不断丰富和提高。加之高校

体育教育教学改革在教育观、课程观、教师观、学生观等方面都对体育教师提出了更多新的要求。在此背景下，如何找准适宜的专业发展方向，是需要高度重视的问题。价值取向的选择为教师专业发展提供了方向指引，体育教师的专业发展应坚持一定的价值取向，以合理的价值取向引领他们的专业发展。当然，这种价值取向并不是恒定的，它会随着体育教育实践和教育观念的变化而变化。明确符合时代发展变化趋势、符合教育实际需要的教师专业发展价值取向，是我们提出更具时效性的高校体育教师专业发展对策的基本依据。

### （一）高校体育教师专业发展的途径：坚持激发教师专业自主意识的取向

教师专业发展的自主意识和能力，是指教师能自觉地对自己的专业发展负责，自觉地对过去、现在的状态进行反思，对未来的发展水平、发展方向与程度做出规划，自主自为地遵循自己专业发展的目标、计划、途径，并付诸实施，成为自身专业发展的主人。教师的自主专业发展，既强调教师要有主动专业发展的意识和能力，又要自觉承担专业发展的责任，强调教师专业发展的自由自主，但也要内在地要求教师的自律与自控。

传统的体育教学大都采用计划性的统一教学，课程设置单一，这些课程内容往往由少数相关专家和教育部门来决定，并且统一执行。由于各学校条件不同，学生特点同样千差万别，依靠少数专家和机构不可能照顾到每所学校、每个学生，设置的课程在适应性上就会存在很大的问题。传统的教学中并没有赋予学校和教师对课程内容进行改动和调整的权利，这种自上而下的计划式课程设置体系，不仅使得适应性难以得到保证，还容易造成教师的惰性和依赖性。体育教师被要求遵从课程计划和教学大纲，并通过教学的模式化、课程评价的量化等使体育教师的主体性“缺场”，体育教师成了少数课程专家的“代言人”。固定的课程和教材成为传统体育教学的中心，导致在体育教学过程中长期以来存在着接受学习和机械训练等现象，教师成为教材的讲解员，教师机械地教，学生被动地学，教师“教教材”，学生“学教材”，考试“考教材”，在固定课程设置的框架局限下，体育师生的主体地位和教师的自主性都受到了极大的压缩。

在新课程教育改革的大环境下，对高校学生的全面综合素质进行培养成为如今高校教育领域的核心内容。课程实施是建立在具有体育目标、任务和本校的各种条件基础上的渐进的过程。因而课程改革必须尽可能地对课程及其所处的历史、社会、文化语境展开全方位的考察，充分理解课程所可能涉及的各种复杂因素。我国地域辽阔，学校众多，各地条件千差万别，这就决定了学校体育的发展绝不是一个模式可以统摄的。因而，体育课程建设与改革，必须突出各省市、各地区、各学校的个性。根据自己的条件，结合自己的特点，发挥自己的优势，从实际出发，走自己的路，进行创造性的改革。需要用课程实施的“相互适应取向”和“课程创生取向”，替代“忠实执行取向”。过去课程实施的忠实执行取向，重视教师对上级课程的忠实执行，忠实程度越高，教师就越是达到了教学的要求和预期。究其本质，这是一种“防教师”的课程观念，其僭越了教师的课程自主权并通过教师这一“复印机”的角色将课程文本“复制”给学生。在“防教师”型课程改革模式下，教师被剥夺了参与课程研制和对其他课程事务进行决策的权利，成了忠实地执行课程文本的“文化复印机”。与之相对，“相互适应取向”则把课程的实施当成是教师个人、地方、学校彼此间相互适应、逐渐调试的一个过程，而“课程创生取向”则是把教师也当成是课程的设计者，强调真正的课程不是预先设计好的，而是教师与学生联合创造新的教育经验的过程，国家课程和地方课程只是可供选择的课程资源。从中可以看出，无论“相互适应取向”还是“课程创生取向”，都没有把课程视为一种既定的存在物，也没有把课程奉若权威，教师对课程的实施，并不是一种“墨守成规”的“搬运”过程，而是要积极参与课程的建设，使得课程更加适合教师本人以及学生的经验，更容易被学生理解和接受。“相互适应”和“课程创生”是课程实施的必然趋向，体育课程领域自然也不例外。推动体育教师参与体育课程的建设，需要体育教师拥有较强的专业自主意识。体育教师只有努力改变自己是“教书匠”的传统角色定位，进一步地激发专业自主性，将自己视为教育领域和课程领域的专家，在课程建设和课程实施中扮演更加积极的角色、承担更多的责任，才能更好地适应课程的发展趋势。

在教师专业发展过程中，自主专业发展意识也对专业发展起着先导作用。要激发体育教师的专业自主性，首先要提高体育教师的责任意识。体育教师的责任意识属于教师职业道德的一方面。这种责任意识的形成，需要学校引导体育教师理解自己在学生发展，以及课程建设中所承担的重要角色，高校要逐渐让教师认识到“体育教师应是课程实施过程中的关键人物，是课程改革的践行者。在课程改革中，应将校本课程开发过程与体育教师的专业发展整合在一起，体育教师不单纯是课程的接受者，同时也是课程的创生者和研究者”。同时,高校还需要引导体育教师改变以往"教教材"的习惯,认识到已经编排好的课程内容不仅没有对课堂教学做出限定,反倒只是在为实际的教学内容提供素材和资源,而教师依照学生特点和需要对课程进行的优化与完善,将会是实现"预设课程"向"建构课程"转变的关键。

激发体育教师的专业自主性,还需要提高体育教师的信心。除了较强的责任意识,体育教师的专业自主性还来源于他们的自信心。由于习惯于"忠实执行"的课程实施模式,加之对相关课程理论、教学理论涉猎的不足,当体育教师面对积极参与课程设计和实施的要求,难免会在能力和信心方面有所缺失,觉得自己尽管能够胜任"教"的任务,但却无法进行课程的开发与设计。所以针对这一问题,学校在体育教师专业发展的过程中,就要在培养他们对体育课程建设责任心的同时,通过各种职后教育的不断学习、实践,去培养和增强体育教师对自身能力的信心、对于建设课程的信心,使他们敢于基于实际去调整既定的课程内容和教学方案,敢于对现有课程内容和课程实施中存在的问题做出修改,能够主动参与课程建设。

以实施体育课程思政为例。《高等学校课程思政建设指导纲要》(以下简称《纲要》)指出,体育类课程要秉承健康第一的育人理念,促进价值塑造、知识传授与能力培养三者有机融合,推动体育课程与思政课程同向同行。《纲要》指出,全面推进课程思政建设,教师是关键。教师是课程思政建设的主力军,是体育课程思政建设的主体和实施者,在教学过程中处于主导地位,是发挥高校体育课程思政建设价值的前提,是实现立德树人目标的重点,因此教师的能力高低决定能否将高校体育课程思政育人价值落到实处。然而,当前我国高校体育教师课程思政建设能力尚显不足。第一,体育教师课程思政建设意识有待深化。一方面,部分体育教师缺乏体育课程思政建设的意识,认为课程思政建设是管理人员的事,而体育教师最主要的任务就是上好技术课,应更加侧重技术教学,出现课堂重"术"轻"道"的现象。另一方面,部分教师仅停留在概念层面,对体育课程思政缺乏深入了解。第二,体育教师课程思政建设能力有待提高。第三,教师执行能力相对较低。随着课程思政的建设,多数体育教师开始注重在体育课程增加思政元素,但由于其思政知识储备不够、教学方法单一,导致学生的积极性下降,无法形成体育与思政的融合,无法效保障体育课程思政建设的效果。

这就要求体育教师必须树立并强化“课程思政育人”的意识，增强课程思政战略工程的使命感、责任感、获得感，将“外在责任”内化为自律的“行为标准”。同时，摒弃“重术轻道”的思想，要清醒地认识到所有课程都是“立德树人”的重要渠道，纠正“体育思政课程就是上理论课”的认知问题，增强体育教师责任与担当，遵循体育思政认同感的生成逻辑，积极发挥出教师的学术专长与师德魅力，强化情感认同与行为认同。主动学习运用多种方法、采用多样案例，从教学设计、教学资源挖掘、思政元素融入等方面凭借学科的运动实践优势，身体与情感的体验性以及认知的交互性，在身体、大脑、环境交融中形成切身体验，从而在更深层次上达到“内化于心”和“外化于行”的育人效果，让“立德树人”在体育教学实践中变得有滋有味。譬如，在教学内容方面可以通过创建一定的体育运动环境并将思政元素内涵于情境中来完成知识的传授；可以从身体与空间等方面将思政的内涵以互动的形式传授给学生；教师可以设计一些蕴含体育精神品质的互动活动，让学生以身体回归的形式充分参与进来，通过身体参与将所学的运动知识、思政内容和身体感受紧密地结合，形成身心一体，使学习过程真正成为学生自己的主动活动；调动身体体验，注重体悟的探索，以师生互动中身体感知到的思政信息形成认知表征，潜移默化地引导学生树立正确的价值观与人生观，最终无愧于历史赋予教师这一岗位的责任与使命。破解体育教师“价值层面追求什么”的认识问题，体育课程思政情境怎样设置，体育课程思政内容怎样选择、怎样融入等问题，使高校体育课程思政建设提质增效，有效发挥体育课程思政的育人功能。行使育人职能的过程中，也提升体育教师育己的能力，增强专业发展自信，提高自我效能感。

### （二）高校体育教师专业发展的内容：坚持以提高教育教学知能为核心的取向

过于强调“技能本位”体育教师专业发展模式，是对体育教师培养的一个误区，更是对体育教师教育的片面认识，运动技术技能不是体育教师专业化的核心，更不是全部，它仅仅是体育教师应该具备的一项基本能力和进行体育教学的前提条件。但是，我们必须同时明确两点：第一，就体育教师职业而言，运动技能技术是其工具和手段；第二，体育教师的运动技能与运动员的运动技能是两个完全不同的结构形态。“从范围上看，体育教师的运动技能要求全面，即所谓的‘多能一专’或‘一专多能’，而运动员的运动技能则往往是局限于某单一运动项目;从技能水平上看,体育教师的运动技能没有很高的要求且没有体能的要求,往往满足教学要求即可,而运动员则追求的是运动技术的最优化和体能的极限性”。因此,单纯的运动技术不能成为体育教师专业发展的价值取向,一定的运动技能仅仅是体育教师职业方法手段层面的要求,不能成为体育教师专业发展的目标所在,不然,运动员本身就是最好的体育教师。

通常认为,教师专业知识包括“教什么”的学科知识和“如何教”的教育知识,前者又被称为本体性知识,后者又被称为条件性知识。体育学科教学往往被认为是体育教学区别于其他专业教学的最重要体现,这种认识往往造成教学内容上的偏差,教学中过于强调运动项目技术方法的学习,而很少涉及体育学的理论学习,忽略了培养学生如何去运用运动技能进行教学。长期以来,我们的体育教师教育都在强调学科专业化而忽视职业专业化,这点从传统的体育专业课程设置中可以窥见,比如术科课程占比超过一半,而教育学、体育学、心理学等课程占比极少。我们都知道,专家型体育教师和新手型体育教师的最大区别在于拥有丰富的教学经验和教学技能,知道“如何教”,而这种“教”的知能,正是体育教师的专业性所在,也是体育教师区别于其他体育专业人才的根本差异。

丰富的体育知识和娴熟的体育技能,是体育教师开展教育教学活动的基础,从这一意义上讲,强调体育教师的运动技能、注重体育教师专业发展的“运动技能”取向,确实有它合理的一面。然而,体育教师和运动员的体育技能是有差别的。一方面,在归属的领域方面,二者存在着不同,体育教师的体育技能是服务于体育教学的技能,重在向学生“教”,而运动员的体育技能是服务于竞赛的技能,重在与他人比。另一方面,在范围和水平上,二者也是不同的。在技术理性的支配下的体育教师不再反思那些构成课堂生活与实践的原则,不去质疑不同的教学方法、技巧及教育理论背后的信条,不去追问教师自身的教育信念系统是否合理,不去关注教学所隐含的特定的世界观所赋予的价值和假设,忽略了体育教学情境的复杂性,忽视了教师自身所处的文化语境和条件,必然导致自身教学实践的盲从。教师很少再去思考教学策略、教学技巧背后所蕴藏的智慧,也不再对教学行动进行反复的反思与研究,难以形成具有强烈个人风格和特点的教学行为,这正是技术型教师难以顺利转变为智慧型教师的根本原因。因此,过于强调“运动技能”的体育教师专业发展取向,并不符合满足学校体育工作的实际要求，如果依旧在教师专业发展过程中过分强调运动技能，必将导致地方高校体育教师的专业发展出现“有体育而无教育”的偏差和问题，即有学者指出的那样“仅凭有限的运动能力在普通大众眼里无法成为专业人员，甘愿选择‘吹吹哨、跑跑步、发发球’的简单生活方式，体育教师更没有了要求社会尊重自己的理由和资格”。也正是由于这样的原因，鉴于体育教师的职业特点，“运动技能”不应成为体育教师专业发展的基点，而地方高校也必须根据体育教师工作的职业特性，重新定位体育教师专业发展的价值取向，从教师作为一个体育教育专业者而非竞技体育从业人员的角度，思考教师专业发展的问题。

在体育教师专业发展中贯彻以教育教学知能为核心的发展取向，首先，要求将体育教师视为教育专业者。作为从事学校体育活动的教职人员，体育教师是教育而非体育行业的专业者，他们以教育素养教育教学知能为其核心素养，其他方面的知识和技能都要为他们的体育教育实践活动服务。所以，体育教师在专业发展的过程中，一定要对自己有非常清晰的定位和认识，认识到自己“教育专业者”的身份，能够将个人的专业发展服务于体育教学。其次，在体育教师专业发展中贯彻以教育教学知能为核心的发展取向，还要优先发展体育教师的教育观念和教育技能。考虑到现阶段地方高校在选拔体育教师时“看重体育技能而轻视教育技能”的标准，体育教师在体育技能方面基本都能达到比较高的要求，但在教育观念和教育技能方面却存在着较为明显的缺失。但由于“体育尽管是身体的教育，但依然需要让学生既要知其然，还要能够知其所以然。如何才能做到这些，体育教师的专业理论水平的高低，决定着能否‘会教’并让学生‘会思’‘会学’的程度”，因此，高校体育教师的专业发展，应该将对他们的教育观念的塑造和教育技能的丰富放在优先位置，让他们能够真正懂教育、会教学，知道体育课承载的任务绝不只是简单的技能训练，更是一种对人身心健康发展的全面干预。最后，在体育教师专业发展中贯彻教育教学知能为核心的发展取向，还要使他们了解一些有关学生身心成长以及学习的基本规律。在当前的教育环境中，如何激发学生学习的主动性，如何使教师的“教”更好地服务于学生的“学”是非常重要和关键的问题，而要想让这些问题得到很好的解决，就要将有关学生的知识作为一项重要的学习内容。具体到体育教学领域，体育教学开展的前提之一就是深入了解学生身体发育规律、运动技能掌握规律和认知规律。明确了这些内容，教师才能保证体育教学在促进学生身心发展的同时，不会对学生的身体造成过重的负担。反之，如果体育教师不了解这些规律，就有可能获得不了好的教学效果，甚至还会带来一定的运动伤害。因此，体育教师就要在自己专业发展的过程中，主动去学习和补充自己有关生理学、运动生理学、教育心理学、发展心理学方面的知识，从而为更好地引导学生学习，解决教学中的实践问题做好准备。

**(三)高校体育教师专业发展的形式：坚持“实践—反思”的自主生长式＋生态取向的合作交流内外融合**

新中国成立以后，中国高校教师的提高主要依靠进修和培训来实现。特别是2011年教育部提出“要引导高等学校建立适合本校特色的教师教学发展中心，积极开展教师培训等工作”的要求后，“国家→地方→高校”教师培训三级体系逐步建立，我国高校教师培训走上了制度化、规范化轨道，以培训为主的外控式培养模式成了高校教师专业发展的主要方式。事实上，高校教师专业发展不能仅停留在外在培训形式或规章制度的建立与规范，其重点应在于充分发挥高校教师在专业发展中自主学习、自觉积累、主动反思的个体能动性和自我创生性。“自主”是高校教师最重要的内在个体性发展因素，能够从根本上将“专业发展”内化于教师的精神和行为之中。

长期以来的工具化倾向和“流水线式”的培养模式严重制约了教师的个性，削弱了教师专业发展的自我意识。“理智取向”的教师专业发展方式，主要以“技术理性”为主导，追求外在的、单一的专业技能和普遍规则、规律，是一种由行政主导、专家培训等外部力量来推动的他主发展模式。这种价值取向关注的是教师“需要”掌握什么，而非教师在面对具体教学情境时“想要”拥有什么，认为只要教师能熟练掌握并运用一些具有普适性的专业技能便能促进教师专业发展，进而忽视了教师个人的内在价值追求，也低估了课堂教学活动的情境性和复杂性。技术理性中强调的对优秀教师教学行为和教学活动的参照与模仿，往往只能为新入职教师提供短暂的教学帮助，并不适用于教师职业生涯的长期发展。技术理性指导下的教师发展很容易脱离教学实践，在体育教学过程中丧失对学生生命、个性和身心健康的关怀，从而最终抑制并扼杀学生的主动性、创造力和想象力，无异“削足适履”。

“实践—反思”取向的教师专业发展观认为，教师既是教学活动的实施者，又是教学行为的反思者和研究者，是兼备主观能动性和自主发展意愿的主体。课堂教学是丰富多变的、情境化的，教师的实践和反思总是在具体课堂中进行和发展，不能用普遍规则或普适性专业技术去框定和限制具体的课堂。被框定的课堂常常缺少师生互动，难以激发学生主动学习的兴趣，无助于学生创造力、主动思考能力的培养。教师的自主生长式发展则是针对教学行为不断反思研究、自我超越的过程。“实践—反思”取向虽然强调教师专业发展的自主性，但也不否定学习专业知识和技能的重要性。专业技能的学习和自主发展本就是两个密切相连的概念，专业技能的学习是自主发展的基础，自主发展是专业技能学习的目的。因此，要真正实现教师专业发展，必须做到专业能力和自主发展意识的双重提升与发展。

“实践—反思”取向指导下的教师专业发展理论指出，教师专业发展的本质是发展的自主性，既是教师面对具体教学情境，自觉、主动地去提升即兴创作能力的一种自主发展，也是教师不断获取、积累实践性知识，并最终实现自我更新与自我发展的过程。“实践—反思”取向强调教师内在的自主性，表现为教师能够充分地运用自己的能力，并对自身潜能进行主动挖掘与开发，最终实现其职业生涯的发展目标。在实践智慧的影响下，教师专业发展的意愿也呈现出内在自主性，这是基于教师对具体教育教学场景的感受、体验与反思，是出于教师自我价值实现的需求，是教师作为主体的内心愿望，而不是外界强加的结果。

生态取向教师专业发展理论认为，在教师的专业发展道路中，专业知识与技能获取和提升并不完全依靠教师自身，而是在与同事、校内外专家、学生等其他人共事或交流中学到许多。体育教师的教学策略、教学观念与教学特色的形成和发展往往深受教师所在工作环境中“校园文化”“教师文化”等环境因素的影响。这些文化，一方面要求体育教师积极开展交流合作活动，通过交互活动取长补短，完善自身发展，另一方面也为体育教师的职业生涯发展以及自我价值的实现提供了更多的文化支持与身份认同。

与“实践—反思”取向相比，生态取向下的教师专业发展观秉承了自组织系统的理念。它认为促进教师专业化发展的动机并非外部施压的结果，而是更多来源于内部的主动性。因为生态系统具有自组织性质，强调系统本身的自主性，系统内部正是通过不断地自主生长和自主更新完成其构建与发展。在这个自主构建的系统内，体育教师进行自主构建所需的知识和能力等方面并不能完全依赖自己获得，还应当学会借鉴他人，向他人学习有效的教学经验和策略以改进其教学效果。生态取向下的教师专业发展观，主张成员之间通过关系模式或组合形式进行合作，主动构建教师文化，相互分享教师社群之间的价值观、信念、态度、习惯等内容。这种合作的发展方式强调系统内部教师的自主性，包括内在自主和外界环境的自主。内在自主是指教师通过激发自身对自主发展的重视与需求，不断提高内在自主能力并积极获取相关技术支持，最终达到主动寻求自我发展的目的；外在环境的自主是指教师能够摆脱外在束缚，从外界环境、外在压力与控制中取得独立、自由与权利，主动支配和利用外在环境去进行自主构建。

事实上，两种取向涉及教师自主发展的不同方面，从不同视角解释了影响教师专业发展的核心因素，为教师的专业发展提供强有力的理论指导。生态取向聚焦系统内部各元素之间相互渗透的合作价值观，凸显教师主体与其他主体之间的共生性关系和内外自主性协同发展的理念，而“实践—反思”取向则更强调教师的实践智慧价值以及如何构建提升教师专业发展的内在自主性。两种取向强调的自主性，既是“实践—反思”取向下教师专业发展的自主性特征的升华，也是获得生态学意义上教师专业发展的根基，更是两种理论能够融合的前提和基础。

正是基于以上观点，专业合作是教师专业发展的重要途径。教师进行专业合作能够促进教师教学的有效性，这不仅在实践中得到证实，而且在学术界也有广泛的理论支撑。如美国桑塔学派合作理论认为，教师应通过加强合作来满足其异质性需要。根据德国物理学家赫尔曼·哈肯提出的协同效应理论，教师可以通过合作实现资源共享，教师合作能达到“1＋1＞2”的协同效应。德国学者德贝里提出的共生理论也说明，教师合作能够实现教师自我再生能力的培养。根据主体间性理论，教师主体间的合作不仅能扩大教师的已有知识量，还能使教师发现自己从未认识到的优点或缺点。教师社会化过程中的互动与合作，能够实现教师自我发展与群体发展的整合。

教师个人的力量是有限的，他所获得的关于教育实践活动的经验和认识，总会存在一些纰漏和不足。为此，从 20 世纪 80 年代开始，主张通过团队合作的力量促进教师专业发展，进而推动学校改革日渐成为国际教育界的一种重要思潮。正如加拿大学者富兰指出的那样：“合作对于个人的学习非常重要。如果我们不与人交往，我们能学到多少东西是有局限的。合作的能力不论在小范围还是大范围内，在后现代社会正在成为十分需要的能力之一。只要他思想开放（即提倡探索），个人的力量与有效的合作相结合将变得更为巨大。”教师的发展普遍有主次之分，通常将自身精力集中于某一方向进行深度开发，如有的教师擅长教学，能够营造良好的教学氛围，有效调动学生的学习兴趣与积极性；有的教师擅长科研，能够通过调研、实验等方式，产出高水平的科研成果。若要将教师的特长优势发挥最大化，就需要让教师意识到个人力量的局限性与协同发展的长远性。

由于相对宽松的管理方式，高校体育教师的专业发展，表现出较为一定程度的“个体本位”的价值取向。这种取向不利于教师间的互动与合作，也不利于教师借助集体的力量，解决一些个人难以解决的问题。而近年来的教育研究表明，“学校成功的决定性要因，在于教师专业成长的合作关系的有无；教师专业成长的决定性要因，也在于校内教师合作关系的有无。学校的专业共同体的成熟度以及这种共同体所拥有的专业文化的成熟度，是教师成长的最大保障”。所以在高校体育教师中提倡超越个体范畴的专业发展，提倡就每个人的需要和问题进行专业合作，可以打破个人思维和行为中存在的局限或盲点，成为体育教师成长的有效保障。

在实践中落实“实践—反思”的“合作交流”取向，需要在尊重现有的教师管理方式的前提下，加强体育教师彼此间的联系。具体说，一方面，要利用集体会议、课余时间等，进行一些集体教研活动，集中解决与教学有关的相关问题，以此推动教师教学能力的提高。例如，可以利用例会、集体研讨的机会，就体育课的教学方案、教师们在教学过程中存在的困惑、体育课程资源的开发等问题展开研讨，从而以问题激起大家思想的火花，带动大家的集体思考和意见交流，深化对体育教学的认识。另一方面，要利用团体的力量，进行一些科研项目的申报和研究，在研究过程中提高每一名教师的学术研究能力。提高体育教师的科研能力，是体育教师专业发展的重要内容。通过集体申报、研究一些学校体育方向科研项目，不仅可以此为契机，使体育教师有机会在实际的科研过程中，进一步提高他们的学术研究能力，而且还可以通过频繁的交流和研讨，增强体育教师的团队合作意识，逐渐形成合作的氛围与习惯。再者，要引入同行看课、评课的方式促进教师专业发展。为确保课堂教学质量，在大多数的地方高校中，已经建立了专门的教学督导队伍。然而，由于面向全校的教学工作，且督导人员的数量十分有限，高校教学督导监督的体育课程和他们个人的专业背景并不相符。换言之，教学督导提供给体育教师的可能只是一般性教学改进建议，对体育学科的特点针对性不足。而要改变这一局面，就有必要建立体育教师同行之间的看课、评课的制度，充分利用体育教师的专业经验和专业背景知识，使每一名体育教师得到的建议更加专业，更加契合体育教学的特点。

随着“终身学习型”社会的到来和信息技术的快速发展，教师作为知识的传授者与代际沟通者，自身知识的更新与专业能力的持续发展越来越受到重视。教师专业发展是教师追求个人成长的内在要求，是教师专业知识技能、专业情意、专业伦理等不断成熟的过程，其目的是在推动教师的自我拓展、自我更新和自我成长的基础上，改进教育教学实践。我国教育部颁布的《教师教育课程标准（试行）》指出，教师教育的三大理念是：育人为本、实践取向、终身学习。当前，有关教师专业发展策略的研究愈来愈受到重视，所使用的概念与提出的观点也丰富多样。我国教师教育界普遍认可的教师专业发展策略主要有四条，即“学习”“反思”“合作”和“研究”，可以概括为理智取向策略、实践反思取向策略和生态取向策略。这三条教师专业发展策略的共同之处都是强调教师通过不同的方式方法来优化和丰富专业知识，从而实现其专业发展，认为教师专业发展的本质就是教师所拥有的包括理论知识和实践知识在内的专业知识以及建基于其上的专业技能或专业能力的发展，但是它们都有意或无意地忽视了道德在教师专业发展中的重要地位和作用。有研究者提出高尚的道德既是教师专业素质的重要构成部分，又是教师提升专业知能的重要内在动力，且有助于教师充分而正确地发挥专业知能的功能，因此教师专业发展的道德取向策略理应受到重视。教师专业发展的道德取向策略是指教师个人或在他人帮助与引领下，通过多种方式方法不断提高道德品质，从而促进专业发展的一种计策或谋略。要有效实施该策略，教师教育者、教育管理者和教师自身等相关主体必须坚持道德的理想性与现实性相结合、道德的他律性与自律性相结合、掌握道德规范与培养道德智慧相结合的原则。

此外，人本主义认为教师专业发展的终极目的是实现人与外部和自我的和谐。以人为本应作为教师专业发展的价值取向贯穿于教师专业发展的内容系统和过程系统。从工具客体走向真实自我。教师并非知识传递、技能传授的手段，也非技术控制的对象，一刀切、自上而下的外在引领和规约为主的教师专业发展线性方式无疑将教师定位于工具客体。教师专业发展是以教师为中心的建构，发展的方式、历程因真实自我的主动追求独一无二，内在自觉和自我意识的唤醒、情感认同的达成，是外部与自我的和谐。

教师是教师专业发展的主体，无论何种取向，其最终的出发点都是为了更好地促进教师专业发展。《中国教育现代化2035》指出，要推动教师终身学习和专业自主发展。其中的“自我导向式发展”和“专业自主发展”均指向“自主”的重要性和教师专业发展的主体性价值。“自主”是高校教师最重要的内在个体性发展因素，能够从根本上真正将“专业发展”内化于教师的精神和行为之中。走向“实践—反思”的自主生长式专业发展成长为卓越型乃至教育家型教师不可缺少的环节。弘扬教师在教师专业发展过程中的主体地位和主体作用是教师专业发展的立足点和关键。

## 第二节　培养高校体育教师主体意识

### 一、教师主体意识的内涵

康德认为，认识起源是人对自身的关注，即人的主体意识。唯物辩证法认为，事物的内部矛盾(即内因)是事物自身运动的源泉和动力，是事物发展的根本原因。人只有从内心里生发出欲望与渴求，才能更大限度地发挥其自主性与能动性，促使自己通过各种努力达成目标。体育教师专业发展的关键是增强主体意识，发挥自身的能动性和创造性，使得专业发展成为一种自觉行为。主体意识是一种理性的自觉意识，是主体自成定位和自我认识，以及在此基础上对外部世界和自我认识、改造的意识。它是自我意识中最积极、最能动的部分，是人自主活动和实践的基础。具有主体自觉性、主体日的性和主体能动性三大作用特性。高校体育教师主体意识是高校体育教师具有的明确的、自觉的认识，即认识到自身在高校体育中的主体地位，以实现由应然主体向实然主体的转变，充分发挥主观能动性和创造性，更好地促进自身专业发展，进而促进体育教育和整个教育系统的发展。高校体育教师的主体意识主要包括自主意识、实践意识和反思意识。

### (一)自主意识

自主意识是主体意识的基础。自主意识是指在主客体关系中独立自主的主体地位和主体身份的自觉认知,激励着主体运用自身的全部力量去认识和改造对象世界。自主意识能使教师教育者在教师教育中把自己和他人、他事区别开,切实认识到自己的主体地位,以具有强烈的主人意识和权利意识,做到自我肯定,自觉在教师教育中发挥主导作用;以"主人"的身份充分发挥自身的能动性和创造性,在面对当前教师教育存在的诸多问题时,积极主动地去改进或解决问题,进而促进教师教育更好地向前发展。

### (二)实践意识

实践意识以自主意识为前提,是主体改造和变革实践活动在其头脑中的反映,具体表现为实践目的、实践过程和实践结果的意识。先于具体的实践过程产生的实践意识是主体大脑中预先构建的关于实践活动的观念模型;后于具体实践过程产生的实践意识是主体事后对自身活动的理论总结。教师教育者的实践意识是体育教师"如何教"和学生"如何学"的实践活动在自己头脑的思考与反映。"实践问题实际上就是人类的自我生存问题,它包含着对世界和自我的理解,而建立在这种实践意义上的实践哲学是人们对自身选择和决定做某事的理论反思。"教育本质上是实践的活动。教育的实践性质表现为发生性、情境性、智慧性和反思性。高校体育教师的实践意识包括对体育教育教学中自身使命的理解,进而对自身教育教学活动的情境进行智慧性价值选择和理论反思。实践取向的教学需要体育教师的实践意识,才能更好地把握体育教育教学实践的实质。

### (三)反思意识

反思意识是主体意识的核心部分,是主体对其观念和行为的自觉反省和调控。支配自己是支配世界的前提,正如恩格斯所说,人不仅要"成为自己的社会结合的主人""成为自然界的主人",还要"成为自己本身的主人"。反思意识即有意识反省和支配自己的行为。"我思故我在",反思是一种回顾的意识。主体自身离不开反思,主体反思是指主体自身的思维过程。主体自身的思维过程有助于更清醒地认识自我和自我的行为。"反思作为一种清醒意识,反思意识越强烈,自我就越清醒,其行为就越自觉。"反思不仅是一个哲学领域的话语,同时也是教育学领域的一个重要概念。杜威认为,反思思维是一种思维的态度和方式,是对某个问题进行反复地、严肃地、持续不断地深思,即“对于任何信念或假设性的知识,按其所依据的基础和进一步结论而进行的主动的、持续的和周密的思考”。舍恩在实践中探讨反思,认为“行动中反思”是一项过程艺术,实践者可以借此处理好不确定、不稳定、独特性和价值冲突的情境。教育问题是不确定、随机性和价值冲突伴随的情境问题。教师是该情境问题的应对者,体育教师为指导和帮助学生更好地解决学习问题,时刻思考更明智的解决问题的方式方法,教会学生根据自身的实际情况,选择最佳的练习方法,通过学生自身的努力和体育教师的帮助指导,最终实现学习目标。加拿大学者马克斯·范梅南(Max van Manen)认为,智慧的行为并不是魔术般地发生的,它们依据的是在回忆性的反思中所能够获得的智慧。“反思含有对行动方案进行深思熟虑、选择和做出抉择的意味。”具体到体育教学实践中的反思,就是体育教师自觉地把自己的教学实践作为认识和研究的对象,对自己的教育理念、知识技能、教学行为等进行重新思考和总结,从而实现对现状的超越。教师反思是基于实践经验的反思,是对各种教育实践问题的追问,并通过内省和追问唤起自身发展的自我觉知。这是一个不断感知、辨别和顿悟的过程。体育教师通过教学反思可发现体育教育教学中存在的问题,回顾、检讨体育教育教学中各层面的内容及假定,经过不断批判、思考、辩证来重组与重构体育教学事件的过程与结果,并在个体经验之上生成实践智慧。罗斯(Ross,E. W.)等人认为,实践性反思是教师个人理论建构的过程,教师从直接的、具体的个人经验出发,通过系统地观察和理性地反思,实现个人实践的概念化或概括化,进而验证这种经过个人概念化或概括化的理论在实践中的效能,然后这些理论又重新回到新的实践情境中,通过行动生成新的教育经验。教师在教育实践经验的反思中构建实践性知识或个人理论,进而促进教学实践智慧的形成。自主意识是教师发展的基础,体育教师拥有自主意识,才能更明确认清使命和责任。实践意识推动体育教师对教育实践工作现状进行具体的思考,产生反省和对发展产生预设谋划,进而促成反思意识产生。反思即自省,是主体意识的核心内容。

## 二、教师主体意识对教师专业发展的价值

童莉等学者从心理学的其他角度出发,将教师主体意识界定为教师对自身作为教学活动主体的本质、地位和价值的自觉认识活动,对其作为教学活动主

体的感受，以及为了争取获得主体地位，主观能动地使自身得到发展的意愿。并从主体认知、主体情感、主体意愿三个角度分析教师主体意识，确定教师的职业认识、职业情感、发展意愿为其三大要素，认为三者各司其职，共同服务于教师主体意识，驱动教师核心素养与能力的发展。在教师核心素养与能力的发展中，教师主体意识下的职业认知是“方向盘”，职业情感是“引擎”，发展意愿是“油门”。前两者是教师对自身身份的自觉认知及对职业的主观感受，全面而深刻的职业认知，强烈而积极的职业情感能促进道德修养、教育精神、文化修养等的发展。积极能动的发展意愿对教育教学能力、学习创新能力、沟通合作能力等的培养起促进作用，三者相互推动，相互促进，充分体现出教师主体意识对驱动教师专业发展的重要价值。

### （一）教师职业认知：驱动教师核心素养和能力发展的“方向盘”

教师的职业认知是指教师对于这个行业的本质、地位及价值的综合认识，包括教师对职业本质的认识、对职业地位的认识以及对职业价值的认识三方面内容。教师对职业本质的认识即认识到教师职业的根本性质，回答教师到底是干什么的，主要表现为对教师职业的定义、本质属性、基本要求等的认识；教师对职业地位的认识即教师对本职业的经济收入、社会地位及在教学中主体性地位的认识；教师对职业价值的认识包括对其承担的社会责任、义务、使命、社会贡献以及对作为主体价值的认识。

#### 1.教师职业本质认知：指引教师发展方向

教师的职业本质是创造人的精神生命。教师不仅要教书，更重要的是育人。知识是育人的养料，学习知识是为了人的成长，知识在此是“工具”，是“手段”，而人的成长与发展才是教育的最终目的。正确的职业认知让教师明白不只要重视过去、面向人类已有的知识领域，更重要的是要面向学生未来的成长与发展。对教师职业本质有透彻的认识，才能有正确的价值取向和教育信念，才能有助于教师道德修养的养成，教育精神的发展。因此，只有对教师职业本质有恰如其分的认识，才能有针对性地提高教师核心素养和能力。

#### 2.教师职业地位认知：巩固教师发展基础

对教师职业地位的准确认识是教师行业舒适度、满足感、幸福感的来源，对教师自觉提升专业素养与能力有着潜移默化的影响。教师职业地位分为两个方面，一方面是经济收入、社会地位等方面的总体情况。社会地位与经济收入基本呈正相关，较高的社会地位往往匹配着高水平的经济收入，社会地位较高的职业更有条件吸引高素质的人才。要让教师有幸福感、成就感、荣誉感，让教师成为让人羡慕的职业，是党和国家领导人对各级党委和政府提出的要求。教师只有对自身职业的社会地位有足够的认识，才能调动其从事工作的积极性和自觉性，促使教师为胜任其岗位而发奋图强，努力提升个人核心素养和能力，以提高自身的竞争能力与价值。另一方面，是教师的职业地位在教学活动中的主体地位。教师是教育过程中"教"的主体，其主体性主要表现为以下三方面：①教师是教育活动的设计者和组织者，对整个教育活动起统帅作用；②教师是学生学习活动的指导者和评价者，对整个学习活动有着校正活动方向、调整教学内容、激发学生活力的作用；③教师的教育活动影响着学生学习活动的内容，控制着学生活动的时间和效果。教师深入了解教学活动的主体地位，可以促进其致力于设计高效、贴合教学内容、吸引学生兴趣的教学活动，安排好活动的每个环节，注重每一个细节，对于学生可能提出的问题有细致而全面的预设，做一个好的设计者和组织者；可以使教师在教学中把握好学生学习内容的广度和深度，指引和掌握学生学习的方向，在教学活动中仔细倾听学生内心的想法，认真观察其上课的表现，以落实指导者和评价者的工作。

3. 教师职业价值认知：提升教师发展定位

就整个国家而言，达成"两个一百年"奋斗目标、推动我国成为人力资源强国，追本溯源是靠人才、靠教育，而人才的培养、教育事业的发展归根结底是靠教师。教师职业的价值既可以说是教师行业对国家、社会的价值，也可以视为是教师努力的方向、应该追求达到的境界。教师职业社会价值表现为教师决定着一个社会的文明程度和文化创造能力，教师不仅是提升国民文化素质的"园丁"，还是打造创新型国家的基石。另外，除了社会价值还应包括教师的个人价值，而教师的个人价值是指教师职业能满足自己生存和发展的需要，是通过其社会价值的实现而实现的。教师在教育教学的过程中，满足学生求知和成长发展的需要，培养出各行各业优秀的学生，这些学生获得社会肯定，不仅充分体现了教师的社会价值，更是教师个人价值的实现。教师对职业价值的正确认知能催生教师的职业使命感，使教师对工作有来自内心的热情与毅力，把培育社会主义新时代人才看作终身履行的崇高使命。这是一种极致的信念，指引着教师努力发展自身、完成社会乃至国家赋予的使命。故教师对职业价值的正确认识驱动教师核心素养与能力的发展。

## (二)教师职业情感:驱动教师核心素养和能力发展的“引擎”

人们对从事的职业所持有的稳定的态度即职业情感。职业情感越强的人,越能从内心生发出对职业的深刻理解与渴求,从而由衷地尊重和热爱工作。教师的职业情感是指教师在从事这个行业中所持有的目的、认同度以及满意程度,所以将其分为教师的入职动机、职业认同感和职业满意度三个层面。教师的入职动机是指教师进入这个行业的初衷与目的;教师发自内心对所从事职业的目的、意义、价值的认知和感受即为教师的职业认同感;教师的职业满意度是教师对自身在工作中因取得的进步和成就所产生的获得感的主观评价,与职业幸福感显著相关。

教师的职业情感是教师对其职业的理解和态度。端正的入职动机是教师朝着既定教育目标前进的内部动力,强烈的职业认同感,使教师对教育事业的目的、意义、价值有着发自内心的热爱和认同;较高的职业满意度,能使教师对自身在职业上获得的成就,无论是精神上还是物质条件上感到满足从而更加热爱教育事业,增强教育情感。所以教师核心素养和能力伴随职业情感的提升而发展,后者是前者发展的动力。

### 1.教师积极的入职动机:一档驱动

入职动机是直接引起、维持并推动教师职业活动,实现一定教育目标的内部动力。教师的入职动机主要取决于教师的兴趣、信念和个人需求。“一切有成效的工作都是以某种兴趣为先决条件”。浓厚的兴趣能使教师在教育教学中带有积极情绪,这是提升专业素养的动力之一。教师的职业信念是指教师坚信教育事业所追求教书育人的职业目标是正确而有价值的,从而在任何情况下都能心无旁骛、毫不动摇地为之奋斗。教师的职业信念是引领教师行为的方向,是助推文化素养、教育教学能力、学习创新能力等教师核心素养和能力发展的动力源泉。此外,个人需求也是入职动机的一部分。为了保障日常生活需求,教师们也会尽力提升自身的核心素养与能力。所谓态度决定高度,动力影响行为,正是因为对职业的兴趣、信念和个人需求,决定着教师的工作态度,从而影响教师素养及能力的发展。

### 2.教师职业认同感:二档驱动

教师的职业认同感是教师在职业中主观构建的、与职业特征相联系的认知和感受。职业认同度高的教师，对职业的本质、功能、作用、要求等的认识必定更为深刻，而职业认同感的高低也会影响教师的专业素养与能力。一方面，强烈的职业认同可以激发教师的职业理想，促进教师专业能力的发展，主动加强个人修养，注重自身核心素养的培养与能力的提升；另一方面，作为教育教学活动的主体之一，教育教学活动的有效性取决于教师对于职业的认同程度。有强烈职业认同感的教师，能引导其将毕生精力集中于对教育理想的追求，潜移默化地驱动其核心素养和能力的发展。

3. 教师职业满意度：三档驱动

职业满意度是教师对职业的各方面（比如教学基础设施、教学环境、薪资待遇、发展机会等）的满意程度，与教师在这个行业的获得感息息相关。教师职业满意度的高低，不仅影响教学质量和人才流动，还影响着教师核心素养和能力发展。较高的职业满意度，不仅让教师能以更加乐观、积极的状态面对各种教育教学任务，还会不断提升自身的竞争力以应对各种挑战。职业满意度与入职动机的达成与否、职业价值的实现程度、职业认同感的获得紧密相连。当入职的目的得以达成，在工作中获得一定的成绩，一步步走上实现自我职业价值的道路，就能形成较高的职业满意度。这是实现教师核心素养与能力发展的动力源泉。

### （三）教师发展意愿：驱动教师核心素养和能力发展的“油门”

意愿通常解释为主体对事物产生的想法或看法。教师的发展意愿指的是教师为了争取获得主体地位，主观能动地发展自身能力的意愿。教师的发展主要依靠学习和参加活动两种途径，而教学活动与科研活动是教师活动的主要形式，所以教师的学习意愿、从事教学活动的意愿、从事科研活动的意愿共同组成教师的发展意愿。教师的学习意愿指的是教师为了提升自身的素养与能力，积极学习教育教学理论和现代教育技术等方面知识的意愿；教师积极参加活动，从过程中总结反思，整合内化为自身能力的意愿，即为教师从事活动的意愿，主要表现为从事教学、科研活动的意愿。

教师为了提升职业认同感，增强职业满意度，实现职业价值，需要自我发展。故产生主动提升自身核心素养与能力的需求，即教师的发展意愿。

1. 教师教学意愿：促使教师发展保持基本速度

教师的日常事务是由各种各样的活动组合而成，诸如文化修养的提升，教育教学能力的培养,学习创新能力与沟通合作能力的发展。积极的教学意愿使教师自发地、认真细致地备课、磨课、上课、赛课,参加教学研讨,进行教学反思,等等,并从中总结经验,将其整合内化,以提升教学综合能力。教师行业常见的活动就是说课、讲课比赛。积极认真地准备、反复打磨一堂参加比赛的课不仅能够锻炼教师的专业素质,更有助于教师核心素养与能力提升。所以积极参加各种教学活动,能够达到促进教师核心素养与能力发展的效果。

2.教师学习意愿:促使教师发展持续加速

教师的学习意愿影响着教师核心素养与能力的发展。教师的学习意愿是教师在想要实现职业价值,达成职业理想愿望的促使下,产生的想要学习相关理论知识与教育技术等的愿望。教师的学习意愿越强烈,提升自己核心素养和能力的能量就越大,动力就越充足,而教师学习的本质就是核心素养的习成与核心能力的提升,比如通过学习理论知识提升自身的文化修养,用理论指导教学,学习更有效的管理方式,积极吸收新的理念,再根据教学的实际情况,从中选择最合适的方案,从而增强教育教学能力等。学习是由现实通向理想目标的桥梁,所以愉快、积极主动地学习能驱动教师核心素养与能力的发展。

3.教师科研意愿:促使教师发展维持高速

教育中的科研即教育科学研究,是指使用科学的理论与方法来解释和预测教育现象、探索教育规律,从而指导教学实践的一种认识活动。教育家鲍林指出:"如果教师在教学的同时也参与研究,那其教学效果必定会得到进一步的提升。"所以从事教育科学研究对教师来说非常有必要,也是极其重要的。

## 三、高校体育教师主体意识提升路径

### (一)外部层面:积极营造支持性发展环境

1.制定高校体育教师专业标准

体育教师作为高校教育工作者毫无疑问是一种专业性的职业,对其培养培训、聘用、专业发展、职称晋升等理应有专业性标准给予明确规定。因此要以高校教师专业标准为参照,制定体育教师专业标准,对高校体育教师的职前培养、入职资格、考评考核等做出明确的规定,对高校体育教师的专业知识深度和广度、专业技术能力、教育教学能力、理解沟通能力、组织协调能力、师德师风等方面做出要求。高校体育教师专业标准的制定无疑有助于其身份认同和主体意识的增强。

2. 树立教学科研并重的理念，推进教研一体化建设

教学与科研是高校发展的双翼，缺一不可。受到传统的学术观与教学观的影响，大部分处于教学一线的高校体育教师对科研工作存有片面性认识，对其重要性认识不足，对高校体育教师教育科研目的有误解，或缺乏教育科学研究的意识，把教育科研当成额外的工作，不愿进行教育教学研究。对科研工作的信心明显不足，教育科学研究的能力较弱；还有部分高校体育教师轻视教学并一味地追求科研成果论文的数量，使教学与科研成了一种矛盾关系，而不是相互促进的关系，对教学与科研的关系存在认识上的偏差，致使理论研究与实践研究相脱离。教学的根本任务是育人，教书育人即通过教学途径达到育人目的，不重视教学则难以达到育人目的。教学与科研是相辅相成的，科研是创造知识，教学则是分享知识。对高校要纠正“科研第一、教学第二”的错误观念，一方面，要提倡回归大学根本、体育本质，适当减轻科研负担，取消或软化相关硬性规定；另一方面，加强体育教育教学制度体系建设，比如加强教学质量评估，重视学生对体育教育教学的反馈意见，重视体育教师互评等，完善教师专业发展评价机制，构建“学校、学院、教师、学生”立体化、多层面、动态化的体育教学质量评价体系。树立教学与科研并重的正确理念。教学是科研的实践“战场”，科研是教学的理论“智囊”，科研有助于优化教师的知识体系，增强教师的教育反思能力，教学和科研并重发展，可以相互促进，实现理论与实践的双向激活，以优质的教学和高水平的科研引领学校发展和教师发展。当前，大多数高校的体育科研力量相对于其他学科来说比较薄弱，需要高度关注体育教师的“内生态”和“类生态”，加强体育教师结合教学开展教育科研的能力，通过开展科研培训和专家讲座加入教研共同体等，提高体育教师教育科研素养，使其有能力在教育教学中对有代表性的问题或现象进行研究，不仅拓展教育科学知识，还能解决教育教学问题，改善教学质量，更新教育观念。同时教育研究能够促进教师不断学习，内化吸收先进的教育教学理论。教师既可以个体为单位开展研究，也可就一个课题成立课题组，各研究人员之间彼此合作。在科研过程中教师既能通过研究的过程提升文化修养，学习教研创新能力，还能潜移默化增强教育教学能力，从而促进教师核心素养与能力的发展。体育教师一旦加入科研的行列，知识面会更加宽阔，思考和认识也更加深刻，上课常教常新，必定更受学生的欢迎。教学质量的提高，自身的价值也能有所提升，从而形成积极向上

的职业情感，使教师的主体意识在科研并重的理念下引领教育教学的实践中逐步得到增强。

3.进一步落实高校体育教师相关待遇，提升其社会地位

体育教师专业发展的有效性取决于教师专业发展的动力，应当借助适切的外部激励机制，激发高校体育教师自我价值追求的内部动力。从外部因素来说，要继续发扬中华民族尊师重教的传统，营造尊师重教的社会文化环境。国家和有关部门要结合时代要求，赋予尊师重教切实的含义，进一步改善体育教师的工作和生活环境，提升体育教师的社会地位，与其他科目教师一样同工同酬，获得同等的职后教育培训权等，使体育教师真切感受到被尊重。尊师重教蔚然成风，广大体育教师在岗位上有幸福感、事业上有成就感、社会上有荣誉感，教师成为让人羡慕的职业，主体意识才会油然而生。现代社会中，人们对体育教师的误解和偏见还很普遍，造成这一现象的原因是多方面的，消除误解的主要方法是全面提升体育教师的综合素质和职业魅力，这是尤为重要和迫切需要解决的问题。作为体育教师而言，除了具有扎实的体育专业知识和过硬的运动技能外，更需要踏实认真，端正工作态度，夯实体育文化知识，提高自身品德修养等。同时，体育教师要充分发挥体育在促进学生身心健康、引导大学生强健体魄、培养学生终身锻炼意识等方面不可替代的作用，凸显体育教师自身的职业魅力，实现体育教育的育人价值，逐渐得到社会的尊敬和重视。

**(二)内部层面：提升专业素养，增强自我效能，确认主体身份**

新时期，体育专业技术课程教师的权威，应逐渐实现由“外在职位”趋向于“内在素养”的价值取向，即体育专业技术课程教师权威日益由“外在职位”的传统的与规定的权威，趋向于“内在素修”的感召的与专业的权威。这既是时代进步和社会变革对体育专业技术课程教师的要求，更是高等学校综合改革和体育专业建设与发展的必然趋势。“外在职位”的体育专业技术课程教师权威，是由一定社会和机构赋予体育专业技术课程教师的职称身份及地位权利等若干要素而形成的。这种权威的形成源自其规定性，并带有强制性。具有师生不平等的特征，师生处于支配与服从的关系，师生的发展均处在被动的和消极的境地，具有违背人的自主、自为的本性等特性。“内在素养”的体育专业技术课程教师权威，是由体育专业技术课程教师自己本身所具备的职业和专业的素质与修养，即体育专业技术课程教师所具有的“德、才、学、识”而产生的。这种权威是

以内驱力的方式而对学生起影响和教育作用为主要特征。其权威的大小，是由体育专业技术课程教师的个体素养及学生的信可程度来决定的，与体育教育体现为一种主动的和积极的关系，能极大地调动学生的学习热情，以及学生潜能的发挥等特性。体育教师的内在素养权威的提升，可有效增强自我效能感和实践意识。

“真正好的教学不能降低到技术层面，真正好的教学来自教师的自身认同与自身完整”。体育教师在教育教学实践中，要利用以技能的传授、学习和运用为主要特征的实践型教学优势，灵活运用所学知识，内化为自身的知识和教学理念，实施反思性教学，增强反思意识，做到理论与实践的双向激活，并以此增强自身认同和自身完整，促进自身的专业发展。

## 第三节 优化高校体育教师专业发展环境

### 一、高校体育教师专业发展环境分析

教师专业发展是教师个体内在因素与外部环境因素交互作用的结果，可见教师专业发展不仅需要教师个体的努力，也受到外部环境的综合影响。目前，学术界对高校体育教师专业发展的研究较多，现有研究内容主要集中在教师专业发展内涵、影响因素、发展路径等方面，其中专门针对体育教师专业发展环境的探讨尚不多见。

郑小凤在其博士论文《制度视角下我国西部地区高校体育教师职业发展研究》中，通过对西部地区13所高校的体育学院相关负责人进行访谈，获取该校制定的职称晋升制度、考核制度、培训进修制度、奖励制度等，并对西部地区12个省份的213所高校公立本科院校进行抽样发放调查问卷，详细比较各高校有关体育教师职业发展的绩效考核制度、晋升制度、进修与培训制度、奖励制度等，结果显示如下。

第一，教学发展受到进修与培训制度、奖励制度、自然环境维度的影响，学历、职称，以及学校制度和工作环境的其他几个维度对教学发展没有影响。所以，促进体育教师教学能力的提升，提高教学质量，就要提供进修与培训的机会，加大教学方面的奖励。

第二，工作环境对教学发展的影响更多地体现在自然环境，也就是说学校

的外部环境很重要,可以理解为只要学校的外部环境好,体育教师就能安心教学。这也是体育教师择业面临的问题,到底是首选学校,还是主要考虑学校所在城市的发展情况?毕竟高校的工资差异不大,除了工作以外,就会考虑生活因素。以往我们认为,对教学发展影响较大的是作业环境,而这次研究并没有得到显著性结果,那么可以认为,西部高校能够提供满足教学的基本条件,或者可以说西部高校体育教师对目前学校提供的基本教学条件满意。

第三,影响科研发展的因素比较多,分别是进修与培训制度、绩效考核制度、晋升制度、自然环境、团队环境、学历。有的体育教师会通过访学、进修等提高科研能力,从而促进科研发展。绩效考核制度会通过科研考核,促进体育教师提升科研能力,晋升制度是对职称晋升制定相应的制度,科研水平仍然是职称评定考虑的主要因素,因为教师之间教学的差别不会太大,拉开距离的是科研成果。自然环境如何影响教学,就如何影响科研,科研发展的成果很大程度上来自于对外部环境的肯定;团队环境主要指学校的学术氛围、组织氛围、管理方式等,学校有浓厚的学术氛围,有利于体育教师潜心学术、科研。学历也成为影响科研发展的因素,本科、研究生的科研水平是不一样的,一般情况就是学历越高,科研能力越强,为了提升科研能力,有的体育教师走上了考博的道路。

第四,职称职务提升的影响因素很多,如进修与培训制度、绩效考核制度、奖励制度、晋升制度、作业环境、学历、职称。几项制度对职称职务提升都有影响,可以说明学校制度是影响晋升的最主要因素。管理权下放至高校以后,学校起了决定性作用。作业环境对职称职务的影响体现在实验器材、图书资料等方面,自然环境和团队环境影响不大。学历影响科研,从而影响晋升,职称对职务是有直接影响的。很多高校对职务都有一定的职称限制,不同职称,如助教、讲师、副教授、教授,想要提升到另一个职级是受原先职级的影响的,如晋升为教授,助教、讲师、副教授所付出的努力是不一样的,所以职称也成为影响晋升的因素。

第五,薪资增长不受进修与培训制度的影响,受到其他三项制度的影响,在工作环境方面不受自然环境的影响,主要受到作业环境和团队环境的影响。其中主要是学校内部环境,由于薪资分配由学校独立完成,学校内部资源丰富、经费充足,自然会逐步提高教师工资。学历与薪酬是挂钩的,学历越高学位补贴越多。最近几年有的高校增加了博士的安家费,这直接与低学历教师拉开了收入差距。职称也直接影响工资，职称越高，工资越高。

第六，通过模型构建发现，学校制度和工作环境对西部高校体育教师职业发展影响显著，其中学校制度的影响超过工作环境的影响，成为影响职业发展的重要因素。所以，高校必须加强制度建设，始终将制定合理、科学的制度作为学校工作的重要事项。

生态学强调主体和环境之间的关联。高校体育教师专业发展离不开环境的作用，因为高校是一个复杂而开放的系统，具有明显的生态性。处在高校生态系统中的体育教师同样与内外环境之间有着联系，高校体育教师专业发展与其所处环境共生共存，相互影响，只有正确处理好高校体育教师与环境的关系，做到与环境协调进化，才能真正实现高校教师的专业发展。鉴于上面的研究结果，再参考借鉴其他查阅到的相关研究成果，结合高校体育教师专业发展特点，下面我们从个人、学校、社会文化环境三个层面的不同维度来进行具体分析。

**（一）个人环境**

唯物辩证法认为，事物的变化发展是内因和外因共同作用的结果，内因是事物发展的根本原因。按照生态学观点，生态因子和生态环境相互影响、相互依赖。而在教师专业发展的影响因子中，个人环境无疑是最大的影响因子，涉及教师个人综合素质，个人信念、情感认知以及人际关系等要素，在前面相关章节中我们已进行过相关分析。在现时体育教学、训练、科研、教学改革等环境中，源于对职业发展坚定而执着的信念，高校体育教师大多数对环境感知良好，这对他们的自主发展和进化具有积极意义。高校体育教师所表现出的复杂情感体验反映了在多元社会角色切换中，不断变化的外部环境和价值观导向与教师自我进化需求之间矛盾凸显。而和谐的同事关系、融洽的师生关系则验证了良好的人际关系互动有利于教师的专业成长。

某种程度上，教师群体受教育水平的高低、学历结构的合理性是衡量其总体水平的重要尺度。郭家骏对高校体育教师的调查显示，在 410 名被调查的高等体育院校体育教师中，有本科学历的高校体育教师 201 名，占被调查人数的 49%；有硕士研究生学历的教师 115 名，占被调查人数的 28%；有博士研究生学历的体育教师 61 名，占被调查人数的 15%。

这种学历结构反映出高等体育院校体育教师与其他学科的高校教师相比，学历水平普遍较低。当然，不同地区不同类型不同级别的高校会有所差异。如果高等体育院校体育教师队伍以具有学士学位的教师为主，会使得高等体育院校体育教师在专业发展中面临着严重的挑战。例如在职称评定的道路中会发现专业论文撰写困难、提升职称的道路较长，理论性专业知识较为缺乏，在提升理论水平中遇到较大的阻碍，等等。

教师队伍的职称结构往往能说明其教学质量、科研水平的程度。通常职称结构起着权衡高校体育教师队伍素质情况的高低作用，象征着体育学科的水平。在调查的14所高校体育教师中，具有教授、副教授职称的体育教师约占50%，相较其他发达国家的比重略微偏低。在我国，约80%的教学任务是由讲师、助教负责。此外，他们还有其他较多的任务，如对学生进行体育训练、辅导。伴随高校扩大招生规模，教师的工作量、工作压力也会急剧上升，这无疑是一种巨大的挑战。在被调查的410名教师中，教授120名，副教授104名，讲师186名。其中讲师的比重极大，说明高校体育教师的职称结构失衡，这或许也是体育教师在科学研究方面的能力比较薄弱的原因。同时也可能是由于高校体育教师数量不足但教学任务繁重；大部分体育教师只有大学本科毕业的学历水平，其本身的科研能力水平较低；体育方面的期刊数量较少、专业论文投稿命中率较低等多个综合因素共同作用的结果。

教师人际关系问题也会对体育教师专业发展产生影响。良好的人际关系可以降低职业发展的成本，是成功的助推器。高校体育教师的主要工作内容是体育教学、群体活动、训练竞赛，在这些实践活动中，与学校各层面的人交往频繁，人际关系也较为复杂。高校体育教师职业人际关系环境具有鲜明的人际文化特征。有调查显示，高校体育教师大多乐于和同事、学生交往。感觉同事之间有共同的认知与行为话题，能就教学、训练、竞赛、生活等多方面内容进行交流，与学生接触感觉有活力、有朝气，能较好地感受到教师主体的存在感和价值感。但是也有部分体育教师在日常的教学科研工作中因缺乏与其他教师的必要沟通与相互交流，教师之间存在隔阂与封闭，乃至防备与排斥等现象，影响了体育教师专业成长和发展。而在与领导和行政人员的交往中，由于所处角度不同，教师经常会有被支配和不被尊重的感受，更多地从利益角度看待彼此关系，缺少良好的情感沟通，存在距离感。教师期望通过现代大学的制度构建和办学条件的改善来优化校园人文环境，同时期望自身调整人际交往方式。

调查表明，复杂和矛盾交织是高校体育教师科研心态的现实写照。大多数教师能够正确认识科研的重要性，觉得科研和教学可以互为促进，普遍理解学校和院系的科研奖惩规定。但仍有相当一部分教师对科研和教学的评价机制不认可，对自身的科研现状不满意，对在职称评审中重科研、轻教学不理解。鉴于学科差异，以及学历、年龄、职称等个人能力因素，多数教师觉得论文发表难度大，觉得在繁重的教学之余，对科研感觉力不从心。多数教师觉得科研主要是单打独斗，渴望改善科研管理，科学处理科研与教学的量化评价，建立学术研究平台和团队，得到学校和专家的支持。

教师是教学改革的实践者，教学改革的价值传导依赖教师的身体力行。通过对高校体育教师教学改革环境调查，面对提高学生体质健康水平这一紧迫任务，绝大多数教师认同对传统体育教学方法、理念进行大胆改革和创新，愿意亲身参与改革实践，对通过教学改革提高学生身体素质较有成就感。但一部分教师认为，现在的教学改革大多是自上而下，教师并未参与课程改革设计，只是承担具体课程教学任务，教师在教学改革实施进程中缺失话语权。由于对新课程模式理解和认识不够，教学改革效果不够理想。因此，教师期望教学改革计划的决策能够更民主、更科学，管理人员、教师、学生等多元主体都能积极参与改革设计，对改革效果及时评估反馈。对体育教师要给予充分的尊重和信任，使之在人才培养、科学研究、学科建设、学术事务决策与管理等方面享有充分的发言权。

**（二）学校环境**

学校是教师工作生活的主要场所，作为组织的学校所秉持的精神、理念、制度、文化对教师个人专业发展起着至关重要的作用。其中教师管理制度是教师队伍建设的重要环节和制度保障，而制度的完善则是提高教师队伍整体水平的必要前提。目前，高校的进修与培训制度逐渐完善，大部分学校制定了明确的进修与培训制度，学校支持教师参加进修与培训，只是每所学校的支持程度不一样。由于客观原因限制，体育教师表现得并不积极。主要原因是进行培训影响收入，有的学校在培训期间只发基本工资，对于年轻的体育教师而言，面临结婚生子，花销较大，所以很多教师会放弃访学、进修等机会，又由于其他条件的限制，如名额少、有学术成果要求，最终导致参加进修与培训的体育教师并不多。这样不利于体育教师提升教学、科研能力，难以改变守旧思想，影响体育教师职业成长。在职称晋升制度方面，坚持文科、理科分类的学校占多数，音、体、美这些学科一般划在文科组。由于大部分高校都是统筹指标，全校教师一起竞争，在和其他学院教师竞争时，体育教师明显没有优势。总体来说，高校对教学和科研奖励都有明确规定，主要涉及教学、科研、学生工作、社会服务等方面。对教师起到了一定激励作用。但是“重科研、轻教学”的教师管理和评价体系也给高校体育教师的价值观带来了强烈冲击。此外，学校文化影响教师的教育理念和教育行为，对教师专业发展具有导向、规范、凝聚、激励等作用。但目前部分高校对校园文化建设不够重视，未形成宽松、和谐、开放、合作的学校文化，涵括自由、民主、科学、人文、批判、创新等方面的大学精神的迷失，限制了高校体育教师在教学改革中的主体地位和学术权力，导致其在具体的教学改革实践中缺乏话语权，挫伤了体育教师专业发展的积极性；环境是教学活动的基本构成要素，良好的教学环境能有效激发教师动机，提高教学效果。部分高校对体育教学的资金投入有限，如室内场馆等场地、设施不够完善，体育教学的设备与器材短缺，而学生数量急剧增长，户外场地自然环境差，导致出现与学生数量增长不相称的高校基础设施建设滞后的问题，尤为突出的是高校体育场地设施的建设不能满足大学生日益增长的多元化体育需求，不仅对体育课的教学内容和效果产生直接影响，而且对师生心理造成不好的刺激。这对教师的备课、教学工作及自身学习等均有一定影响，也会在一定程度上限制体育教师专业发展。基础设施完备、领导大力支持、浓厚积极向上的学校文化氛围等因素，会使得高校体育教师有更高的专业效能，在教学上发扬自己的长处，不断进行新尝试。

### (三)社会文化环境

教师的专业发展不仅受到个人行为和学校教师管理制度的影响，还受到外在发展环境的深刻影响。研究发现，教育人本环境的缺失、传统“官本位”文化、家庭责任羁绊、功利化价值观等社会文化环境是导致高校体育教师觉得专业发展困难的主要原因。其中，社会文化环境中的“官本位”文化日渐渗入教育领域，在高校中均有不同程度的体现。如教学管理行政化倾向突出，院校领导与教师间产生等级感与距离感，学校教育教学管理的行政化倾向与“官本位”文化的交互作用直接影响教师的人际环境体验，教师与行政管理人员之间有距离。而在传统师德文化的影响下，教师乐于与学生交往，关系亲和，热爱体育教学。此外，受“功利化”思想影响，高校教师考核评价工作过于注重对体育教师的奖惩性评价，忽略了对体育教师的发展性评价等。这些社会文化因素极大地影响了教师的教学自主性与创新性，损伤了教师主动寻求自身发展的积极性。对家的强烈归属感和责任感是造成目前高校体育教师感觉发展困难的另一个重要原因。照顾家庭必然会分散教学、训练和科研精力，给职业发展带来了时间、空间和情感上的多重挑战。物质社会的功利化导向也给教师价值观造成了一定影响，教师期望提高工资收入，改善生活待遇，过上更有尊严的生活。

社会文化、学校和个人环境的交互作用是影响高校体育教师专业发展体验的主要原因。精准识别体育教师专业发展环境要素，将有助于体育教师找回主体精神，实现高校体育教师自身发展和人格完善。

基于以上分析，得出以下几点启示：首先，高校体育教师要制定可持续的个体发展战略。面对复杂多变的社会文化环境，体育教师要有积极的态度和坚定的信念，充分发挥自主创新能力，积极主动地寻求和创造适宜自己专业发展的环境。其次，学校要制定和完善教师发展制度。树立科学的教师发展观，改革体育教师管理与评价体系，基于体育学科的特殊性为其提供适宜的交流平台和进修学习机会，构建专业共同体，在教育生态系统内构建教师互帮互助体系，帮助教师个体快速全面成长。最后，深化高等教育体制改革。追求“教学与研究相统一”，净化学术环境，弱化行政权威，引领和倡导积极的学术和社会价值观。

## 二、优化高校体育教师专业发展政策环境的具体方法

政策环境是教师专业发展的保障条件。优化高校体育教师专业发展的政策环境，首先需要高校加强顶层设计，从制度上合理安排推动教师专业发展的各类资源。体育是教育的重要组成部分，教育的最终目的是育人，对于我国来说，教育要面向社会，面向国家，面向现代化，培养社会主义现代化的建设者和接班人，即为国家培养人才。体育教师作为社会组成中的一个分子，其专业发展必将依附于社会系统，体育教师专业发展的顺利进行，有赖于上层政策的支持。上层管理部门不仅要以领导的方式对教师专业发展提出要求，而且更要以自身管理的方式，使体育教师由被动地被领导转变为主动、自觉地寻求发展。同时也要出台体育教师专业标准来规范体育教师的专业发展，促使体育教师专业发展摒弃“懒散”的状态而转为“勤勉”的状态。体育教师的专业发展有了客观的标准，将为行政部门的管理提供依据，体育教师也有了衡量自身的标准的依据，便于其寻找不足，明确自身的发展情形，进而加以改善。作为上层部门的管理者，要转变管理意识和管理方式，坚持“以人为本”的管理理念，从意识上将

自己从“管理者”的身份中脱离出来，成为推动教师发展的“服务者”，为教师提供更多、更好、更全面的服务，为体育教师专业发展提供更多的便利条件，以良好的政策环境保证体育教师专业发展的顺利进行。

科学、合理、完善的高校教师专业发展制度能为体育教师专业发展明确发展方向、提供成长平台并保驾护航；反之，则会束缚和限制其专业发展。从国家层面来看，我国先后出台了《高等教育法》《教师资格证书制度》《高等学校教师培训工作规程》《高等学校体育工作基本标准》《国家学生体质健康标准》《关于新时期加强高等学校教师队伍建设的意见》等一系列法规制度，一段时间以来，高校体育教师的权益有所保障，体育教师的职业地位和社会认可度、受尊重程度有了较大提高，体育教师专业化水平也有了极大提升。然而，法规政策的生命力在于执行，从实践来看，这些法规制度的实施并未得到应有的显著效果。究其原因，高校的行政驱使执行逻辑与体育教师的功利性选择逻辑之间的冲突和矛盾是问题的根源所在。

作为教师专业发展政策的具体实施主体，高校和地方教育行政主管部门与作为教师专业发展政策接受主体的教师，在相关政策的执行过程中遵循着不同的执行逻辑。从政策实施主体来看，几乎所有的高校都将教师继续教育作为目标管理、职称评审、年度考核的重要指标，大多数高校为体育教师继续教育提供了机会和一定的经费补贴；但是，政策实施者的主导性思维仍然是行政化驱使，无论入职前的岗前培训，还是入职后的继续教育，一般都是在没有充分调研教师实际需求的状况下由行政化驱使开展的，培训过程形式主义偏多。对体育教师而言，认真履行教育政策、自觉参加继续教育是应尽的义务和责任，但从实际情况来看，针对体育教师的各种培训效果比较差，受训教师功利意识浓厚(限于取得证书、获得资格)，内在专业能力提升的意识不强。李艳茹等学者所做的调查结果佐证了这些观点，数据显示尽管有96.68％教师认为学校在职称评审、绩效考核中对继续教育提出了明确的要求，却有高达78.58％的受调查体育教师认为体育学科地位不高，在选优推先、利益分配等方面受到不平等待遇；72.99％的教师认为参加继续教育是为了完成学校任务，应付与敷衍成分较重；66.44％的教师认为继续教育培训多流于形式，对自身专业发展作用不明显。可见，高校以行政命令加“杠杆”方式来强化政策执行，以简单化的实施方式来彰显政策的公平性；而高校体育教师符合“经济人”属性，为了追求自我利益会选择性地规避或接受政策内容。如此，高校的行政驱使执行逻辑与体育教师的功利性选择逻辑之间就有了冲突和矛盾。与此同时，高校体育教师在学科地位和资源赋予等方面所受到的不平等待遇则会进一步影响他们工作的满意度和专业自主发展的积极性。因此，高校体育教师专业发展制度的制定与执行，既要保证体育学科教师的平等地位与待遇，也要考虑继续教育的义务强制性，更要关切体育教师专业发展意愿以及对专业发展内容、教育方式等的需求，做到政策制定及实施与体育教师专业发展自愿性的有机结合。

首先，要树立教师专业发展的全员性观念，适当借鉴国外先进的教师专业发展理念，降低门槛，使全体教师能普遍参与进来。当前我国高校实行的以各种人才工程的形式，推动学术研究和高校教师队伍建设的方式，在科学性和合理性上值得商榷，采用这种小范围局限性的方式，推动教师发展是否能够适应当前需求、符合科学发展规律需要进一步探究。在这种工程性、小范围的人才培养方式局限下，高校年轻教师的专业发展逐渐被边缘化，而良好的教师专业发展环境，成为少数学者和专家的特权。仅仅依靠年轻教师自觉提高自身综合能力的愿望，来进行教师队伍建设和丰富学术力量是不现实的，故教师专业发展的普及，是当前社会的迫切需求。比如，高校制定促进教师专业发展的政策，需要考虑多方面的因素并平衡各方利益。从政策的受众看，体育教师只是高校教师队伍中的一个组成部分，学校在制定有关教师专业发展的政策时，不仅需要考虑体育教师的利益，还需要照顾到其他学科教师的利益；从资源的安排，教师的专业发展，涉及对人、财、物的分配与安排，学校在制定政策时，需要事先对这些资源做好统筹，确保资源安排的全面兼顾、重点突出。鉴于这些多方面的因素和利益关系，学校就要在制定体育教师专业发展的相关政策前，着眼于学校教师队伍建设的整体布局，结合学校的现状与未来发展规划，考虑体育教师专业发展的相关问题，调配体育教师专业发展所需的各项资源。换言之，制定体育教师专业发展的促进政策，不能只把目光局限在体育教师这个群体里，而要在学校发展的总框架内，思考体育教师的专业发展问题，加强宏观层面的顶层设计，从而为制定出更加合理的具体实施政策做好铺垫。

其次，在优化高校体育教师专业发展的政策环境时，需要高校从政策上对体育教师的专业发展适度倾斜和重点关注。在学校发展的总框架内进行体育教师专业发展促进政策的顶层设计，需要平衡好体育学科和其他学科教师间的关系，以确保学校中的绝大多数教师都会有所进步和发展。并不意味着学校有关教师专业发展的政策就要面面俱到，对每个学科都施以同样的考虑和关注。体育学科在高校理论层面上的重要性以及现实中的弱势地位，决定了高校在制定教师专业发展的促进政策时，要有意识地予以体育教师更多的关注和支持，“要推动高校体育教师发展，首先学校需要改变对体育教学长期忽视的状况，建立有活力的激励机制，提高体育教师对工作的兴趣和专业发展的内在动力”。具体而言，一方面，在制定直接关系到教师个人发展的政策时，高校要在兼顾各学科均衡发展的前提下，向体育学科适度倾斜，为体育教师的继续教育、学术交流、科研资助、职称评定等方面提供政策上的平等和便利，从而使体育教师的专业发展有更加具体明确的规定和更有力的保障条件，改变体育教师在高校中长期以来的弱势地位；另一方面，在制定其他相关政策时，高校要在相关人财物的配置和安排上，尽可能优先考虑到体育教师，改善体育教师的生活条件和个人待遇，减少体育教师专业发展的后顾之忧，提高体育教师专业发展的自信心。

最后，优化高校体育教师专业发展的政策环境，需要高校建立与之相对应的对政策实施的监督和反馈机制，打造有利于制度落实的舆论环境。政策只有落到实处方能体现其真正的效果和价值。要想真正推动体育教师专业发展，高校为促进体育教师专业发展制定的各项政策，就需要得到切实有效地执行，向学校体育利益相关者普及和传播相关制度政策，形成正确认知，而要实现一目标，就要以权责明确、执行严格的监督和反馈制度为基础。为此，一方面，高校在制定推动体育教师专业发展各项政策时，要同时出台一些旨在监督政策实施状况的规定、制度，其中要明确规定这些实施监督的主体、监督的方式，从而使政策能够得到贯彻执行；另一方面，高校还要建立体育教师专业发展政策实施的反馈机制，以教学督导队伍和体育教师为信息反馈的主要群体，摸清体育教师专业发展促进政策的实施状况，以及实施中存在的问题，及时发现政策落实缓慢或相关人、财、物配备不齐备的状况，确保学校为体育教师制定的各项有利政策，能够得到严格、高效的实施。

# 第六章

# 高校体育教师专业发展实践策略

## 第一节　高校体育教师专业化发展策略

### 一、高校体育教师专业化发展的意义

“百年大计，教育为本；教育大计，教师为本”。教育的质量高低看教师，教师教学能力的高低主要依靠其专业素质。提高教师专业素质的关键在于教师专业化发展。为了适应教育改革及发展，加强我国的教师队伍建设，如何实现教师的专业化发展已经成为其中重点研究的问题。顾明远先生曾在中国教育学会第十五次学术讨论会上强调教师专业化对教师发展的几大必要性，包括学生发展规律、科技发展、现代师生关系等。教师专业化建设是教师职业发展的必然要求。在我国提出教师专业化以来，基础教育领域的专业化趋向已比较明确，但与西方发达国家相比，我国高校教师专业化在世界范围内仍处于相对较低水平，与我国实现从教育大国到教育强国的系统性跃升和质变的要求尚有一定差距，教育强国建设任重道远。在教育高质量发展进程中，教师教育工作的重点是质量提升，这有赖于专业化的教师教育体系建设。2022 年，《教师教育蓝皮书：中国教师教育发展报告（2022）》发布会暨“新时代教师教育高质量发展”论坛上，华东师范大学教育学部主任袁振国谈到，在教师教育体系建设视角下，中国特色的师范教育体系长期支撑着我国教育的稳步发展。随着社会的不断发展，传统的师范教育体系逐渐转变成开放性、综合性的教师教育体系，但这一体系目前还不完备，专业化是其未来重点发展方向。在陕西师范大学教育学部教授龙宝新看来，走专业化发展道路，是教师职业发展和教师教育事业高质量

发展的必然选择。专业性是教师品性、教师素质、教师教育的核心和底层问题。

随着教育改革工作进一步深入，体育教师的教学内容、应用的教育方法也发生着巨大的改变。通过教师专业化运动以提高师资质量作为提高教育质量的突破口和关键，可以让我国的教育教学得到持续稳定的发展。所以，在高校大力开展体育教师的专业化发展工作，是高校体育教育教学改革的必然要求，是提高体育教师职业社会地位的需要，是高校体育教师自身专业发展的需要，也是体育教师教育发展的必然趋势。

高校体育教师专业化是高校教师专业化的一个重要的组成部分，高校体育教师专业化问题是与新教师的培养、在职教师的培训和教师的终身学习、终身研究、自我更新、自主发展密切相关的话题，也是与教育改革、新体育课程标准的制订实施息息相关的问题。探讨高校体育教师专业化的具体内容，深化和发展高校体育教师专业化的理论，构建科学的高校体育教师专业化知识体系也是提高专业学术水平的有效举措。正确认识高校体育教师专业化的内涵及其重要意义，体育教师才能明确自身的发展方向，不断追求自身专业发展，才能更好地迎接高等教育改革及新的体育课程改革的挑战。广大的高校体育教育工作者才能在理论和实践中发挥更大作用，才能真正振兴体育教育事业。

## 二、高校体育教师专业化的主要内容

前面我们提到，教师个体专业化和教师职业专业化共同构成了教师专业化。英国教育专家把教师专业化的标准概括为专业知识、专业能力、专业精神三个方面，认为在教师专业化发展中这三个方面是缺一不可、相互制约、相互促进的统一体，其中专业知识是基础，专业能力是保证，专业精神是动力。我国著名学者谢维和教授认为，专业化教师的知识主要包括三类：关于课程的知识，即掌握任课专业的知识，知道与自己专业课程相关的课程知识；关于教学实践的知识与技术，即让自己的教学成为其他人可以接受的知识；关于学生的知识，即发现和认识学生的特点，掌握学生学习和发展的规律，因材施教。

高校体育教师专业化的内涵是一个随着高等教育改革的深入而不断丰富的话题，是一个动态的、发展的概念，必须紧跟时代的步伐，不断更新观念，从各个侧面或不同角度进行多方位深层次的研究和思考，以进一步深化理论充实实践，使其得到不断发展和更新。

### (一)专业理念

体育教师的专业理念在体育教师专业化的内涵中处于最高层次。它属于认识论的哲学范畴,对体育教师的教学决策和教学行为起着指导性和方向性的作用,也是决定体育教学工作成败的十分重要的因素。一般来说,素质最核心的体现是世界观和方法论。素质对人的行为举止有着统领性的决定作用。而作为一名专业教师,有什么样的教育理念和教学思想就决定他有什么样的教学行为。高校体育教师的专业理念具体表现在教育观、学生观及教育活动观上。

1. 高校体育教师的专业理念体现在教育观上

高校体育教师的教育观主要包括体育观及体育教育观、大学观和人才观。

所谓体育观,是指人们从哲学上对体育本质的概括性认识。简单地说,体育观是关于"体育是什么""体育有什么作用"等的回答。教师所拥有的体育观对他所采取的教学方式和取得的教学效果几乎起决定性作用。体育观是一个动态的、发展的体系,随着体育的发展和时代的进步,我们对体育本质的看法也会发生变化,只有与时俱进的体育观才能正确引导我们的体育教育。

所谓体育教育观,是指关于体育教育教学方面的观点和信念,主要包括体育教育价值观、体育教育目的观、体育教育功能观、体育教育质量观、体育学习观、体育教学观、教师观、学生观等。其中体育教育价值观直接影响和制约着教师的教学观念和教学行为。全面而深刻地认识体育教育的价值对专业化的体育教师而言具有极其重要的现实意义。许多学者认为体育教育专业化的关键就是要解决体育教师的思想认识问题,即更新思想观念,树立现代化的体育教育观。持有不同的体育教育观会使教师认定不同的体育教学目标和教学重点,从而采取不同的教学方式,就会有不同的甚至相反的教学效果,所以,教师的体育教育观对教学活动起着决定性作用。

作为专业化的体育教师,我们应该认识到当代体育教育不仅是体育知识的传授、能力的培养,而且是文化的熏陶、素质的培养。当代体育教育不仅要重视运动技术的教学、运动技能的培养,同时也要重视体育中的思想、方法、情感、态度、价值观教育等多方面的价值。现代体育教育的价值取向不是单一地进行某一个方面的取舍,而是与时俱进随着时代发展需求实现科学价值与人文价值的有机整合。树立现代化的体育教育价值观,教师还应对现代体育教育目的、体育教育的功能、体育教师在教学过程中的地位和作用、体育学习活动的本质等有一个明确的认识，并对基于现代学习理论基础上的各种学习方式及现代化的教学方式积极接纳、理解和采用。譬如，要明确学校体育的根本任务是立德树人，以服务学生全面发展、增强综合素质为目标，增强学生体质和促进学生全面健康发展。帮助学生养成健康的生活方式，教学过程中要以教师为主导，学生为主体，教师是学生学习的指导者、促进者、合作者。体育学习活动是一个主动建构的过程，教学中应该提倡学生的自主探究式学习、合作互动式学习、问题驱动式学习、社会交往性学习，并采用相应的教学方法，以服务学生全面发展、增强综合素质为目标，坚持育人为本，全面实施素质教育，充分发挥高校体育的育人价值和育人功能，助力将大学生培养为有理想、敢担当、能吃苦、肯奋斗的德智体美劳全面发展，堪当民族复兴重任的时代新人。

大学观，也即大学观念，指对大学的认识、看法或观点。大学观应该是一种全面的、能够反映大学问题的思想体系。在中国高等教育话语体系中，与“大学观”相通的概念有大学理念、大学理想、大学精神、大学文化、高等教育思想和高等教育观念等，实质上这些概念之间区别主要在于措辞的不同，其内涵在某种意义上基本是一致的。高校体育教师的大学理念是指他们对自己所在的学校的理性认识、理想追求及其所形成的教育观念和哲学观点，有了正确的大学理念，高校体育教师就能在自己的心中对“大学是什么？能做什么?”做出理性的回答。没有理念指引的大学实践是一种“盲”，缺乏实践的大学理念则是一种“空”，高校体育教师所持有的大学观制约和支持他们对高等教育的认识与追求。

高校教师的人才观是其教育活动目的观的具体体现。我国的高校教师应该树立与时代背景相符的人才观。

我国高校体育教师的人才观主要体现在以下四点，一是强调为社会主义服务，根植社会需要，明确人才培养目标；二是注重实践学习，促进人才全面发展；三是弘扬科学家精神，挖掘学生创新潜力。秉持创新教育的理念，用创新型思维去指导教学活动念，建设良好的育人氛围，评价育人成果。一方面可以为社会培养创新型人才，另一方面也是对教育自身的创新；四是培养优秀人格，完善立德树人机制。人才培养过程中，需要把社会主义核心价值观贯彻于其中，做好爱国主义的教育，促使学生真正领会到时代精神的内涵，形成对社会主义忠诚拥护和真诚信仰，提高学生的爱国主义觉悟。

高校体育教师要牢固树立终身学习理念，始终站在知识发展前沿，善于结合学生的认知特点，选择合适的教学方法，提升人才培养质量，为强国建设、民族复兴培养更多高素质人才，要培养更多听党话、跟党走、有理想、有本领、有担当、能吃苦、肯奋斗，具有为国奉献、钢筋铁骨的高素质人才。培养出社会主义现代化强国所需要的创新人才，共同为中华民族伟大复兴提供智力支持而努力。

2. 高校体育教师的专业理念体现在学生观上

高校体育教师的学生观是高校体育教师对教育对象认识的集中表现，反映体育教师对“培养什么人”这一关键问题的认知。

首先，教师要认识到体育学习对学生成长的重大价值，始终树立“学生以发展为中心”的体育教育价值观，把大学生看作“发展的主体”。大学生已经具备了较高的发展基础和较为复杂的发展背景，是具有主观能动性的个体，是学习和成长不可替代的主体，蕴涵着巨大的发展潜能，具有个体差异性。新时代高校体育教师首先应以差异化标准和个性化眼光来审视每一个具体的教育对象，以多元评价关注“具体的学生”。

其次，教师要以包容的心态和专业素养接纳学生的全部，在此基础上研判和帮助每一位学生，面对“真实的学生”，知晓他们的真实情绪，洞悉他们的真实认知，才会做出有意义的研判和评估，教师的教育教学策略才有针对性，才有可能帮助学生成就更好的自己，同时也实现教师个人的专业成长。

最后，教师要以发展、全面的变化的眼光来审视和关怀成长中的学生，真正认识并理解这是一个知识结构和精神世界处于不断完善和提高的动态之中的群体，摈弃刻板偏见，才能为学生的健康成长创造更多可能性。

3. 高校体育教师的专业理念体现在教育活动观上

高校体育教师的教育活动观是指高校体育教师对高校体育教育、教学活动的理性认识。

首先，高校体育教师要树立民主的教育活动观。由于大学生的身心发展已趋成熟，已经有了较为丰富的知识背景和思维能力，在学习中，他们会把自己的经历和体验带到教育教学场景中来，并以此来解释所接收到的知识和信息。高校的教育教学过程实质上就是高校体育教师协助大学生进行积极的自我建构的过程。在这个过程中教师的价值在于激发、引导和维持大学生的学习并为大学生的建构过程提供辅助。所以在教育活动过程中，要树立民主观念，充分尊重学生的主体地位，主动与学生对话，用心灵、用理解，而不是用僵硬的教案和法则对待学生。要以学生的主动学习和发展为出发点，通过和学生的对话，使自己的教学与学生的发展真正同步起来。

其次，要树立科学的教育活动观，要遵循体育教学活动规律和大学生身心发展规律，按规律办事，自觉接受先进的教学观念，摒弃错误的教育思想，要改变填鸭式的体育教学，建立平等和谐互动的师生关系，要在课堂上充分发挥师生的互动性，引导学生学习由被动变主动，满足他们体育锻炼的需要，激发和培养大学生对体育的兴趣和爱好，使其养成终身体育锻炼的习惯。

最后，在教育活动中要增强创造性，推行研究性教学，注意方法论的指导，在每一次的教学活动中追求最优的教学效果，能根据特定的教学内容、教学环境、教学对象，灵活地、创造性地实施自己的教学工作，着力培养学生的创新精神和创新能力。

**(二)专业知识**

教师专业知识发展是教师专业发展的重要内容之一。但是关于“专业知识”的概念，一直以来都是教育研究者与一线教师难以回答或存在分歧的问题，人们通常认为教师专业知识包括本体性知识、条件性知识、实践性知识与文化性知识。而人们在使用“专业知识”的概念时大致有三种观点：其一，教师的专业知识是指学科知识；其二，既包括学科知识又包括教育类知识；其三，教师的专业知识是指实践性知识或情境性知识。我们认为，教师的“专业知识”应该既包括学科专业知识，又包括能将教师与教育专家区分开来、体现教师作为一种专门职业所必须具备的专门的知识，这种知识非一般人可以轻易获得。教师拥有学科的理论知识，也有实践性知识，这些知识既对他们的教学产生影响，也受到教学行为的影响，对教师知识的任何描述都应该包括这两个方面。从学科教学知识的视角看，教师专业化的核心问题是发展他们的学科教学知识(PCK)。因为PCK是教师专业发展的前提性条件。体育PCK即体育教师的学科教学知识( Physical Education-Pedagogical Content Knowledge，PE-PCK) 。

PCK分为四个维度：①教师关于教学目的的知识；②学生知识；③特定主题教学策略的知识；④课程和教材的知识和呈现知识。PE-PCK是学科教学知识在体育教学领域中的运用，是体育教师在具体的体育教学情境中把自己习得的体育知识与动作技术(学科内容知识,Content Knowledge)转化为学生的体育知识与动作技术(教学知识)的一种动态性教学知识,其核心是"有关学生的教学理解"(学科教学知识,Pedagogical Content Knowledge)。尤其是体育教师应该清楚学生已掌握的知识和技能,包括学生已有的概念是什么?学生已经知道什么?应该知道什么?已有的动作技术水平如何?理解的方式有哪些?在学习中将会有什么样的困惑?常犯的错误有哪些?教师应该设计哪些学习任务帮助学生解除疑惑?在特定技术动作的学习中学生的动机、兴趣与学习类型有哪些?体育教师以学科内容知识为基础,将自己所具有的学科内容知识以学生容易理解的方式进行加工并转化给学生。即体育教师将学科内容知识转化为 PCK。具有丰富 PCK 的体育教师总是尽力使自己的教学变得有意义、有目的和有快乐感,他们不断反思自己的教学实践和学生的学习表现,从而使其教学有效性得到极大的提高。教师学科教学知识用强弱、不成熟和内容丰富来描述教师展现 PCK 的程度。PE-PCK 具有实践性,成熟的 PCK 是体育教师学科专门知识的反映。PE-PCK 是体现体育教师专业属性的重要依据,是体育教师专业发展的重要途径,同样也是建构体育教师教育课程的重要基础。PE-PCK 在体育教师应具备的知识基础上处于核心地位,是确立体育教师行业区别于其他行业专业属性的关键要素,是体育教师教学技能高低的直接体现。

### (三)专业道德

作为专业人员的教师必须具有专业知识和职业道德两大方面的专业素质,其中高尚的道德是教师最为重要的专业素质。道德作为一种社会现象,作为一种意识形态,作为一种价值体系,是通过社会舆论、个人内心信念和价值观念以及适当必要的行政手段调节人与自然、个人与他人、个人与社会之间关系的行为准则和规范的总和。同时道德也是个人自我完善的一种手段,是一种目标,是个人自由全面发展的一个重要组成部分。

道德是在人们的社会生活实践中产生和形成的,充当人们的社会生活准则,是"主观精神与客观精神的统一"。陆道坤、张芬芬认为教师专业道德是指教师在专业工作(发展)中以及给予专业身份从事与专业工作相关或对专业工作产生影响的活动中,应当具备的道德观念、道德情操、道德品质,以及必须遵守的道德规范和准则。它是调节教师与工作、教师与他人、教师与集体、教师与社会相互关系的行为标准,是一定的教育制度对教师专业行为的基本道德要求。

高校体育教师专业道德的存在价值和意义如下。

1.博爱健康

教师之爱是专业道德的核心内容,教师没有关爱、热爱、友爱之心,教育教学过程将无法转化出优质的教育教学效果,因此爱是教师开展教育活动并取得成效的根本动力保证。对高校体育教师而言,发挥榜样的垂范作用,用身体力行的方式关爱学生、热爱工作,在与学生共同学习和锻炼的过程中成为学生的榜样,真正做到言传身教,体现出教师专业道德中对自身专业身份的高度展示,必将对学生人格素养的形成与稳定起到积极的作用。

2.责任使命

在动态的课堂活动和交往过程中,高校体育教师和学生间形成了"责任共同体"。这种责任是基于教师对专业道德中有关专业工作的性质和职责的清晰认识。不仅包括在体育活动中对风险预判、行为管理、教学设计等动态管理的责任担当,更有针对学生主体能力判断、运动建议、健康干预、锻炼习惯养成等指向学生自身发展的义务需要。这种责任与义务并存、监督与指导并举的工作特征,要求体育教师在专业工作中必须有强烈的使命感,方能反映出高校体育教师的专业价值。

3.知行合一

随着社会的进步和人们认识水平的不断提升,提升生活品质的愿望越来越成为现代人的不懈追求。特别是在高等教育阶段,恰恰是人们建立稳定的世界观和生活观的重要时期。体育教育教学过程由于将教材融合在教师的实践教学过程与方式之内,以教师的言行举止来实现体育教学知识与内容的转化,因此使得师生之间的交往直接而深刻。学生更多的是感受着教师在实施教学活动中的形象、气质、行为方式,无形之中带给学生的是教师自身的态度、行为特征和行动策略。在这样的过程中,高校体育教师起到了从教学和练习中引导学生如何面对生活、学会生活、融入生活、享受生活的种种能力,将知识、技能、行动和习惯作用到生活中去,做到会生活、爱生活。

4.规范自觉

体育课堂实际上是一种动态行为管理的过程。教师传授知识和技能,并指导学生通过练习掌握运动技术方法,借以获得长效锻炼方法与体育习惯养成的同时，势必伴随着对课堂秩序的维护和教学过程的控制。对于学生而言是一种他律形式的存在，其目的是期望和引导学生自律效果的提升，从而使教学效果最大化。作为高校体育教师专业道德的重要外部作用体现，其功能是通过教师的专业道德约束力，使教师他律——学生自律——师生自利——更高利益诉求的循环升级成为可能，不断地推动教师和学生在各自教学位置上的动态发展。

可以说高尚的道德是教师提升专业知能的重要内在动力，高尚的道德有助于教师充分而正确地发挥专业知能的功能。作为一名合格的高校体育教师，就必须有牢固的体育专业思想和职业道德，热爱体育教育事业，增强教师的责任感、使命感、荣誉感，规范职业行为，明确师德底线，努力成为有理想信念、有道德情操、有扎实学识、有仁爱之心的"四有"好教师。

**（四）专业创造性**

体育教学是一种创造性活动，它依赖于体育教师的专业素质和特性，而所有的专业特征的确立都有赖于体育教师创造能力的发挥。创造是唤起教师内在尊严和欢乐的原动力，创造力使教师职业超越了单一的工匠式技能特征并成为衡量教师专业化程度的核心指标。专业化的体育教师从事的理应是达到专业层次的教学活动，而所谓的专业层次其关键就在于教师在体育教学实践中的创造性发挥。体育教师的创造性的基本内涵是体育教学并非一种简单的重复劳动，每个教师都必须依据特定的教学内容、教学环境、教学对象机智、灵活地进行教学。具体而言，体育教师专业创造性的主要体现就在于教师在开展体育教学活动时，能够自觉依据正确观念的指导和结合先进的教育理论，基于自身所拥有的专业知识和专业实践经验，发挥自己的聪明才智，始终能根据具体情况，灵活地、创造性地实施教学，从而取得最优的教学效果，而不是盲目地追求某种教学理论或拘泥于某种教学方法和教学模式。

体育教师的专业创造性包括教师与时俱进的创新开拓精神、优化意识和自我更新意识以及终身学习、终身发展、终身研究等现代理念。因为这些是教师发挥个体能动性、创造性地实施教学和保持创造激情的源泉，更是教师自主发展的真正含义。传统观念下的教师，奉行的是一种以自己的生命去满足学生、满足教育需要的原则，这事实上是一种客体行为，这样的教师将目光聚集于"自己能为别人做点什么"，忽视了自己本身的需要。新时期的教师应意识到教学工作的最终目的是使学生得到全面发展，教师应该具有无私的奉献精神等传统观念的确不错，但同时教师也是发展中的主体，教师自身也要得到不断发展。否则，教师的创造性才能终有一天会枯竭，教师的创造性也就成为无源之水、无本之木。所以说，教师的自主发展是教师保持创造性和创造激情的“源头活水”。加之素质教育的一个重要内涵就是培养学生的创新精神，只有教师具备永恒的创新精神和创造才能才有可能培养学生的创新精神。

教师的能动性和创造激情以教师的责任感、爱心、耐心、热情、忠诚、奉献等人格魅力为依托，热爱是最好的教师，也是激发教师专业发展内生动力的源泉。唯有对职业心存热爱，才能坚持，才能全力以赴、义无反顾，而这些正是教师专业情意的内涵。所以从这个角度来说，教师的专业创造性也包括教师的专业情意。研究表明，体育教师的专业情意在体育教学中对激发学生学习体育的兴趣和动机、营造体育学习环境、提高体育成绩、完善学生个性、塑造学生人格、优化情感品质、提高体育认知加工水平等方面均有重要价值。专业情意使教师职业成为一个具有挑战性、愉悦的、不枯燥的职业。

总之，教师的专业发展决定了教师必须是终身学习、终身研究的主体和持续发展的个体。这是自我提高的驱动使然，是主体发展的内在需要，是保持创造激情和创造力的原动力，更是专业成长的必要途径。唯其如此，才能够顺应教师专业化的潮流，笃定从教信念，坚守师道尊严，提升教育情怀，才能永葆创造青春和激情，成为合格的、出色的、优秀的、卓越的专家型教师。

**(五)长期的体育专业培养**

通过专业训练以获得专业技能是一个长时间的过程。高校体育教师的专业化培养是要经过职前教育、入职教育和在职教育三个阶段，是一个动态的发展过程，其养成是一个漫长系统的过程。高校体育教师职前教育阶段对体育师范生的培养必须以教师专业化为改革取向，对照教师专业基准，从体育观念意识、体育课程设置、体育教师个体三个层面予以整合改革，依据社会发展需要培养适应新时代高校体育教学需求的合格的体育专业人才。高校体育教师入职教育阶段即大学体育专业实习、见习阶段，此阶段应为入职体育教师提供的为期至少一年的有计划、系统的、持续的实践学习。通过实习积累经验，逐渐进入自己应有的角色。高校体育教师职后学习阶段是指教师建立终身学习的专业意识阶段，并逐渐使终身学习成为一种自觉行为。这就要求教育部门应为教师的终身学习提供各种条件和机会，建立健全各级国家教师继续教育的基地，形成教师终身教育的全国网络，加强高校教师教学发展中心建设，全面开展教师教学能力提升培训。深入实施中西部高校新入职教师国培项目和青年骨干教师访问学者项目。因校制宜，建立健全多种形式的基层教学组织，广泛开展教育教学研究活动，提高教师现代信息技术与教育教学深度融合的能力。

## 三、高校体育教师专业化发展策略

### （一）提升高校体育教师专业化发展的内在驱动力

#### 1. 培养高校体育教师的专业精神

专业精神是指个体在信念、追求上充分表现出的风范与活力，是体育教师个体专业发展的内在动力，也是实现体育教师专业化发展的核心动力。高校体育教师的专业精神，表现在热爱体育教育事业、自觉追求专业知识的提升，并积极探索体育教育实践的规律，保持对体育教育发展研究的浓厚兴趣等方面。高校教师对自己所从事的工作应由职业的满足提高到对事业的追求。作为以教书育人为己任的教师，既然选择了教育事业，就要坚定自己的专业理想，要具有高度的事业心、责任感，全身心地投入教育教学工作，把敬业爱生作为自己生命价值的重要组成部分，使自己的职业存在状态由“生存型”“享受型”转向“发展型”，对自己的要求应由传统的教书匠提高到具有专业精神的教育家，这也是实现高校体育教师专业化的必经之路。

#### 2. 提升高校体育教师的专业自主意识

教师真正实现自主专业发展的前提，要求既能将教师过去的发展过程、目前的发展状态和今后可能达到的发展水平结合起来，使得已有的发展水平影响今后的发展方向和程度，未来发展目标支配今日的行为，又能增强教师对自己专业发展的责任感，从而确保教师专业发展的自我更新取向。因此，高校体育教师要提升专业自主发展意识，经常对自身的专业知识和能力进行审视与反思，并通过各种途径和方法开展教研、学习、反思，不断完善和提高综合素养。而要提升专业自主意识首先要培养高校体育教师的自主教育意识，自主教育是个体有意识、能动地进行自己对自己的教育。教师专业化是一个不断发展的过程，在这一过程中，要求高校体育教师应具有体育教学技能的自主学习和自主专业发展的意识，以及提高自身竞技水平或经验的追求，不断接受和吸纳新知识、新技能，提升精神涵养。及时反思、更新自己的体育教育教学理念和实践。在教学过程中通过开展教学交流、相互听课等活动，借鉴别人的经验积极完善自己。同时积极进行自我反省和自我剖析，不断改进教育教学方法，这是高校体育教师专业发展的态度前提。要尊重教师主体地位，充分发挥教师的积极性、主动性和创造性。全社会都应尊重教师这一神圣职业，学校更要牢牢确立办学以教师为本的理念，积极为广大教师施展才华、奉献社会创造条件。充分肯定教师在教育改革发展中的重要作用，确立教师在学校各项工作中的主体地位。对教师要给予充分的尊重和信任，使之在人才培养、科学研究、学科建设、学术事务决策与管理等方面享有充分的发言权。要根据学校发展目标和办学定位，建立健全科学、合理、有效的教师激励机制，构建多样化的教师成长体系和服务社会的平台。

3.提升高校体育教师的专业化知能素养

教师的专业知能素养是高校教师专业化的基础。一名优秀的高校教师，首先应当是某个领域内的专家，专业知识扎实，同时又是一名渊博的学者，了解与本专业相关的学科知识，涉猎广泛，并及时吸取当代科学技术发展的最新成果。体育是一门实践性较强的综合性交叉学科，涉及教育学、心理学、社会学、力学、运动医学和解剖学等各个学科，要求高校体育教师具备较高的知能素养，在体育教育教学中体现人文精神，利用体育学科知识育人，注重发挥体育的育人功能。同时具备基础性运动能力，掌握体育教学的基本规律和方法，在学校体育工作中具备操作性能力，包括课程领悟、教学实施和课外体育执行等方面，这也是对高校体育教师的要求。从完成体育教学任务来讲，学科知识对体育教师的支撑作用，反而比教育学知识对体育教师的支撑作用显得更直接。假如没有教育学知识的支撑，体育教师在体育教育的路上可能走得慢一些或者低效一些，至少还能走下去；但若是完全没有学科知识的支撑，在体育学科教育这条路上便无路可走。丰富的学科知识让体育教育变得更有内涵，对体育教育知识的科学价值实现得更好；丰富的教育学知识让体育教育变得更高效，对体育学科教育育人功能发挥得更充分。

**(二)挖掘高校体育教师专业化发展的外在驱动力**

1.严格的准入制度和完善的资格评定制度

教师资格制度的作用在于确保教师队伍达到基本的素质要求，是在新的历史条件下，对教师的师德、教学水准和文化素养等提出的更高更具体的要求。但是从实际情况看，我国高校教师资格制度尚不完善，政府管理高校教师资格认证制度效率不高，且流于形式。因此，为了确保高校体育教师质量，增强学生体质、提高综合素质、健全人格的学校体育目标，应严格准入制度，加强高校体育教师专业能力考核，招聘具备较高的政治素养和知识技能水平的高素质人才，选拔优秀体育教师进入高校，提升高校体育教育教学水平。与此同时，要不断完善高校体育教师资格认证制度，加快制订适合我国高校发展国情的体育教师的资格认证标准，确立高校体育教师专业化发展的具体目标；将高校体育教师纳入定期注册范围，建立信息资源库，记录教师专业发展轨迹，根据考察结果决定教师是否具有继续任教资格及教师资格。确保选拔出、发展好与新时代高校体育教育事业发展要求相符合的高素质人才。

2. 完善高校体育教师岗前培训、职后轮训制度，创新校本培训

当前，我国实施的高校教师岗前培训制度，内容是学习四门教育理论修养与教育技能的课程，弥补教师在教学专业上的不足。但是这一培训制度存在不少问题，比如培训时间短、人员过多等，培训质量无法保证，而且偏重于理论知识的灌输，缺乏实际技能的训练，教师在教学实践中，难以将学到的知识运用到实践中，导致岗前培训不能从根本上解决教师的实际需求。

为了改善这一现状，除了科学规划培训内容外，还可实行教师轮训制度，分批次将教师轮流送至校外进行培训或脱产学习或做访问学者，以促进其提高素质，增强能力，开阔视野，加强教师间的学术交流。教师轮训制度的目的是让教师走出去，走出象牙塔，增长见识和才干，更新知识体系，提高教学和科研能力，深入实施中西部高校新入职教师国培项目和青年骨干教师访问学者项目。不过从实际情况看，我国高校体育教学资金紧张，师资力量有限，教学任务繁重。为了解决这一问题，应根据本校的实际情况，因校制宜，建立健全多种形式的基层教学组织，广泛开展教育教学研究活动，提高教师现代信息技术与教育教学深度融合的能力，抓好“师德教育”“互联网＋”和“校本培训”三个着力点，强化职后培训，实行多样化的培训制度，全面推进“互联网＋职后教育”创新行动，开启“云端”培训新模式，引领体育教师及时跟进体育学科前沿热点和先进思想理念，又要从校本视角搭建“双跨”校本培训平台，打造基于校本培训的教师专业学习共同体。比如相互听课、新老帮带、教学竞赛、学术讲座、课题小组、交友书屋等研修路径，提升师师互动热情，引领教师合作学习，促进教师共享知识、经验、情感与思想，切实增进教师的教学实践能力、教育研究能力及业务水平，一

起走向共享、共生与共荣。不断丰富培训的形式和内容，促进专业持续发展，提升体育教师的专业素养和专业能力。在对高校体育教师开展校本培训时，应该主动了解教师的需求，有针对性地开展不同形式和内容的培训活动，积极开发个性化的培训市场。高校体育教师的个性化培训坚持自愿与实效的原则，自愿其实是建立在实效之上的。目前，大学教师培训市场没有形成起来，根本原因是缺乏实效，假如没有外在的行政指令或与晋级等直接利益挂钩，高校教师参加校本培训的积极性几乎没有。可见，校本培训既要为教师专业成长服务又要满足教师的需要。

3.加强高校体育教师专业组织建设

在我国，建立教师专业组织、扩大教师专业自主权是教师专业化发展的重要途径。当前，我国高校的行政化比较严重，高校教师的科研成果交流、学术探讨等，均受到了很大的限制，教师的权益也受到很大的损害，影响了教师专业化的发展。我国许多教育学会对学科建设的探讨、科研成果的交流、教师权益的争取、教师专业化的发展以及教师队伍的整合影响甚微，力度不够。为此，在加大现有专业组织在教师权益与专业发展方面投入的同时，还要继续建立一些全国性、地方性的教师专业组织，制定职业公约，发挥专业自律精神，提供在职培训的机会和条件，规划自身发展中的自主能力，加强专业之间的交流与合作，增强自身发展能力，为体育教师争取更多的合法权益。从长远来看，加强教师专业组织的力量，通过集体的力量来增强其对政府教育决策的影响，为体育教师群体争取更多的合法权益，为教师专业发展提供更广阔的空间，这将有利于体育教师专业化水平的提高。

4.以课题研究和实践为载体，注重发展高校体育教师的科研和创新能力

根据新时期高校的根本任务和使命，提高高校体育教师的科研能力和创新能力是时代的迫切需要，也是高校体育教师专业发展的必然要求和必由之路。对此，在高校体育教师专业发展的全过程中，要坚持以课题研究为载体，培养高校体育教师的科研水平和创新能力。譬如对于新入职的体育教师，在专业发展的开始阶段，应根据他们所学专业和学校的需要，帮助其确定较为固定的研究方向，如通过吸收到相应的课题组、自主选题、指导学生毕业论文、参与有关单位的研究项目等形式，逐步培养他们的科研意识和教育科研基本能力，增强他

们从事科研工作的自信心、主动性和积极性。在专业发展进入成长期，让他们进一步确定科研工作目标，并赋予他们一定的科研任务，让他们通过独立承担一般课题或作为一般课题组负责人、项目主持人等科研活动，进一步培养他们的科研能力。支持教师深入实际、调查研究，把实践锻炼作为自我提高的重要环节，定期深入农村、企业、社区，在实践中寻找解决课堂教学中所遇到疑难问题的答案。帮助教师不断提升开展科学研究工作的能力，特别是要重视基础理论研究，强化科学研究对课堂教学的支撑作用。在这一阶段，他们的科研水平并不重要，重要的是通过科研实践来增强他们敢于攻坚、勇于突破的信心，从而最大限度地激发他们的主观能动性和创造力，提升自信心，为使其成为一名较成熟的高校教师奠定坚实的学术基础。在专业发展逐步走向成熟期，可对其科研工作提出更高的要求，如鼓励他们申报省、部级项目，通过承担较高水平的科研任务，进一步提高他们的科研水平。在专业发展进入成熟期，则更要充分发挥他们的专业自主意识，在学科建设方面，要引领学科的发展，带领学术团队开展卓有成效的科学研究，培养青年体育教师。

5. 完善高校体育教师评价体系

教师评价是基于教师的客观行为表征，对教师专业实践和绩效做出的质量分析或价值判断的过程。良好的评价体系机能为教师提供价值导向，也能激发教师的发展欲望。教师年度考核、职务晋升和聘任等制度，都是我国高校当前正在实行的教师评价机制。但目前的高校教师评价机制侧重点在于选拔、甄别和比较，而忽略了教师专业化建设。体育教师角色多样化及劳动复杂性决定了任何单一评价对教师而言都是“片面的正确”。为了促进教师专业化发展，应逐步完善教师评价体系，进行多元化、个性化和发展性评价，增加发展性评价机制、校外专家评价机制和教师自我评价机制等，充分发挥评价考核导向、调节、激励、改进等“指挥棒”的正向引导作用。将教师视为积极进取者和自我构建者，结合特定的专业氛围、必要的组织形式和硬件方面的支持，对教师个人所处发展时期、面临的专业情境和可能出现的专业问题有所预期，鼓励体育教师制定针对性较强的个人发展规划，避免评价一刀切。同时注意在各级各类教师评价考核中，始终坚持把立德树人的成效作为第一标准和第一要求。以健全和完善竞争激励机制为核心，不断提高教师评价考核的科学化和规范化水平，坚持以体育教师工作的职业属性和岗位职责为基础，突出以师德、能力、业绩和贡献为主的评价导向。唯有将体育教师的内在发展需求和外在发展压力相结合，评价机制才能成为促进体育教师专业发展的重要手段。通过不断完善教师评价机制，促进体育教师专业化的发展。

## 第二节　构建高校体育教师专业发展共同体

高校对教师的管理相对较松，所以，以往高校体育教师的专业发展更多的是个人本位的专业发展。但实际上，专业合作对今日体育教师专业发展有着非常重要的意义，它可以有效克服体育教师“闭门造车”式专业发展带来的诸多局限。因此，展开深入的专业合作，形成教师“自主—合作”型专业成长模式，是体育教师专业发展的应然取向，也是体育教师专业发展的有效途径。

### 一、高校体育教师专业学习共同体

在全球化的教育变革浪潮中，通过建立教师专业学习共同体促进教师专业发展及学校教育进步已经成为各国教育政策关注的重点问题。专业学习共同体是近年来教师专业发展理论中的重要分支，它对于高校教师专业发展具有广泛的适用性，高校体育教师专业发展也不例外。

#### （一）教师专业学习共同体的内涵与特点

1997 年，霍德（Shirley M. Hord）首次提出“教师专业学习共同体”的概念，将其界定为：“由有共同愿景的教师和教育管理者共同建构的团队，他们在学习中共同探究、相互分享、注重实践，以此促进教师和学生的共同发展。”

专业学习共同体的概念兴起于 20 世纪 80 年代末、90 年代初，其前奏是学习型组织（The Learning Organization）的实践。学习型组织致力于通过有意识地激励组织成员学习，促进知识的创造、获取和转变，使组织更好地适应外部环境。随后出现的专业学习共同体虽亦围绕“知识促进组织变革”这一主题，但更强调基于感情、传统以及承诺的联结，跨越了地域的限制；更强调实践性知识，实践性知识本质上是一种默会的知识，需要以参与实践为途径获得；更强调集体共享的知识，集体共享的知识不是个体知识的简单叠加，不能依赖于灌输式培训，需要基于自主、自觉的反思、协商与合作。专业学习共同体终极目标是追求知识的创生，其关键词之一是“共同体”，即个体长久维持的团队及其关系，个体对团队目标具有认同感、责任感和使命感，个体成员之间彼此信任、尊重；关键词之二是"学习",共同体以专业性学习为主要活动,通过组织性学习解决问题,个体成员在这一过程中学习化解问题的方法;关键词之三是"专业",指决策源于专业积累、丰富的经验判断以及实践。

专业学习共同体有五个比较典型的特征:①专业学习共同体成员具有共同的信念与诉求,有共同的价值观和愿景,教师全程参与愿景开发和愿景实现;②专业学习共同体成员通过民主的协商机制进行交流与学习,进行持续地沟通与分享,并获得身份的建构和归属感,专业学习共同体也因此更需要支持性和共享性的领导的参与;③专业学习共同体拥有共享的知识库,即"固化了的、共同的资源以及共同体成员之间用于协商意义和便于学习的行话、术语";④专业学习共同体成员之间具有异质性,"拥有不同的兴趣,对活动作出不同的贡献,并且持有不同的观点,多层次参与是实践共同体的成员关系所必需的",团队具有创造力,合作学习产生不同于个体学习的成果,个人与团队共同成长;⑤专业学习共同体具有"自组织"的特征,其并非依赖外部动力驱动的组织过程或结果,并非被动地由上级领导制定、监督实施,而是教师群体自觉、主动进行自我提高和自我完善的过程。通过互参与课堂观察、记录和研讨,实现个人实践的共享与提高。专业学习共同体促进了教师资源利用的最大化,每个教师都可以成为共同体内部资源的提供者和享用者;专业学习共同体促进了学习型组织的形成与发展,增进了教师之间关于专业问题的交流与探索;专业学习共同体构建了和谐、平等的教师关系,打破了以专家、上级为主的教研局面,教师之间是平等的对话关系;专业学习共同体促进了反思型教师的形成过程,参与其中的教师将基于专业问题进行思考、获得他者的启发,进而获得专业成长。

体育教师专业学习共同体是在教师专业学习共同体的基础上对体育教师这一群体的深入理解,它从体育教师的专业性出发,以体育教师的专业发展为根本目标,在体育教师这个群体内进行交流互动,共同学习体育知识提高体育技能,为提高课堂教学和专业水平奠定基础。对于体育教师群体而言,专业学习共同体可促进新手体育教师身份认同的形成,而这种身份认同的过程是自下而上的过程,充分体现了新手体育教师的主体性和主动性,打破了以往封闭的组织文化,即莱夫(Lave)和温格(Wenger)所说的"合法的边缘性参与"(Legitimate Peripheral Participation,LPP)。合法的边缘性参与过程,熟手体育教师(中心)不会过分地要求新手体育教师(边缘)尊重已有的规则和习惯,而是鼓励新手体育教师表达自己的观点,并针对一些关键问题进行相互之间的协商和鼓励,促进彼此经验的分享与专业水平的提升。当然,熟手体育教师可有多重身份,在参与其他的共同体过程中,既可以是某方面的熟手,也可以是某方面的新手。专业学习共同体以民主协商讨论为主要交流方式,不会因为参与教师的身份差异而形成偏见。专业学习共同体可促进体育教师身份认同的转变,一是个人身份向集体身份的转变,二是单一身份向多元身份的转变。专业学习共同体形成的基础是相同的专业兴趣或专业任务,体育教师在问题的探讨与解决过程中形成了互助、共享的关系,在观察、模仿、参与、协商过程中逐步完成身份的重建,从“局外”走进“局内”,成为共同体中的一员。在共同体中是新手,也是老手,是学习者,也是施教者,体育教师的理念随之发生变化,知识结构得以改善,专业技能水平得以提升。专业学习共同体的建设可以在课堂中发生,也可以在校园、社团、家庭和社会中发生,体育教师的专业发展将破除专项、学科、地域的限制。专业学习共同体基于其科学性、包容性和感召力,促成体育教师身份认同的转变,从而打破原有封闭的组织文化、改变教育环境中自上而下的管理路径,提升个体自觉自为参与专业提升的意识,减少教师之间基于地域、学科、性别等问题所形成的固有看法和偏见,从专业领域的边缘将逐渐走向专业中心,打破了地域边缘化和学科边缘化的界限,构筑了更为健康的发展环境,从而形成更高的专业认同感。

体育教师专业学习共同体是随着专业、体育教育专业以及共同体、体育教师学习共同体的深入研究而提出和发展的,随后的教师专业学习共同体是对学习共同体、教师专业化的深化和发展。除了专业学习共同体的理论,教师专业学习共同体在发展过程中还借鉴了教师合作、学习型组织、教师学习等有关理论的成果。教师合作理论认为,教师之间的合作以及教师与学校领导者、管理者和学生及其家长之间的沟通可以提高教师的满足感、降低紧张不适感和提高工作态度。并且,教师合作学习不仅对教师自身的专业发展大有裨益,还将有助于形成校园的合作学习文化,推动学生合作学习共同体的形成与发展。学习型组织理论认为,自我超越、心智模式、共同愿景、团队学习、系统性思考是学习型组织的五项修炼,不断发现问题、解决问题,拥有学习的好奇心、满足感和强烈的内在动机则是学习型组织成员的重要品质。教师学习理论认为,教师学习的主要内容是学习如何教学,需要教师自身有相当的主动性和能动性,重视专业知识的自我更新、教学实践的反思对于专业发展的重要意义。

### (二)高校教师专业学习共同体构建的影响因素

高校教师专业学习共同体的构建,有的暂未实现,有的流于形式,影响因素较为复杂。从教师个体看,很多高校教师缺乏专业发展动机,职业发展规划意识淡薄,虽掌握现代教育理念和信息技术,但常因沟通渠道不畅而极少寻找学习共同体内的同伴互助,因而教师们的知识结构和专业发展均受到一定影响。而在专业学习共同体的发展过程中,成员的学习主动性至关重要,在缺乏自主学习意愿的情况下,基本无法产生创造性学习。从外部环境看,教育主管部门对高校教师的考核和评价中,特别注重教师个体的教学科研成果,而非团队合作效果,这也直接影响到高校教师对专业发展路径的选择。可见,高校制度和学习文化的配合对教师专业学习共同体的构建与发展有重要影响。

1. 文化因素

共同体文化是高校教师专业学习共同体的核心,共同体的不断发展壮大有赖于文化的维护与发展,因此,共同体文化建设应该作为专业学习共同体的长期建设目标。文化会塑造不同个体的思想,使之与共同体内其他成员保持基本一致。高校教师通过为共同体文化所接纳,而真正进入共同体。在这个过程中,新加入的成员无形当中也获得了专业发展。积极的专业学习共同体文化应当是彼此信任、相互尊重、相互合作、真诚开放、持续学习、共享实践。从教师个体传统的个人主义发展模式转变为专业学习共同体内互助发展模式,需要高校具备良好的合作学习文化氛围,积极探索多样化的共同体学习交流平台。文化环境的配合程度直接决定了高校教师专业学习共同体构建是否有成效,是否可持续。此外,积极的专业学习共同体文化的形成需要高校有支持性、共享性的领导,当前,各高校的科层管理文化不利于教师发挥积极性、主动性和首创精神,当行政管理过度干预和影响教师的职业发展时,专业学习共同体构建必然被忽略。

2. 组织因素

学习型组织理论创始人彼得·圣吉认为,学校是现代社会中最接近生产流水线的样例。高校一般都有各自的整套规章管理制度,严格的管理制度对于正式组织的稳定持续发展非常必要,但同时容易造成僵化思想。首先,高校对教师的绩效考核、职称评定主要看重其教学和科研等方面的硬性指标,盲目追求工作量和科研成果的做法使相当一部分教师忽视了对高等教育深层次的价值追求，缺乏终身学习理念，缺少共同学习意识。

其次，在经济学家亚当·斯密关于分工能够提高劳动生产率这一著名观点的影响下，现代高校的组织结构多采用高度分工与专业化设计，表现为校—院系组织管理模式，教师间的跨部门交流合作通常较为困难，结构的僵化和过度细分的科室无形当中给高校教师的专业学习共同体构建设置了组织壁垒。

最后，在现有的组织管理体系中，高校专业教师各自负责一门或几门课程的教学工作，除了偶尔的集体备课、听课、评课等活动外，大多数日常教学活动也是相互独立、隔离的，缺乏合作的动力和条件，体育教师缺乏建设专业学习共同体的自觉自为意识。因此，个人实践的共享与提高也难以真正实现。

3.制度因素

高校管理制度与现代企业制度一样，均强调标准化和客观化。对教师的教学效果由专家、同行和学生分别进行量化打分，对教师的科研成果按照课题和论文级别不同、资助经费不同制定相应评价标准，这套管理评价制度在一定程度上促进了教师之间公平竞争环境的形成，也有利于高校教师积极投入教育科研事业，提升自身职业素养。但也正因为如此，高校教师容易陷入孤立和隔离的个人主义竞争状态。尤其是当前有些高校在职称评定标准中规定，课题只能算作负责人的成果，而课题组其他成员则不能分享。在这样的外部制度环境中，教学和科研团队即使存在，也是不易持续的，因为投入与产出不成正比。近年来，各大高校陆续实行教师岗位聘用制，有限的岗位数量更加剧了教师之间的竞争，以往有合作意愿的教师也多务实地选择单干，放弃合作想法。制度环境的现实使教师间难以形成共享成果的价值观和愿景，更谈不上个人实践的实质共享，不可避免地影响了高校教师专业学习共同体的构建和发展。

不可否认，高校教师专业学习共同体作为一种新型模式，对于高等院校的教师文化与学生文化会产生重要影响。

首先，教师专业学习共同体可以激发教师的合作意识、拓展教师的合作形式，这些形式包括实时课堂观察、教学内容互评、共同研究和讨论教学问题，经常性组织批判性的讨论等。

其次，教师专业学习共同体可以提高教师的教学与研究水平。在专业学习共同体当中，教师互相分享彼此的教学经验、就共同遇到的问题展开有组织的科学研究，将使得教师能够更好地改善教学策略、更加以学生为中心、更高效地解决教学问题。

最后，教师专业学习共同体的建设能够扩大教师的自主成长空间。由于共同体强调教师平等的组织，每一位教师都在共同体当中享有自主决策权和管理权，每一位教师的不足和存在的问题都会在共同体中得到深入的探讨与反思，这就形成了教师成长的自主空间。

有学者将教师专业学习共同体分为成熟的专业学习共同体、发展中的专业学习共同体、分割的专业学习共同体、静止的专业学习共同体四种不同的类别，指出只有成熟的专业学习共同体才是能够有效促进教师合作、切磋、共同解决教学问题的共同体。成熟的教师专业学习共同体将有助于形成合作学习的校园文化，使得整个学校成为一个紧密联结、合作共赢的学习型组织，这种文化对于推动学生之间的协作与共同学习具有重要的积极意义。并且，教师通过专业学习共同体改善了教学策略，变得更加聚焦于学生的学习，通过教师共同的研讨、反思、合作更有效地解决教学问题，必然能够改善教学效果，从而间接地提高学生学习成果。

### （三）高校体育教师专业学习共同体的建构策略

高校应以学习型组织理论五项修炼技术为核心，打造教师专业学习共同体。高校教师应在能学、会学的同时，培养具有内在动机的学习精神，有不断学习新思想、新观念、新知识的内在需求。高校教师应打破传统的孤军奋战的思维模式，认识到在当前信息更新迅速、多学科交叉融合的大趋势下，“1＋1＞2”的团队学习效果更为显著。愿景是最有力的激励因素，可以把不同的人联结在一起。高校教师专业学习共同体的共同愿景应建立在成员个人愿景的基础上，同时与学校愿景内在统一起来。

#### 1. 构建和谐的人文环境，培育支持性、共享性的领导

高校教师专业学习共同体是生态取向的教师专业发展模式，特别需要宏观环境的配合。在良好的高校人文环境中，更容易形成教师间的自然合作文化。因此，需要高校管理者转变观念，尊重信任教师，讲究领导艺术，充分发扬民主的工作作风。既要用制度和纪律去约束教师行为，又要注重情感管理，加强与教师的沟通和交流，允许教师适度参与高校管理，提升教师的士气和工作满意度。和谐的人文环境是高校教师专业学习共同体构建的基础。

为了高校体育教师专业学习共同体的良好发展，高校管理者应当精心挑选恰当的领导者，有效利用专家资源促进体育教师专业学习共同体的快速发展。专家资源是学习共同体成败的关键因素之一。体育教师专业意识的形成和专业素养的快速提升离不开本学科专家和名师的引导，没有专家的前瞻性引领，教师共同体的发展可能会找错方向、走错路子，或者说不能把握学科前沿动态，难以摆脱陈旧理论的窠臼。把握学科前沿动向的专家是教师专业共同体成长的强心剂，引领普通教师在研讨、辩论、学习过程中不断实现自我超越。体育教师往往在自己职业生涯的初期感到迷茫，不知为何要从事体育教师事业，对专业的提升持无所谓的态度。而专家的作用主要体现在引领上，对体育教师发展方向、方式和方法的引导上，让体育教师明白自己所从事事业的意义。例如，可以利用互联网技术建立网络学习平台将教师凝聚在专家和名师周围，组成教师专业发展群体。搭建专家引领式体育教师专业学习共同体互联网平台，以体育学科为基础，以体育教学专家为核心，以教师为主体，构建"学科—专家—教师"三位一体的互联网体育教师专业学习共同体。组织内定期开展专家先进理念讲授、名师优秀教学案例的师范以及典型问题的分析，让所有体育教师在其中学习；体育教师除了在该共同体中学习还要学会反馈问题，将自己在教学实践中碰到的问题与共同体内所有人员进行交流，人人建言献策找到合理的解决方案，然后再推广，使教师形成专业学习的内外驱动力，最后推动互联网化教师专业发展共同体不断成熟。

2.进行文化建设，培育教师合作文化，促进共享价值观形成

建设和培育高校教师合作文化，是为了鼓励教师间的沟通交流，使个体的专业经验在共同体内分享，从而培养教师的合作意识。相互信任相互支持的高校人文环境有利于教师自然合作文化的形成，而行之有效的专业学习共同体构建应当是以自然合作文化为主，与人为合作文化的有机结合。良好的教师合作文化和开放、互信的协作氛围能使资深教师主动分享经验，年轻教师自由表达想法，实现部分隐性知识显性化，同事之间资源共享、信息互通，遇到问题一同解决，有利于教师间形成共享的价值观和愿景，是高校教师专业学习共同体构建的核心。高校管理者要积极引导教师群体形成互助互利、乐于合作的专业发展文化。学校教务部门和各个教研室要在教师群体(不仅是体育教师，还应包括不同学科的教师)中加大对专业合作作用的宣传，在学校内确立专业合作的

典型案例，使教师认识到专业合作的意义和价值，改变以往过于看重独立钻研、独立反思的个体化专业发展观。此外，要鼓励不同学科、不同专业背景的教师展开科研、教学方面的合作，鼓励教研室进行集体备课、集体教研、集体学习等专业活动，对教研室集体申报、跨专业教师集体申报的科研项目予以优先立项。就高校体育教师专业学习共同体的建设而言，要求高校管理者积极鼓励体育教师之间形成合作团体，鼓励各体育教师专业学习共同体敢于发现问题、勇于批评问题，并就共同遇到的教学难题进行研讨和调查，共享教学资源。在这个过程中，要警惕两种与专业共同成长相违背的现象。第一种是同事之间的恶性竞争，无视合作共赢的发展方向，采取学术不端的方法追求表面的、一时的胜利；第二种是表面上与同事之间进行合作，但实际上只是成立小团体、小帮派，各学习小组之间不仅没有良性共享，还想方设法贬低他人抬高自己。这两种现象都与教师专业共同体的精神相违背，是在实践过程中需要杜绝的现象。

3. 激发高校体育教师成长需要，实现个体与团队共同成长

激发高校体育教师的成长需要，催生教师的共同愿景，对于专业学习共同体的构建至关重要。内因是事物变化发展的根据，外因是事物变化发展的条件，外因通过内因起作用。因此，高校体育教师自身的成长需求是专业学习共同体构建的内在动力，学校及共同体引导者应善于聚合每位教师的成长需要，使之汇聚成一股强大的群体学习动力，促进体育教师在专业学习共同体中获得有效成长。

教师专业学习共同体的可持续发展不能简单依靠形式主义的协作或者简单的技术层面资源共享，而是需要教师的个体生命自觉。教师的个体生命自觉是专业学习共同体真正发挥作用的内在因素，或者说专业学习共同体建构的必然条件。拥有生命自觉的教师既不因既有成果而骄傲，也不因未来还需要学习的知识技能而退缩，而是有条不紊地稳步前进，时刻保持主动学习、享受学习的态度。并且，拥有生命自觉的教师并不局限于眼前的学习所得，而是有清晰的个人发展目标。如果一个专业学习共同体中的所有教师都有清晰的个人发展目标，时刻以实现专业目标为导向，那么这个专业学习共同体必能实现高效、有效的学习。

4. 组建不同目标的体育虚拟组织

随着互联网和现代通信技术的成熟以及移动设备的普及，体育教师组建不

同目标的体育虚拟组织成为现实。体育教师可以根据自身的需求组建不同目标的体育虚拟组织，如体育教师专业知识交流群、体育教师专业能力交流群、体育教师教学方法和方式交流群、体育教师课程教案交流群等以不同目标为基础的体育虚拟组织。体育教师可以根据自身的情况，选择可以提升自己专业发展的体育虚拟组织。

首先，这种在互联网时代出现的一种以QQ、微信等“群聊”为主的新型学习方式，为体育教师提供了方便、快捷解决问题的渠道，不同的体育虚拟组织虽然有不同的目标，但都能够对体育文化、体育教育和体育现象进行讨论，对于体育教师而言，可以潜移默化地促进教师的专业发展。

其次，一种是以博客、微博为主的学习方式，资深的体育教师通过发表带有图片、音频、视频等文件的文章来表达自己对不同体育教学事件的看法，来分享交流，长此以往会形成对统一教学事件的不同看法，为其他体育教师提供参考，这也可以提高体育教师的专业发展。

最后，以贴吧和论坛为主的学习方式，通过选取一些经典的教学实例来进行讨论，增加体育教师之间的互动性，让不同的体育教师去体验如果是你来教学你会如何进行。通过组建不同目标的体育虚拟组织，利用这三种学习方式，让体育教师在进行线下的活动的时候如鱼得水。

5.改革高校体育教师评价机制，创造专业学习共同体支持性条件

高校传统的教师评价体系包含诸多量化指标，理性有余而人性化不足，极易引发教师间的恶性竞争，导致教师间相互矛盾、猜疑、对立。考虑到高校体育教师职业的特殊性，应建立发展性评价体系，不仅重视考核结果，更注重考核过程。评价方法上应多采用访谈、非正式交流等形式，将过程评价与结果评价相结合、形成性评价与总结性评价相结合、定性评价与定量评价相结合、同行专家评价与领导学生等多元化评价相结合。评价内容上既考察高校体育教师的业绩量化指标，又注重体育教师的工作态度、合作学习过程考核。评价结果尽量少与奖罚直接挂钩，以发展性的眼光看待和评价体育教师工作，促进全员的专业发展。

当前，国外众多高校已经协助其教师建立了各种专业学习共同体，以促进教师专业发展。而我国高校中的体育教师专业学习共同体构建大多还只停留在理论层面，急需开展在适宜理论指导下的专业学习共同体实践，以上实施策

略希望能在实践中推动高校体育教师专业学习共同体的培育和发展。

## 二、高校体育教师实践共同体

### （一）教师实践共同体的内涵与特点

实践共同体最早是由莱芙和温格在《情境学习：合法的边缘性参与》一书中提出来的，后来又在温格的《实践共同体：学习、意义和身份》中得到明确界定。他基于社会性学习理论，认为实践共同体是学习分析的基本单元，类似于一个可以协商学习、意义和身份关系的论坛。它可以促使群体基于对一系列问题的共同关心或者是对一个主题的兴趣，产生持续的交互关系，发展质疑的精神，从而加深他们的专业知识，并对共同体产生归属感。“人类活着就意味着必须不断卷入到各项事业的追求中，当我们界定这些事业并共同卷入到追求中时，我们都在学习。在时间不断向前推移的过程中，这种学习催生了实践，映射出我们参与共同事业追求和自身之间的社会关系。因此，这些实践行为便创生了一种合作追求共享事业的共同体属性”。这个概念表明，实践共同体无处不在，是人们在追求各项事业过程中逐渐形成的；实践是一种学习，目的是追求共享的事业，使人们在卷入和追求事业的体验中获得的意义；意义的获得产生于参与者与追求事业的相互协商关系之中。它秉承了“共同体”理论中关于“共同的愿景”“合作的文化”“共享的机制”“对话的氛围”等思想精华，同时更加注重参与者“合法边缘性参与”地位，以实践性问题解决为导向，十分贴切于教师专业知识的特点以及教师在专业发展过程中的身份特征，对于解决教师教育中的“知行脱节”问题，提高教师专业发展的实际效果具有启发意义。

张平、朱鹏认为，所谓教师实践共同体，就是作为学习主体的教师通过实践共同体的活动获得专业发展。这成为促进教师专业发展的一种新途径。并将教师实践共同体的基本特征概括为以下五点。

1. 以“共同体”为载体

教师实践共同体打破了以往“教育者”与“学习者”之间的界限，以共同体的形式将教师聚集在一起，为教师之间的相互交流提供了平台，他们基于日常教学实践活动或问题解决的需要，改变了以往教师专业发展中“专家讲，教师听”或者“教授发挥主导作用，教师处于从属地位”的局面，使得每个教师可以根据自身的背景和实际情况分享自己的经验。在这个共同体当中，所有人都是平等的，没有地位高低的差别，只有参与角度的不同，从而有利于真正形成一种平等合作的对话关系,这种关系的建立,对于促进教师专业发展而言是至关重要的。

2.以"共同的愿景"为导向

教师实践共同体的共同愿景使教师集聚在一起,为了他们的利益与目标共同努力。教师实践共同体中的愿景更多的是一种特定的结果、一种期望的未来景象或意象,它不是抽象的,而是具体的、持续的、容易描述的。其中包括了教师个体的愿景和团队的共同愿景,它们并不总是一致的,共同愿景的形成正是建立在教师个人愿景的不断协商和协调的基础之上,受到具体情境和条件的影响,参与教师对于这些情境因素拥有各自不同的反应,而共同愿景的确定,就是这种不同反应进行协商的结果。共同愿景存在的意义,仅仅在于该共同体本身,它是共同体存在的基石,也是教师专业发展的目标。

3.以"协商的文化"为机制

"意义协商"是实践共同体中的一个重要概念。对于教师实践共同体而言,所有的学习行为都是在实践、反思和对话交流的过程中而产生的,这就需要建立起一种相互合作、相互协商的文化机制。它不仅意味着学习者作为共同体成员参与到实践活动当中,而且要求共同体成员分享学习资源,对话沟通,彼此交流情感、体验和观念,协作完成一定的学习任务,通过共同参与活动,建立彼此相互影响和促进的人际联系,进而形成对共同体愿景的较强认同感和归属感。这种协商的文化是民主的,开放式的,而不是权威的,封闭式的,它建立在共同体成员的共同愿景和发展需求的基础上。

4.以"教师实践问题"为基础

教师实践共同体从本质上来看,是一种基于问题的学习模式。它强调将学习过程设置到负责的、有意义的问题情境当中,通过共同体成员的合作解决真实性问题,使教师在教学实践中所获得的知识形成一种实践智慧,形成解决问题的技能,提高自主学习的能力。从教师知识的特性来看,教师知识具有实践性、情境性、个体性、默会性、整合性的特点,很难通过系统的传授或者书本知识的学习来获得,从教师的实践问题出发通过反思、交流、再实践的方式,开展教师实践共同体,将有利于教师根据个人的认知方式和所面临的教育情境的差异,提高解决问题的技能,从而提高教师专业发展的针对性和有效性。

5.以"实践参与中的身份认同"为标志

在实践共同体中,共同体成员的"合法边缘性参与"是一个重要概念。这种

“合法边缘性”的身份不是外界赋予的，而是根据共同愿景的不同，具体情境和具体问题生成的。实践共同体中教师的身份变化，也是随着其在共同体里中心地位的不断获得而发展的。这种身份的变化，既代表着教师学习水平的不断提高，亦是对其学习过程和学习效果评价的体现。它表现为某位教师作为一名专业人员，在面对某些具体的教育任务或问题时，其他共同体成员与其分享交流的频率等的高低和对其所发表意见或建议的听取、采纳程度等，它标志着共同体成员对共同体实践活动的“充分胜任”。整个共同体的实践过程就是参与教师从“初级学习者”发展为“专家学习者”，从“初级研究者”发展为“高级研究者”的过程。

教师实践共同体致力于共同发展愿景，通过共同协商、对话合作，解决教师教学实践中的实际问题，强调共同体中每一位成员的身份认同。教师实践共同体涉及人、活动、情境的关系集合体，这些关系可以跨越时间乃至空间，并与其他相关的实践共同体相关联。强化职业认同感与责任感、优化专业知识结构体系、提升专业能力是教师实践共同体开展活动的核心。教师在对话、合作、论争中不断汲取营养，实现从新手教师到经验型教师再到专家型教师的成长，提升教师队伍整体素质与推进学校变革。教师实践共同体是教师基于教学、管理、科研等实际问题与共同需求，与同领域的专家、学者、教师、学生及家长等结成“学习联盟”，是在共同发展愿景引导下，相互合作、对话、切磋与借鉴，实现互惠共赢的学习型组织。依据不同的标准，可将教师实践共同体分为不同的类型。依据教师实践共同体的组织体制分为正式与非正式的教师实践共同体。前者隶属于正式的学校教育系统，活动目标与学校发展紧密相连，是较为紧密的学习型组织，表现出较强的行政指令性与严格的规范性，如学校的教研室、科研室、课题组等；后者则是教师根据专业发展的需求，“志同道合”地组织到一起，是较为松散的学习型组织，教师在这类共同体中更能发挥学习的主动性，情感归属相对较强，如名师工作室、结对学习组等。依据教师实践共同体存在的物理空间形态分为实体与虚拟的教师实践共同体。前者要求在具体的物理空间中开展活动，体现出时间与空间的同一性；后者则是互联网高速发展的产物，超越了时空的限制，属于电子共同体。不同类型的教师实践共同体不是相互独立的存在，而是相互关联、相互交叉，特别是在“互联网＋”与国际化的时代背景下，为教师实践共同体提供了更加开放的文化情境与交互空间，构建跨越国界的教师实践共同体，以促进教师间的跨文化互惠学习与共赢性发展。

## （二）教师实践共同体的理论基础

教师实践共同体的理论基础主要有三个，分别是符号互动理论、学习型组织理论和群体动力学理论。符号互动理论认为，人的心智活动是在通过掌握和运用符号而发展起来的，这个过程同时也是人在社会中相互作用的过程。社会客体在这个过程中被转化为主观领域，而人的大脑则为这些客体赋予不同的意义。换句话说，人既是社会的产物，也是主体的我与客体的我相互作用的结果。符号互动理论点明了教师实践共同体的社会性与互动性，即知识只有在社会互动的过程中才能产生；学习型组织理论认为，精简、扁平化、终身学习、理性应变、自我改造是组织在应对瞬息万变的环境中不断进步的重要保障。如果组织中的每个人都能不断进行学习，那所产生的效果将优于个体绩效的简单总和，能推动组织实现质变。学习型组织理论说明了学习对于教师实践共同体的意义，以及教师实践共同体的影响大于单个教师进行独立学习所产生的影响；群体动力学理论认为，群体不是简单的集合，而是一个系统，有着该群体所特有的“精神能源”。凝聚力、驱动力和耗散力是三大群体动力，它们相互作用、抗衡，彼此消化、转化、推动着群体的演化和发展。群体动力学理论指出教师实践共同体的组织与管理并非简单的事情，需要警惕耗散力对群体能源的消耗。

## （三）教师实践共同体对体育教师专业发展的意义

教师实践共同体是教师共同追求价值目标、知识和权力共享的过程，实践共同体的组织形式将给教师带来许多显著的影响。根据已有研究，这些影响包括以下四个方面。

### 1. 教师实践共同体有利于促进新手教师向专家型教师转化

教师专业发展是教师实践共同体的动力源泉，成为一名专家型教师是每位新手教师的发展目标。通过实践共同体，部分教师的传统教学观念受到冲击，教师们通过研讨与相互批评，共同探索和实践以学生为中心的新时代教育理念；此外，教师在实践共同体学习范围浓厚，能够在共同体中深入地研讨实践中遇到的问题，从其他共同体成员的意见与分享中认识自己的局限和不足，找到新的解决方法。因此，教师实践共同体有助于突破教师发展存在的专业知识与技能瓶颈，加速教师专业发展的进程。不仅如此，各位实践共同体成员所掌握的知识不尽相同，通过成员之间的交流能够更好地帮助教师掌握完整的学科知识，拓展专业发展的广度和深度。

在教师实践共同体中，共同体成员对于所学习的目标或共同愿景的认知水平不同，认知能力也不相同。对于新手体育教师而言，观察和模仿体育专家教授解决问题的方法和思路是取得进步的重要渠道，通过与共同体中体育专家教师和其他教师的经验交流、对话和分享活动，新手体育教师对于共同愿景的理解不断加深，对于所需解决的问题的认识不断深入，并逐步内化成为具有个体性质的、相对稳定的实践智慧。在参与共同体实践的过程中，其从“边缘性地位”不断向“中心地位”靠拢，直至对整个共同体活动的“充分胜任”，参与教师从“初级学习者”发展为“专家学习者”，从“初级研究者”发展为“高级研究者”。

2. 教师实践共同体有利于体育教师专业身份的认同，激发教师的情感归属

教师专业身份认同是教师对“我是谁”“我是怎样一位教师”“我能获得什么样的发展”等一系列高度关注自我的命题的反思与回答，简言之即教师对自我的画像。教师对于这些问题的回答与不同时期的教师身份和意义有关，处于“合法的边缘性”参与阶段的教师，他们对自我的认识往往是不深刻的，他们此刻关注的焦点主要集中在诸如如何教学，如何管理学生，如何建立良好的同侪关系，如何尽快地适应当前的学校环境等外部规范的要求上。随着实践参与的不断深入，新手教师可以慢慢地接触到其他教师的核心工作，去直面一些敏感的、复杂的、难度较大的任务。他们一方面通过自己观察、模仿有经验的老手教师在实践过程中如何面对、处理教师工作和生活中的问题，另一方面主动的与学校共同体中的其他成员互动，倾听他们成功或失败的经验、故事，同时也分享自己的故事。在这样的互动过程中逐步获得了解决当前棘手问题的知识与技能，逐步向充分参与迈进，同时接受共同体中其他教师对自我教学的观察与指导，展开坦率而真诚的讨论，不断修正与提升自己的教学行为，此时他们对自己专业身份的认同是较为深刻的。但教师的成长不只是外在的知识、技能技巧的习得，还需要适应作为社会人所带来的身份角色转变。对于新手教师而言，社会化的过程就是在学校的实践共同体中获得身份、意义的过程，而身份的获得是在由边缘性参与到充分参与的过程中实现的。同样，对于专家熟手教师而言，变动不居的教育现实抹杀了安于现状的条件，他们也需要通过学习、与新手教师协商互动、参与共同体实践，从而应对教育变革带来的挑战，促进自身的专

业发展，新手与老师互动的过程其实也是教学相长的过程，双方都受到彼此的影响。在实践共同体之中，每个成员为了共同的目标，相互之间采取合作的方式共享着自己的经历，因此，它被看作是一个成员之间相互讨论交流、彼此分享着自己故事的论坛。由于成员的多样性、异质性，以及参与的充分和不充分性，他们不同的做事方式产生了意义的协商，个体的身份也是在这种协商中得到建构。

人总是在集体归属中寻得心灵的安稳与前行的动力，教师在实践共同体中体验到来自同伴的情感支持激发其对自我职业的身份认同与对本职工作的专业自信。实践共同体的情感归属主要表现为身份上的“我是教师”的职业认同与专业上的“我能行”的专业自信。实践共同体为教师特别是新手教师提供了专业成长的良好平台，使其在困惑时能找到情感依赖与专业帮助。在“互联网＋”时代背景下，实践共同体逐渐突破空间的限制，促进教师专业发展与学校变革，使网络共同体作为一种补充方式发挥愈来愈重要的作用。通过开展一系列线上线下共享性交流活动，使教师逐渐由“局外人”转向“局内人”，“我们”成为彼此间交流与沟通的高频词，教师体验到研究与学习的乐趣，开始重新定义与理解“教师”这一职业，对本职工作的投入度与热爱度逐步提高。与此而来的是，教师教学能力的提高与研究能力的提升，敢于并乐于参与相关的教学课题研究，专业自信心逐步增强。

### 3.教师实践共同体有利于提升体育教师实践反思和解决问题的能力，发挥示范效应

在教师实践共同体中，存在着两个层面的学习实践，一个层面是群体意义上的实践，表现为共体成员间的相互交流和经验共享；另一个层面是个体意义上的实践，表现为共同体成员在个体经验和个体特性的基础之上进行反思性的实践。这两个层面的实践活动是相辅相成的。群体层面上的实践开阔了个体实践的视野，通过对话、相互介入和合作，获得更多的经验，为个体层面上的反思提供更多的启发；个体的积极性反思就是将这种不同的观念和经验不断系统化的过程，通过这种系统化的过程获得实践智慧的提升，在此基础上，个体通过与共同体成员再交流、再分享的过程，促使群体学习活动向着纵深和更高级的程度迈进。因而，这种反思、交流、再反思、再交流的机制构成了教师实践共同体学习的主要机制，正是在这种反复的交流和反思的过程中，完善了教师的知

识结构体系，锤炼其专业能力，提升其专业品性。此外，教师实践共同体的成功案例还可以发挥良好的示范作用。共同体的成员在有效、高效实现专业发展之后，能够取得各种各样的成就，如优秀公开课、优秀教师、职称评定等，是对其他教师的有效激励。此外，教师实践共同体往往还能产生共同的成果，如论文、研讨会、名师沙龙等，能够将自身探索出的优秀实践、教学策略、教育智慧广泛地传播到其他教师群体中去。

4. 教师实践共同体引发体育教师学习方式的变革

目前的教师学习主要是以“培训者”主导及“专家”引导话语下的“被培训”模式，是强势话语“设计”下的运行结果，缺乏“平等性”“互动性”与“成功体验”。这一模式存在于各级各类教师学习中，教师的学习也沿用了以往的“被培训”模式，由外而内的设计和教化，将教师视为被动的知识与技能接受者，无法完成教师作为学习者实现真正意义上的学习的变革。在这一模式主导下，体育教师学习方式主要是一种被动单向的封闭式学习，缺乏与人积极的互动交流，缺失自我的生命体验，将自我拘于孤立发展的境地。实践共同体强调教师积极主动参与其中，分析经验与生成智慧。在实践共同体中，赋予教师学习的主体地位与权利，激发其学习的积极性与主动性。在实践共同体中，专家与研究者不再是学习内容的单一传授者，教师也不再是“强势话语”主导下的被动接受者。教师与专家及研究者根据学习目标与教学实际需求，展开平等交流，相互研讨，实现双方优势互补，构成双向互动的交流模式。在这一模式主导下，体育教师的学习方式转变为主动双向的开放式学习，在共享对话中促进彼此情感体验、知识生成和问题解决，达成互惠共赢的发展目标。

### （四）高校体育教师实践共同体的有效形式及争议

基于以上分析，构建高校体育教师实践共同体和构建高校体育教师专业学习共同体同样重要，教师实践共同体要发挥其应有的作用，并保持强劲的发展势头，也必须要激发教师的成长需求，以现实问题为导向，创建人性化的教师评价制度，推进教师形成持续的内在动能，生成鲜活的实践性知识，建成差异互动型平台，将教师个人的知识、经验和体验与集体的智慧相互交汇。应当创新性的采取各种措施推动高校体育教师实践共同体的建立和发展、优化当前的实践共同体建构方式方法，打造一个具有强大的内在动力的实践共同体文化。

首先，应当形成体育教师专业合作的有效形式。教师专业发展主要包括集体备课、同事互助指导、小组合作教学、合作科研等形式。这几种形式对教师专业素养发展的侧重点以及具体的操作方法各不相同，高校可以多种形式“兼而有之”的办法推动体育教师专业发展。值得强调的是，为了推动教师专业合作长期可持续发展，需要提供几项外在条件的保障。这包括：①高校应当给予体育教师实践共同体以经费支持，建立科学合理的经费投入机制，在保障体育教师有经费可以用于探索和实践的同时，避免出现资金不足或资金使用混乱等现象，注意杜绝经费滥用的问题。要制定真实、翔实的经费预算，并切实落实经费预算审计制度。经费预算应详细到共同体活动的时间、活动内容、组织人等具体信息，落实经费责任制。此外，还要建立明确的经费使用监督机制，确保经费使用科学、规范、合理、真实用于实践共同体的有关活动之中。②高校应当解放思维，鼓励体育教师实践共同体积极探索和开展丰富多样的共同体实践活动。许多体育教师传统的实践共同体活动只有相互评课和听课两种形式，但随着学生需求的多样化和体育教师专业发展多维度化，这两种传统的形式已经不能满足教师实践共同体的需求。应积极鼓励体育教师开展运动技能切磋、教学技巧沙龙、读书会等多种多样的活动形式。

其次，要推动体育教师的合作制度化、规范化。体育教师的专业合作不应是偶发性行为，而应成为一种长期、稳定的模式。为此，地方高校的体育教研室（或体育学院、体育组等）应针对集体备课、集体教研、集体学习等活动的时间、频次、组织形式、保障条件等，在征询全体教师意见的基础上制定出明确的规章制度，从而使体育教师间的专业合作趋于规范。为了保障教师实践共同体有效、稳定发展，还应该建立有效的核心成员准入制度。虽然教师实践共同体是一个非正式的组织，但是如果人员流动性大必然会对实践共同体的成效产生消极影响。对此，应当建立严格的核心成员准入制度，“严进”的方式能够增加教师对于实践共同体的重视程度，减少实践共同体流动性。只有核心成员素质高、教学技能高、在同事之中具有相当的威望，才能让实践共同体发挥领头作用，引领其他普通体育教师早日实现专业发展。但是，严格的准入制度并不代表实践共同体成员不能退出。对于因不可抗因素必须退出的成员，或者在共同体中没有实现专业发展已经逐渐落伍的成员，应当建立合理的退出机制。

再次，建立健全实践共同体成员以及其他高校体育教师的晋升通道。实践共同体的目的是为了让教师相互合作、共同解决教学实践中遇到的问题，实现专业水平的提升。因此，对于教师的职称评定应当采取更加灵活的办法，如教学型的体育教师在运动技能、教学技能上胜过研究型的教师，应当对二者采取有区别的晋升办法。如果晋升通道单一而死板，则不能真正鼓励实践共同体成员积极解决教学问题，教学实践共同体也就失去了其最初的意义。具体而言，要尤其重视职称评定的激励功能，不能因为教师的年龄、教龄等客观因素限制其申请职称评定的资格，也不能因为某教师已经获得了职称就不再关心其后续是否在进行持续不断的专业提升。

此外，有研究发现，就教师实践共同体的作用而言，一方面实践共同体能够促进教师知识与技能的提升，对合作与持续学习氛围的建立具有积极作用；另一方面，实践共同体对统一性与保守性的强调，也可能强化既有的实践与互动模式，压抑成员多元性的发挥。实践共同体在运作过程中不仅包含平等合作的同侪关系，也可能涉及矛盾与权力关系的角逐。和谐与一致性并非共同体存在的必要条件，冲突与异质性观点的存在不可避免且有一定价值。在不同的实践共同体中，个体与共同体之间相互形塑与影响，教师能动性对共同体的发展不可忽视。

最后，学校领导者的介入可能妨碍共同体的运行，但是合理的干预与支持有其存在的必要性。总之，在实践共同体这一理念之下，蕴含着多元丰富的实践形态。对实践共同体理论的理解，需要走出当前单一化、片面化与理想化的认识，要从实践共同体与所处情境的互动中呈现出的复杂样态出发，进一步丰富、深化对其内涵与理念的认识与思考，以更好地发挥其在实践中的作用。

实践共同体并非天然的“善”，个体与共同体之间的复杂性互动导致其对教师发展的影响有其两面性，那么如何更好地发挥实践共同体的作用以帮助教师实现专业发展与提升呢？对此，李特尔(Little)指出，共同体最终呈现何种实践结果是由教师在共同体内部的互动过程所决定，要了解并有效发挥实践共同体对教师发展的促进作用，需要充分关注教师在共同体内部互动合作的机制与过程。就教师在实践共同体内部的互动过程而言，共同体内部的互动规范、教师个体能动性以及教师合作的组织形式，都可能对教师学习与发展有所影响。为此，在互动规范层面，要注重为教师之间的合作与交流创建平等、信任与支持性的共同体情境，降低不平等的权力关系对教师合作的消极影响，积极鼓励教师之间的争鸣、质疑与挑战。同时，要特别重视作为能动者的教师个体在实践共同体中作用的发挥,共同体要为教师个体的参与以及作用的发挥提供“合法的”机会与平台,以鼓励教师的积极改变与创新。最后,在教师合作的组织形式方面,莱文(Levine)与马修斯(Marcus)的研究发现,当教师互动在组织方式上以规约为主导,即不存在固定结构,能够为教师合作提供时间与资源,但合作过程由教师自身引领时,有利于教师之间的深度合作与交流。这就要求学校领导者智慧性地参与到共同体的运作与发展中,在为共同体成员提供支持的同时也为共同体内教师自主性与能动性的发挥提供足够的空间,以推动共同体的持续创新与发展。

## 第三节　积极创建高校体育教师专业发展支持系统

### 一、教师专业发展支持系统的建设思路

高校体育教师专业发展是极其复杂的系统工程,除了受到教师自身及其已有经验的影响,还受到学生、高校、社会等外部因素的影响。这些外在因素相互制约,构成了高校体育教师专业发展的支持体系。为了有效支持高校体育教师的专业发展,应妥善管理和建设全面、稳定、充满活力的支持系统。这个支持系统的建设应该遵循以下思路和原则。

#### (一)扩宽渠道,扩大支持广度

高校体育教师的专业发展受到各个方面因素的影响。因此,在建设支持系统时应当解放思想、拓宽渠道,建设具有一定广度的有效支持系统,争取社会各界的支持。我国高校众多,东、中、西部地区的高校由于所处地域不同,加上高校办学水平的差异,所能获得的财政拨款也差异巨大。另外,由于各个高校对体育教育、竞技运动的认识不同,体育发展水平不同,其重视程度也有所差异,因此最后落实到各高校体育教师专业发展上的经费不尽相同。大部分普通高校中体育相对于其他学科处于弱势地位,学校在分配教育经费时会优先满足那些优势学科与优势专业的需求,对于体育学科经费的投入虽然有增长,但是增长的比例和速度远远低于其他优势学科,一部分地区的部分高校体育教师由于获得的专业发展经费过少,而无法得到专业发展应有的支持。对此,高校应当根据实际情况,在遵循法律法规、政策规定、管理制度的前提下,采取一系列措施充分调动所能动用的资源。如从制度层面上给予高校体育教师专业发展以

必要的帮助;调动社会资源为高校体育教师的专业发展营造积极良好的环境;鼓励其他学科的教师与体育教师充分互动,一方面让体育教师从其他学科的教师那里学习了解与体育、身体发展有关的理论知识与理论动向,另一方面提高体育教师的自我效能感,从而获得更强烈的专业发展动机。

此外,高校还应积极与当地社会媒体合作,加大宣传力度进行公民教育,培育全民体育氛围。只有全社会树立强烈的体育运动意识、正确认识体育教育的重要性、重视体育教师的作用,才能减少体育教师在专业发展过程中遇到的阻力,提高体育教师的工作满意度和形成专业发展文化。当高校体育教师在工作中能够获得更大的成就感,享受自己的工作时,他们才能更好地追求专业发展,与全社会的体育文化形成良性循环。当然,这不仅需要文化上的、宣传上的重视,还应当在可能的情况下提高体育在学生考核中所占的比重。这将从根本上改变当前许多家长"重文轻武"的思想,从而带动全社会体育运动意识的广泛提高。

在当今时代网络技术、大数据平台快速发展的背景下,各高校还可以积极利用网络平台,构建全国范围的高校体育教师专业发展平台。鼓励所有高校体育教师注册申请,并在平台上相互交流、切磋教学技能与运动技能,通过网络平台构建在线学习共同体,一同研讨在教学实践中遇到的问题。高校还可以组织专家型的体育教师提供在线讲座、在线答疑、在线经验分享会等,让专家型教师带领新教师平稳度过入职适应期,带领年轻教师提高对教学改革和体育有关理论最新发展情况的敏锐嗅觉,与全国接轨,与世界接轨。对于一些资源能力较差的高校,有能力的高校应积极打破沟通壁垒,通过在线平台为弱势高校提供优质的教育资源,指导和帮助弱势高校体育教师获得专业发展。

### (二)激发活力,增强支持强度

高校体育教师专业发展是一个系统工程,需要国家层面做好项层设计,保障社会和高校层面为体育教师专业发展提供强有力支持的支持系统。目前我国还没有关于高校体育教育的专门政策或法规,政府文件中也很少出现专门针对高校体育教师的专门论述。国家有关部门应通过高校体育教育的专门政策法规,为高校体育教师的专业发展保驾护航。同时还应当对高校体育教师的专业发展方向和具体情况提供进一步的建设性意见,规范高校体育教师专业发展。比如政府部门参与高校体育教师专业发展在线平台的建设,科学定位,以教师专业发展理论为指导，以提高教师素质为目标，注重教师的“学”，始终将教师作为发展的主体，以教师为中心，强调教师对专业发展知识的主动探索、主动发现和对所学知识的意义建构，使其将所学知识与技能熟练运用于教学之中，为体育教师提供免费的高质量网络资源库，分层次、有重点地组织教师教育网站资源，组织有利于体育教师学习与提高的信息知识，利用“互联网＋”实现体育教师专业发展资源共享，使体育教师能够通过教师发展资源网站获取发展中所需的一切服务，来有效帮助教师提高业务水平，进而提高高等教育质量、间接推进素质教育。

不过，为了真正提高高校体育教师专业发展的动力，根本方式仍然是制定相应促进专业发展的保障性制度让教师能够从专业发展中获得切身利益。譬如通过评优激励、职称激励、待遇激励等多种激励方式来实现。首先，高校要建立符合体育学科特点的评优激励制度，让教学型教师、研究型教师和社会服务型教师都能有机会通过自身的努力，发挥自身优长，获得评优资格。对于优秀的教师，除了给予荣誉和物质奖励以外，还可以为其免费订阅学科前沿杂志、提供重要运动赛事的免费门票、校内运动会主席台席位等其他真正受高校体育教师喜爱的奖励。其次，是职称激励。构建平等的、具有发展性的职称激励系统，鼓励高校体育教师通过提高教学水平、科学研究水平等获得更高的职称，从而提高其工资待遇水平、社会福利水平、专业地位和社会地位，形成良性竞争局面。最后，是待遇激励。由于职称评定往往有一定的周期，而且审核过程较长、申请流程复杂，因此可在职称评定体系之外给予获得专业进步与专业发展的教师一定的待遇激励。如对于带领学生在体育运动赛事上获奖的教师奖励一定的奖金，这不仅包括全国的重要赛事，也可以是校内的赛事，尤其是非体育专业的学生之间的校内赛事，以此鼓励体育教师重视体育必修课的教学、鼓励其他学生积极参加体育锻炼。

除了让体育教师从专业发展中获得切身利益、激发体育教师追求专业发展的动机，还应当为高校体育教师提供高质量的系统化培训项目，专注青年体育教师的专业发展。设立专门的高校体育教师定期培训计划，发展针对不同类型的体育教师的特殊需求的定向培训，同时系统规划全国、全省的体育教师培训内容，从国家到校内培训逐层细化，做到国家项目引领示范、省级项目整合拓展、校内项目跟进扩散和补充推进的格局。各高校应当有力支持体育教师参加高质量培训项目，深入体育教师当中去了解体育教师的培训需求和专业发展需要。一方面将体育教师的需求积极反馈给有关部门，另一方面在校内提供力所能及的培训及时解决在校内便能解决的问题。在建设校内体育教师专业发展本土课程时，高校应充分考虑本校教师的特殊性及其工作的复杂性，在深入调查的基础上，构建针对不同的层级、不同的类别的立体化培训体系，有针对性地解决本校体育教师在教学实践中遇到的问题，提高本校体育教师的教育素养，通过高质量培训为高校体育教师的专业发展提供强有力的支持。

至于省内的培训体系，可以改变传统的专家主导培训思维，探索任务主导型培训框架，引导体育教师在共同解决问题的基础上整合已有知识与技能、迁移应用新学的知识与技能，最后通过问题的解决获得专业发展。任务型的培训思路是一种创新的、递进的培训方式，体育教师在任务解决过程中不仅获得了新的知识与技能，而且即时将这些技能运用到实际问题的解决中。提问——探讨——实践——评价——反思——调整——再实践的任务式培训方式有助于系统化解决和研究问题，有条件的体育教师甚至可以进行长期任务跟踪，不仅从实践上解决操作性问题，还上升到理论层次，发展出既有本校特色又有普适性的体育教育理论。

### (三)持续支持，净化支持纯度

高校体育教师的专业发展并非一朝一夕能够完成的事情。一名高校体育教师从新手型教师顺利成长为专家型教师至少需要五年，而要全面建设高水平高校体育教师队伍更是需要持续不断的、稳定的支持系统。如果虎头蛇尾或者半途而废，即使再完善的支持系统也无法有效发挥其作用。

首先，在物质层面的支持要自始至终，不能随意更改既定的薪酬、奖励制度。第一，要配置教学、科研人员，让擅长不同工作的体育教师各司其职。科学的人员结构能够发挥每位教师的最大潜能，并通过教师之间的合作实现“1＋1＞2”的效应。对于所配备的教学与科研人员，应当持续提供充足的培训与教学技能费用、培训补贴、带薪休假等经费支持。所谓高薪养“师”，只有保障高校体育教师拥有与其社会地位相匹配的收入，才能让体育教师安心教学与科研，成为有担当、有作为的体育教育家、全民运动推动者。当然，对于这些经费，高校应当建立完善的经费监督制度，确保经费被用于体育教师的专业发展。第二，应建立科学的薪酬制度，按照体育教师的能力和教学、训练、科研成绩计算绩效薪酬。

根据心理学上的公平理论，一个人在与他人进行横向比较时认为自己与他人的投入和报酬比值相当，或者在与过去的自己进行纵向比较时认为目前的投入和报酬比值与过去相当，才会感受到公平。因此，对于高校体育教师应当建立公平透明的薪酬制度，同时让高校体育教师的薪酬福利与其他学科教师的薪酬福利处在同等的公平水平，为教师专业发展提供内在动力。此外，还要建立健全岗位聘任制和聘后考核制，实行教师竞争上岗，让教师通过个人的业务水平、教学水平、运动技能等真材实料获得相应的职位。而教师在职期间各项工作的绩效应当成为教师工资评定以及奖金核定的最重要依据，保证教师的薪酬福利与岗位职责和工作绩效相符合。

其次，在制度层面要建立完善、民主的政策机制。其一，目前许多高校的管理制度仍然是科层制的，这种制度往往使得基层的教师没有权力参与到学校的日常管理中去，其专业发展的需求不能得到满足。因此，为了建立可持续的、长效的高校体育教师专业发展支持系统，应当建立民主的制度，让一线教师的建议、意见能够顺利传达到政策制定者的耳中。例如，通过体育教师代表大会、体育教师全体会议等形式，让一线教师踊跃发言探讨自身专业发展存在的问题和所需要的支持，会后还要切实将教师的需求、建议写进规章制度、融入学校管理和运行当中。另外，还应该让一线体育教师积极进行自我管理，充分行使自己的专业自主权。教师的专业自主权指的是教师能够根据自己的专业理论、专业知识、专业判断来制定教学内容、选择教学方法，而不受行政力量尤其是非体育专业的行政力量的强行干涉。高校管理层应当给予体育教师专业自由的空间，从制度设计上让体育教师对教学内容、教学方法有相当的自主权。其二，持续不断地拓宽体育教师专业发展的资源支持，完善师资培训制度、拓宽专业发展渠道，让更多的体育教师能够走出校门、走出国门，在感受不同的学校文化的同时通过文化与技能的交流与碰撞产生创新的专业发展思路。

最后，在情感层面要积极认同体育教师为专业发展所做出的努力，营造和谐共融的专业发展氛围。其一，要转变领导作风，高校领导不能以高高在上的姿态来审视和检查高校体育教师的专业发展，并随意指责教师没有做出应有的努力。与之相反，应当给予体育教师的进步以充分的认可，树立以人为本的理念，对于在专业发展中遇到困难的教师要积极提供必要的情感支持与协助。应当在督促教师实现专业发展的过程中，尊重教师的个性与性格，以人性化的方式、平等的方式开展思想工作，尤其要注意排解体育教师在工作中遇到的来自专业发展的压力、来自学生的压力，给予教师充分的人文精神关怀。其二，要建立通畅的体育教师校内沟通渠道，让老教师与新教师分享其工作经验、新教师也分享更为前沿的新思想，新老碰撞进而产生思想火花。还要鼓励教师积极合作，利用专业学习共同体、实践共同体等形式一同解决遇到的问题，培养深厚的同事情意、提高高校体育教师的归属感。只有形成了深厚的、一同奋斗的情意，才能不畏艰难险阻、携手应对职业和生活压力，在追求专业发展的道路上相互扶持。

## 二、教师专业发展支持系统的建设原则

在把握构建高校体育教师专业发展支持系统要拓宽广度、增强强度和净化纯度的思路基础上，各高校应根据本校具体情况和体育教师的实际需求，建立具有本校特色的、能够有效推动体育教师专业提升的支持系统。在这个过程中，高校还应当遵循以下五条建设原则。

### （一）以实现教师内生性可持续发展为立足点

实现教师终身学习与自主发展是高质量教师发展支持系统的立足点。从被动发展到主动发展，是教师教育价值的应然取向。新时代的教师发展支持系统要以实现教师内生性可持续发展为立足点，实现外部形塑和内塑内生的结合。具体从以下几方面着手。一是“以学习者为中心”，将“培训问题”转化为“学习问题”，实现教师学习自觉化。二是探索教师自主选学的路径与模式，给予教师更多的专业自主权和专业发展的情境性支持。教师的专业发展越来越强调教师个体的主动性，包括教师学习共同体的建立以及扎根学校场域的情境性学习。为实现“要我学”到“我要学”的转变，需要完善教师自主选学机制，包括立体化、开放性的课程体系建设，教师个性化学习需求与指导，教师的共性学习需求，教师发展活动基础配套设施的完备，教师教育者指导服务活动的开展等，实现教师需求的精准化与教师不同阶段发展内容的系统化。三是完善终身学习协同支持机制。教师教育包括教师职前培养和教师职后发展，实现教师可持续发展必然离不开教师教育一体化，强化教师职前培养与教师职后发展的有机衔接。地方政府强化本地教育发展的职责，与院校、中小学三方协同，协同发力，协同育人。

## (二)多元开阔的支持渠道

支持渠道应当丰富而多元,这样才能全方位地让教师感到专业发展的力量。这些渠道包括政策渠道、社会渠道、高校渠道和容易被忽视的个人渠道。不同的渠道能够为体育教师的专业发展提供不同类型的支持。

首先,为了开拓政策渠道,高校和体育教师应当积极向地方政府、省级政府争取专业发展的政策优惠。虽然《中华人民共和国教师法》《中华人民共和国教育法》中对于体育教师的权利和专业发展要求没有进行具体的论述,国家层面的政策法规也没有专门针对体育教育和体育教师,但是这从另一个方面恰恰为省级政府、地方政府留有充分的自主权和本土政策的空间。对此,各高校应当积极争取,让省级政府、地方政府为体育教师的专业发展铺平道路。例如,在关于高校教师的有关政策中应当明确指出所有教师同工同酬,并且在拨款制度中切实落实这一政策要求,尤其让体育教师和其他专业的教师在薪酬制度上实现平等。众所周知,高校体育教师同工不同酬的问题由来已久,这必然让许多体育教师感受到不公平、不受重视,影响他们追求专业发展的士气。因此,从省级政府、地方政府层面出台规定并切实落实公平的高校教师薪酬制度,必然能够鼓舞体育教师和其他专业的教师一样投入自己的工作,追求在教学和科研技能方面的提升。

其次,社会资源也应当被创造性地用于促进高校体育教师专业发展。例如,对于专业水平较高、学术与教学声望较好的高校体育教师,可以鼓励支持其建立体育名师基地。每个名师基地都可以设置自己的招生标准和青年教师标准,非高校的学生和社会上的其他体育教育有关人员如果满足这些标准也可以进入名师基地,跟随有声望的高校体育教师学习运动技能或体育教学技能。这样的名师基地不仅为青年教师提供了师从名师、加快专业发展速度的机会,同时还为青年教师设立了有形的目标——未来也成为体育名师基地的带头人;此外,名师基地还能够有效地利用社会资源,把社会上对体育感兴趣的、有潜质的学生和工作人员集合到一个平台,这不仅是对社会资源的有效整合,而且能够很大程度上提高高校体育教师的专业意识和工作幸福感。

最后,教师群体的每一个个体除了是专业发展的主体,其自主性本身也能成为专业发展的有效支持。教师对自身发展的把控程度以及发展的自觉性是教师专业发展取得进步的关键。只有具备高度的自主权,教师这一职业才能转化为专业。

### （三）丰富多样的支持内容

在构建了多元化的支持渠道以后，还需要提供丰富多样的支持内容，让体育教师从不同的角度、用不同的视角实现强有力的专业发展。

教师专业发展规划制度——主动发展，这是从"教师学习制度"演变发展而来。每位教师以五年为周期，通过对个人专业现状的分析，确定个人专业发展及为达目标而准备采取的具体措施。学校在帮助定位、推荐书籍、提供展示机会、安排互助教师等方面做好保障工作。高校体育教师需要掌握的运动技能不能局限于一两种，在面向学校的全体学生进行授课时，由于学生的性别、体质、兴趣的差异，往往适合从事不同的运动。因此，相对于"精专"，高校体育教师更需要在体育教学方面实现"普适"。而且，各种各样的"网红"运动层出不穷，也为高校教师运动技能的拓展和更新提出了要求。因此，高校体育教师应当主动将教学实际对其专业能力提出的要求规划到个人专业现状分析与计划之中。

教师专业发展研培制度——重要载体课堂是教师的主阵地，课堂教学研究是教师成长的重要途径。明确的研究主题可以使思维聚焦，研究力量集中，并使研究呈现应有的深度，避免研究内容重复等问题。其操作流程为：学校提出本学年研究大主题→教研组确定本组研究小主题→教研组开展组内研讨活动（沙龙教研等）→教研组提供研究成果（校级研究课、说课、评课文章），形成一个不断反思、完善的过程。高校体育教师在研讨课堂教学时，应着重讨论如何让教学更符合当代青年人的兴趣、如何通过高校体育必修课程真正建立起青年人的正确健康观和体育锻炼习惯。在当今的社会中，健身已经成为许多大学生的潮流生活方式。高校体育教师应当积极顺应这种趋势，将社会上的健身形式运用到体育课程中，提高高校体育课的教学效果和成果。

教师专业发展考核制度——过程管理，教师的评价与激励是学校管理的核心。通过多年的实践、改进，教师发展评价模式有四个显著特征：一是评价主体全员化，人人皆参与评价；二是评价内容个性化，不同的岗位有不同的评价内容；三是评价方法多样化，自评、他评相结合；四是评价过程公开化，人人拥有知情权。这种铸基在民主、平等原则上的评价模式，有效地激发了教师内在的积极动机，促使其形成良好的教育行为。

教师专业发展工作制度——重在激励，在科研工作上，从参与的角度实现全员化，从研究的角度实现层级化，从管理的角度实现制度化。教师人人参与课题研究，不同层次的课题有不同的研究队伍，课题从申报、立项、研究、结题、奖励等都有相应的制度保障。但同时要加强科研工作各个环节的监督机制，严厉禁止学术不端的行为发生在高校体育教师身上。通过这样的制度设计，一方面给予优秀的体育教育科研工作者丰厚的物质激励，另一方面杜绝学术不端、端正学术作风，引导高校体育教师通过真才实学和持续不断的专业努力，实现真正的专业发展、禁止学术腐败作风。

教师专业发展奖惩制度——集体激励，每年一度的学科优秀教研组等的评选虽各有侧重，但都指向团队建设、团队奖励，意在促进个人与团队的融合。事实上，团队激励、集体激励与体育教师个人的专业发展不仅不会相互冲突，反而能够相互促进。在团队中，必然存在专家型教师和新手型教师，不同专业水平的教师通过共同完成团队任务能够实现资源共享、知识共享，这是一种同时促进团队内每一名成员共同实现专业发展的高效方式。

教师专业发展选拔制度——个人激励，每年的校级骨干教师评选为优秀教师脱颖而出提供了机会。通过对本人申请→资格审查→统一考核→学校评审→公示初评名单→宣布评审结果等程序严格把关，公平公正地推选出大家信服的校级骨干教师，他们同时也作为区、市级骨干教师候选人。

**(四)发展厚重的支持文化**

教师文化是教师日积月累的教育实践发展成的价值取向和职业行为特质，是维持教师组织的一种内在动力。教师群体中各成员的团结协作就是教师文化的一种外部表现。高校教师承担着教书育人、传承先进文化的责任，从而为大学生提供广阔的学习空间和资源平台，进而促进大学生全面教育发展。高校教师群体的思想素质、创造能力、教育信念以及教育行为形成教师的思想品质与内在气质，在高校文化组成中教师文化起着重要的作用，极大地推动教育教学改革发展与教师专业化发展，对高校的校风、教风以及学风起着决定性的作用。

国外著名学者哈格里夫斯对教师文化进行深入的探究，认为教师文化主要分为四类。一是强调个人主义，部分教师强调个人的自由和个人成功的重要性，不愿意进行创新的变革与协调合作。二是强调派别主义，高校教师属于校内教师分裂中的一个派别，和同派别的教师联系密切，丝毫不关心对方派别的教学内容与方式，只是暗自互相竞争，这样使得高校的教师难以明确共同的教学目标，改革教学方式也很难在全校展开实施。三是人为合作，高校教师之间的合作主要依赖于行政等外力，教师合作只是为了满足层级制度的标准要求，却不是个人的本意以及学校的实践要求。四是自然合作，高校教师在日常的合作中自发进行合作，并形成学习组织，教师互相探讨学习内容和学习方法，共同积极地参与课程合作实施，在教学实践过程中主动进行创新改革。在合作型文化中，教师中的各个教学成员互相协商形成适宜的合作方案，在教育教学互动过程中，应当互相信任、共同协作、相互开放、共同支持，从而形成一致的目标并共同努力实现目标，有助于教师团队的良好发展。

根据有关教学研究发现，自然合作文化能够有效地提高教师的综合素质，推动教学团队的专业性发展，从而提升高校的教育教学效率与质量。教学合作的方式能够调动教师教学的积极性，激发教师教育教学工作的热情，促进大学生身心健康发展以及全面发展，进一步地提升课堂的教育教学质量，营造良好的学习氛围，从而提高学生的学习成绩与高校的总体教学水平。而教师合作文化不仅可以通过自然演变形成，还可以通过官方提供的合作机会以及资源逐渐形成。合作文化包含自为合作，而自为合作主要是指"自主、自发、自愿、超越时空"等，自为合作已经成为制度性合作与自在合作的发展目标。建立起合作型的教师教学文化，能够使参与的主体得到良好的收获。

在寻找开放合作的学科文化环节中，教师应该结合自身教授的学科所具有的特点与标志，寻求能够实现围绕学科进行分化与重组的学术交流。目前最适合当前以及未来教育发展的文化应该属于自然合作主义文化。通过开放合作的形式，能够充分体现出自然合作主义文化的精神。从某种层面上进行分析，高校教师应该寻求更多的学科交叉以及学习融合的学术交流活动。通过与其他学科教师之间的协同合作，充分发挥出群体协作作用，让不同学科文化之间形成一种新的共同追求。打破传统的学科偏见与学派壁垒，实现对共同目标的追求。通过不断配合以及集体合作，发展出新的师师关系，并且在相互尊重以及相信任的合作关系中解决重大科研问题。同时，通过跨学科研究，还能够构建起一个和谐教育的共同奋斗目标。在各个学科教师的共同努力下，为学生营造出一个和谐、平等、开放的学术环境。教师之间所形成的平等交流氛围，能够提升交流过程中的安全感。通过平等式的对话与交流，激发出高校教师所特有的使命感。让高校教师实现对各种学术观点的容纳以及尊重，从某种层面上可以防止出现学术霸权，从而形成良好的思想、情感凝聚力和组织凝聚力。

在创建教师专业发展文化时，我们要将“以人为本”的理念贯穿其中，以新时代中国特色社会主义思想来指导学校教师专业发展文化的创新。教师专业发展文化是与教师文化的相对应的一种局部文化，其与教师文化具有共通的价值和观念，因此教师文化理应成为其发展的过程中必须考虑的因素之一，重视高校教师职业价值观念文化、教学文化、学术文化的培育，加强合作文化的培育。此外还要围绕经济社会发展的水平、区域的文化特征等进行综合探究，协调好其与学生文化、管理文化及社区文化之间的关系，传承与发扬、守旧与立新等之间的关系，以发展的、变化的态度看待教师专业发展文化进程中存在的各项矛盾。以教育的使命来作为学校教师专业发展文化的基点，教师专业发展文化的建设宗旨在于更好地促进教师专业发展，而教师专业发展的宗旨在于为人民服务，最为直接地讲是促进教师与学生更好地发展。因此，不管运用怎样的方式方法来发展教师专业发展文化，都应该以学校与教师担任的教育职责为本源。以课程建设来积淀学校教师专业发展文化的底蕴，教师的日常教学活动既体现出文化的特征，同时也在创造着文化本身。学校应及时地发现教师教学活动中的亮点，以课程建设的思维来积淀学校教师专业发展的文化，并丰厚其底蕴。学校教师专业发展文化的建设中，要发挥与其相关的各个层面的优势，使其深度融合。具体而言，可以形成富有个性化的共研形式，并在此基础上，将其发展成年级组或教研组所具备的优势，最终在长期的摸索中形成特色，形成统一的职业教育价值观念、专业观念以及课程教学观念，以增强教师专业发展文化建设的稳固性，形成良好的教师教学文化环境。

以反思性学习来丰富学校教师专业发展文化的内涵，教师专业发展的过程经过理智取向、实践反思取向并向生态的取向发展。教师个体的价值观与行为是建设教师专业发展文化的基础。因为，没有教师个体层面的理智与关注，就不可能有群体层面上教师专业发展文化的不断发展与丰富。反思是发现问题的重要方式，而学习是探索问题、解决问题的主要方式。因此，在个体反思的基础上强调学习，并构建学习型组织，是丰富教师专业发展文化的重要途径。高校体育教师要学会学习、学会生存、学会发展、学会创新，并且要认清学习不仅包括个体的学习，还包括团体组织的学习、行业部门的学习、国家民族的学习。

此外，学校要建立良好的学习导向，营造一种支持学习者的氛围，把学习引入工作和管理之中，使大家不断突破自己的能力，培养全新的、前瞻性的、开阔的思维方式，全力实现共同的抱负。

**（五）健全完善的协同机制**

随着高校体育教师专业发展的深化改革，高校教师之间、各高校之间、体育与其他学科之间的联系日益广泛和紧密，受制于传统的工作单位、依靠高校行政人员为主体、各自为政的管理模式已经不能符合时代需求。在当前社会处于快速变化之中、对人才的需求不断更新的现实状态下，在体育教师在专业发展过程中将会遇到许多跨学科、跨地域的问题，这就使得体育教师对于跨部门协同、跨机构协同、跨学科协同发展的诉求越来越明显。因此，打破传统的单位观念、学科观念，加强部门间、学科间、校际的合作和协同发展，是实现新时代高校体育教师快速实现专业发展的新思路。

对于高校体育教师专业发展的支持系统而言，建立健全完善的协同机制，综合利用各方力量高效推动体育教师的专业发展不仅是资源有限性的需要，更是体育教师专业发展有效性的需要。应当协同物质支持、制度支持和精神支持多种手段，不局限于某一种支持方式的边界、综合运用不同的支持方式发挥组合效应。对于不同的教师专业发展制度，也要谨慎地考虑不同制度之间的整合与冲突，构建和谐的制度整体。此外，不同高校的体育教师专业发展支持手段和方式必然存在重复和资源低效利用之处，应当加强高校之间的对话、整合不同高校的资源，通过资源的协同管理提高专业发展支持制度的效率。

# 参考文献


[1]王立国.基于教师专业发展的教师素质标准研究[D].兰州:西北师范大学,2007.

[2]戴盛才.文化软实力视域下的高校教师文化建设策略[J].继续教育研究,2016(9):97-99.

[3]尹志华.体育教师专业标准研究[M].上海:华东师范大学出版社,2017.

[4]叶澜,等.教师角色与教师发展新探[M].北京:教育科学出版社,2001.

[5]王沛民.研究和开发"专业学位"刍议[J].高等教育研究,1999(2):46-49.

[6]姜大源.工作、职业和教育若干概念疏释[J].职教发展研究,2022(4):1-11.

[7]宋会君.体育教师专业化之研究[D].北京:北京体育大学,2005.

[8]刘思达.职业自主性与国家干预——西方职业社会学研究述评[J].社会学研究,2006(1):197-221.

[9]赵康.专业、专业属性及判断成熟专业的六条标准——一个社会学角度的分析[J].社会学研究,2000(5):30-39.

[10]劳凯声.教师职业的专业性和教师的专业权力[J].教育研究,2008(2):7-14.

[11]马卉君,马成亮,姚蕾.我国中小学体育教师专业性的逻辑起点与路径重构[J].北京体育大学学报,2019,42(6):89-98.

[12]江峰.教师专业性问题与思考[J].高等师范教育研究,2003(1):31-37.

[13]刘雄英.教师教学德性:内涵、发展及实践进路[J].教育发展研究,2018,38(10):80-84.

[14]祝刚.重构教师专业发展的多维性:专业性、专业主义与专业发展——与曼彻斯特大学琳达·埃文斯教授的深度对话[J].西北师大学报(社会科学版),2021,58(4):49-63.

[15]郭龙.论高师体育进行教师形象教育的途径与方法[J].内蒙古民族大学学报(自然科学版),2004(5):594-596.

[16]李瑾瑜."教师专业发展"的概念特质与实践要义[J].中国教师,2017(11):26-29.

[17]张丽军,孙有平.课程改革语境下体育教师赋权增能行动困境的表现、成因与出路[J].体育学刊,2022,29(1):130-137.

[18]黄继东.爱岗敬业守初心 立德树人担使命——体育教师的初心使命[J].中国学校体育,2019(9):13-14.

[19]宋春红.对话主义哲学视域下的教师发展之探讨[J].教育理论与实践,2019,39(36):46-48.

[20]许万林,王云升,刘少敏,等.高校体育教师教学能力评价因素选择及其机制构成[J].经济研究导刊,2021(20):86-89.

[21]温恒福,杨道宇.教师专业发展的三维实践模式[J].中国教育学刊,2010(10):63-65.

[22]王慧琳,闫伟.体育教师资格、权利和义务:我国相关政策法规立法之路及分析[J].体育教学,2015,35(3):29-31.

[23]陈博.论体育教师的基本权利及实现保障[J].山西师大体育学院学报,2009,24(1):6-11.

[24]李文鸿,吕思泓,王天翔,等.单位社会视域下高校公共体育教师职业困境研究——以山东省为例[J].嘉应学院学报,2021,39(3):94-101.

[25]周钧.技术理性与反思性实践:美国两种教师教育观之比较[J].教师教育研究,2005(6),78-82,73.

[26]何毅.我国体育教师专业标准的研究进展[J].吉林体育学院学报,2017,33(1):90-97.

[27]赵昌木.教师专业发展[M].济南:山东人民出版社,2011.

[28]董国永.我国体育教师专业标准构建研究[D].武汉:华中师范大学,2014.

[29]郭蕊.提高中小学教师效能策略研究[D].长春:东北师范大学,2014.

[30]常志利.我国体育教师专业标准研究进展透视[J].四川体育科学,2021,40(3):109-112.

[31]张楠,孙占峰,李雪洁,等.高校体育教师专业发展的困境及其破解对策[J].体育科技,2022,43(4):147-148,151.

[32]李艳茹,崔洪成,齐辉.高校体育教师专业发展的困境与对策研究[J].西安体育学院学报,2020,37(1):114-121.

[33]张小俊,黄谦,马素静.地方普通高校教师专业发展培训实证探索与研究[J].教育教学论坛,2021(49):115-118.

[34]郭敏.基于教师专业发展视域的高校体育教师职后教育研究[D].武汉:华中师范大学,2012.

[35]郭家骏.我国高校体育教师专业发展研究[D].长春:东北师范大学,2019.

[36]柳国梁,刘清昆.教师专业发展分层分类培训课程设计研究[J].高等继续教育学报,2021,34(2):55-59.

[37]柳国梁,刘清昆.教师专业发展分层分类培训课程设计研究[J].高等继续教育学报,2021,34(2):55-59.

[38]姜婧.微培训视角下教师专业发展管理模式创新探索[J].教学与管理,2020(21):50-52.

[39]刘浩.体育教师的身份认同:一个反身性的理论视角[C].北京:中国体育科学学会.第十二届全国体育科学大会论文摘要汇编——墙报交流(学校体育分会).2022:3.

[40]白云瑞.陕西省高校体育教师职后教育的现状调查与分析[D].延安:延安大学,2018.

[41]单新荣.信息化时代高校外语教师认知能力发展路径研究[J].科教导刊,2021(29):63-65.

[42]王聃.陕西省高等学校中青年体育教师专业化发展状况调查研究[J].西安体育学院学报,2010,27(6):691-694.

[43]张爱卿.论人类行为的动机——一种新的动机理论构理[J].华东师范大学学报(教育科学版),1996(1):71-80.

[44]邵林海,曲铁华.生态取向下的地方高校体育教师专业发展困境及对策[J].教育理论与实践,2015,35(24):38-40.

[45]杨志亭,孙建华,张铁民.我国高校体育教师继续教育存在的问题与对策研究[J].中国学校体育(高等教育),2017,4(9):37-41.

[46]万勇,王佳,潘凌云.学校体育变革背景下体育教师专业成长力的消解和重构[J].教育理论与实践,2019,39(3):33-35.

[47]黄江林,陈栋,张军献.体育教师专业成长力研究[J].体育科学研究,2019,23(3):88-92.

[48]陈洪义,陈燕.教师专业成长力的内涵、模型与自我效能管理[J].中小学教师培训,2022(10):7-12.

[49]龙宝新.论教师专业成长力的培育路径[J].基础教育,2013,10(3):65-71.

[50]吕康清，龙宝新.论教育生态学视域下的教师成长力[J].教育理论与实践，2013，33(5)：33-35.

[51]张玉炼.高校体育教师专业化发展路径构想[J].继续教育研究，2021(9)：38-41.

[52]宋垒则.终身教育与高校体育教师专业化发展研究[J].大学教育，2014(12)：48-50.

[53]杜春华，张萍，张彦秋，等.高校体育教师专业化发展策略的几点思考[J].哈尔滨体育学院学报，2013，31(5)：66-69.

[54]舒宗礼.中学卓越体育教师成长研究[D].北京：北京体育大学，2016.

[55]张华江，周红萍，张娟.高校体育教师专业化的发展策略研究[J].襄樊学院学报，2010，31(2)：85-88.

[56]田磊，高奎亭.高校体育教师专业化研究[J].体育研究与教育，2011，26(4)：42-45.

[57]曹利双，陶玉流.体育教师专业发展的热点及趋势研究——基于CiteSpace的知识图谱分析[J].武术研究，2021，6(9)：146-150.

[58]丁林涛.现实困境与求解之道：高校体育教师专业化研究[J].高等农业教育，2013(7)：48-51.

[59]章罗庚.体育教师专业化进程中的阻力与排解[J].当代教育论坛(下半月刊)，2009(8)：114-115.

[60]丁广明.高校体育教师专业化发展的现实困境与超越策略[J].河北师范大学学报(自然科学版)，2007(6)：830-832，837.

[61]张玉炼.高校体育教师专业化发展路径构想[J].继续教育研究，2021(9)：38-41.

[62]傅银鹰.高校体育教师教育科研应突出实践性[J].四川体育科学，2002(1)：38-39.

[63]顾若辰，郭霄洁.我国高校体育教师职前培养的现实困境及发展策略研究[J].青少年体育，2022(7)：94-95，73.

[64]朱建军.知识与行动：高校体育教师专业化实现路径研究[J].广州体育学院学报，2014，34(5)：120-123.

[65]潘凌云，王健.构建教师专业共同体促进体育教师专业发展[J].武汉体育学院学报，2009，43(5)：91-95.

[66]王莹.高校体育教师职前培养课程设置改革研究[J].科技资讯,2020,18(36):144-146.

[67]王莹."课程思政"视域下吉林省高校体育教师职前培养策略研究[J].吉林体育学院学报,2020,36(6):83-87.

[68]刘珊.试论高校青年体育教师专业成长的途径[J].大学教育,2012,1(7):31.

[69]李昭.新体育教师成长需注意的几个方面[J].中国学校体育,2004(5):66-67.

[70]许寒梅."教育的本真意义"视野下高校青年教师专业成长路径分析[J].黑龙江教育(高教研究与评估),2013(11):89-90.

[71]闫露露.高校青年教师专业成长路径研究[D].兰州:兰州大学,2019.

[72]张树巍,张劲松.新时代教师队伍建设背景下高校体育教师职后教育的研究[J].体育科技,2019,40(3):120-121,124.

[73]杨晓燕.高校体育教师专业成长的五项修炼实践研究[J].运动,2014(10):102-103,101.

[74]李壮成.教师专业发展阶段探析[J].四川文理学院学报,2013,23(6):119-122.

[75]罗晓杰.国内外教师专业发展阶段研究述评[J].教育科学研究,2006(7):53-56.

[76]杨秀玉.教师发展阶段论综述[J].外国教育研究,1999(6):36-41.

[77]李剑.不同职业生涯阶段教师的专业发展[J].教育理论与实践,2009,29(26):36-37.

[78]李春晖.普通高校体育教师专业发展的"高原现象"及对策研究[J].成都体育学院学报,2011,37(7):91-94.

[79]吴声冼,王小华.论体育教师的体育价值取向与体育教学改革[J].体育学刊,1999(3):30-31.

[80]范巍,马云鹏.我国学校体育价值及价值实现路径探究[J].沈阳体育学院学报,2013,32(5):101-103,116.

[81]李广,马云鹏.课程价值取向:含义、特征及其文化解析[J].东北师大学报(哲学社会科学版),2010(5):167-171.

[82]尹作亮,戴俊,王立杰.建党百年学校体育价值取向的变迁历程、特征与路

径选择[J].体育文化导刊,2022(3):91-97.
[83]张孝禄.身体素养视域下大学体育课程的现状审思与转向路径[J].山东体育科技,2022,44(1):67-71.
[84]邵林海.地方高校体育教师专业发展研究[D].长春:东北师范大学,2016.
[85]黄爱峰.体育教师教育专业化研究[D].南京:南京师范大学,2005.
[86]孙微,王金本.多重取向下教师专业发展理论的比较融合[J].合肥师范学院学报,2021,39(2):71-74,93.
[87]王磊,张景斌.当前教师教育者主体意识薄弱的原因及增强路径[J].教师发展研究,2019,3(2):58-64.
[88]童莉,王艳.教师主体意识对教师核心素养和能力发展价值探析[J].重庆师范大学学报(社会科学版),2019(6):55-61.
[89]郑小凤.制度视角下我国西部地区高校体育教师职业发展研究[D].上海:上海体育学院,2021.
[90]唐建倦,高锋,郑继超.生态学视域下高校体育教师专业发展环境调查[J].体育科学研究,2018,22(6):51-55.
[91]冯明丽.湖南省普通高校体育教师专业化发展研究[D].武汉:武汉体育学院,2009.
[92]朱晓明,陶本一.学科教学知识:教师专业知识的新视角[J].上海教育科研,2006(5):32-34.
[93]张晓玲,张庆文.PE-PCK:提升职前体育教师教学技能的基石[J].上海体育学院学报,2016,40(1):85-89.
[94]梁汉平.论学科内容知识、学科教学知识与体育教学的有效性[J].科技视界,2021(6):92-94.
[95]赵权忠,左钧升."中国化"高校体育教师专业道德架构及其个体提升路径[J].中国学校体育(高等教育),2018,5(1):36-39.
[96]贾亚楠.河南省高校体育教师资格认证标准框架研究[D].郑州:郑州大学,2021.
[97]李春燕.推进我国高校教师专业化的对策研究[J].教育理论与实践,2010,30(18):23-25.
[98]王帅.教师专业发展标准、内容与向度[M].北京:科学出版社,2018.
[99]毛振明,于素梅.体育教学理论问题与案例[M].北京:北京师范大学出版

社,2009.

[100]杨志亭,孙建华,张铁民.我国高校体育教师继续教育存在的问题与对策研究[J].中国学校体育(高等教育),2017,4(9):37-41.

[101]燕凌,马克,李海燕.农村体育教师专业学习共同体建设的实践逻辑[J].沈阳体育学院学报,2019,38(3):121-125.

[102]杜颖.高校教师专业学习共同体构建的影响因素及策略研究[J].北京教育学院学报,2015,29(6):1-4,51.

[103]于易,黄帅,黄晓丽,等.互联网时代体育教师专业学习共同体构建路径[J].哈尔滨体育学院学报,2021,39(1):74-79.

[104]严运锦.学习共同体、实践共同体、学习型组织概念辨析[J].上海教育科研,2019(8):28-32,43.

[105]张平,朱鹏.教师实践共同体:教师专业发展的新视角[J].教师教育研究,2009,21(2):56-60.

[106]石娟.基于教师专业发展的实践共同体建构[J].宝鸡文理学院学报(社会科学版),2017,37(3):109-113.

[107]李子建,邱德峰.实践共同体:迈向教师专业身份认同新视野[J].全球教育展望,2016,45(5):102-111.

[108]宋萍萍.教师实践共同体研究的争议与反思[J].教育科学,2019,35(2):34-39.